中国本土化管理案例研究

【第 1 辑】

北京理工大学管理与经济学院管理案例编委会　主编

本书由中国兵器工业总公司'98青年干部培训班资助出版

科学出版社

北　京

内 容 简 介

本书是北京理工大学管理与经济学院编写的第一本本土管理案例集，它涵盖了组织与人力资源管理、兼并重组与资源整合、生产与运作管理、商业模式与市场营销、项目管理与技术创新以及公共管理等 6 个栏目，共 13 个中国本土化管理案例以及使用说明。

本书适合于商学院或经济管理学院的 MBA、EMBA 以及本科生、研究生教学及阅读选用。

图书在版编目(CIP)数据

中国本土化管理案例研究. 第 1 辑/北京理工大学管理与经济学院管理案例编委会　主编. —北京:科学出版社,2010.10
　　ISBN 978-7-03-029032-8

I. ①本…　II. ①北…　III. ①企业管理-案例-研究-中国　IV. ①F279.23

中国版本图书馆 CIP 数据核字(2010)第 183444 号

责任编辑:陈　亮/责任校对:陈玉凤
责任印制:徐晓晨/封面设计:李雪婷

科 学 出 版 社 出版
北京东黄城根北街 16 号
邮政编码:100717
http://www.sciencep.com

北京厚诚则铭印刷科技有限公司 印刷
科学出版社发行　各地新华书店经销

*

2010 年 10 月第 一 版　开本:B5(720×1000)
2017 年 8 月第二次印刷　印张:18
字数:400 000
定价:36.00 元
(如有印装质量问题,我社负责调换)

前　言

近年来，我国管理学界逐步形成了一个共识，即中国的管理学科走向世界，首先需要做到"顶天立地"。"顶天"就是按照国际通行的学术规范，形成一批有国际影响的学术成果，"立地"就是立足中国管理实践，解决中国经济和社会快速发展过程中涌现的新问题。

北京理工大学隶属于工业和信息化部，是首批进入国家"211 工程"和"985 工程"建设行列的全国重点大学。北京理工大学管理与经济学院（以下简称"北理工管院"）始建于 1980 年，已走过了 30 个春秋。随着我国工业化、信息化和国防现代化建设的全面推进，北理工管院获得了快速发展。学院现设有管理科学与工程一级学科博士后流动站、工商管理一级学科博士后流动站；管理科学与工程一级学科博士点，企业管理、系统工程两个二级学科博士点；设有管理科学与工程、工商管理、应用经济和公共管理 4 个一级学科硕士点（包含 9 个二级学科硕士点），其中，管理科学与工程、企业管理是北京市重点学科，国民经济动员学是国防科工委重点学科；还有 4 个专业硕士学位项目（MBA、EMBA、MPA、工程硕士）。学院教师在深入探讨管理与经济活动实践中蕴涵的科学问题、在国际上发表高水平学术成果的同时，也扎根于管理实践，通过"解剖麻雀"式的观察、记录与分析，积累案例教学的第一手素材，开展有价值的实践研究，并为各级政府、企业提供具有针对性、科学性和操作性的咨询报告和政策建议。

《中国本土化管理案例研究》是在上述工作的基础上，由北理工管院组织编写的系列案例报告。本书是第一辑，包括组织与人力资源管理、兼并重组与资源整合、生产与运作管理、商业模式与市场营销、项目管理与技术创新、公共管理等 6 个栏目共 13 篇案例。其中，张建卫等撰写《张主任的领导艺术》和《总经理的烦恼》，王成全撰写《嘉禾供暖公司的组织变革》，艾凤义撰写《日常绩效考核与年度绩效考核如何兼得》，肖淑芳等撰写《唐钢股份并购邯郸钢铁、承德钒钛的评估与整合》，郑莉撰写《军工 A 集团重组并购 B

集团》，易瑾超撰写《资源整合决定成败》，张祥撰写《汽车公司的"西柏坡会议"》，倪跃峰等撰写《LCU公司渠道运行中零—供关系管理》，李京撰写《北方国际公司的海外工程市场开发创新模式》，骆珣等撰写《合力金桥的项目管理之道》，曾春媛等撰写《海信集团技术创新管理》，温新民撰写《内蒙古兴安义务教育中的政府管理问题》，每篇案例都凝聚了老师及团队成员的辛勤劳动和智慧，值此付梓出版之际，衷心感谢各位老师为开展案例教学和研究工作所做出的贡献！

　　《中国本土化管理案例研究》期望能从管理学科的视角，一定程度上反映中国本土企业成长与变革的历程，客观描述中国管理实践和经济社会发展状况与一些决策难题，提出值得思考的管理问题。《中国本土化管理案例研究》力求做到资料翔实、案例典型、数据系统。我们也期望此书的出版能为开展案例教学和专题研究的同行们提供可参阅的素材。

　　《中国本土化管理案例研究》是北理工管院在案例教学与研究中的初步探索和尝试，还需要在"干中学"中不断成长，本书中还存在诸多不足和缺陷，甚至是错误，恳请同行专家和读者朋友们批评、指正！北京理工大学管理与经济学院的全体教师，愿意并期待与国内外同行共同探索管理新知，开拓卓越的管理实践，促进中国管理学科的发展。

　　本案例的出版，得到了中国兵器工业总公司'98青年干部培训班学员的资助，在此深表感谢！

北京理工大学管理与经济学院　院长

2010年8月28日

$\mathcal{C}$ontents
目录

<<< 栏目1 组织与人力资源管理

张主任的领导艺术①②

摘要： 鲁华医药股份有限公司是中国重要的抗生素生产基地，公司的快速发展得益于富有远见的人才战略和人才理念。多年来，鲁华不断完善人才引进、培养和使用机制，致力于提升各级管理者的领导力。本案例旨在通过对刚入公司的大学毕业生小沈的职业发展过程以及作为小沈领导的张主任领导风格动态变化过程的描述，为《组织行为学》、《管理学》等课程中探讨情景领导理论、员工准备度和职业发展，特别是情景领导理论的实践与运用等提供了一个翔实的案例素材。

关键词： 情景领导；员工准备度；职业发展

【案例正文】

0　引言

2003 年的秋天，校园里的许多树叶都已枯黄，经不住秋风的吹袭，纷纷飘落，像一群美丽的蝴蝶在翩翩起舞。落在地上的树叶积得厚厚的，就像给大地铺上了一层金黄的地毯。只有那不畏严寒的松树依然那么葱郁。校园里的草坪上，许多花儿也已经凋零，叶子枯黄。只有那坚强的菊花开得那么旺盛，那么饱满，像一只只绣球。再次回到校园，这一切是那么的熟悉。坐在繁茂的梧桐树下，沈军的心里一下子轻松了许多，或许是他怎么也没有想到还会有重返校园的这一天。此时此刻，他正在沉思，嘴角时不时还露出了笑

① 本案例由北京理工大学管理与经济学院张建卫副教授、对外经济贸易大学国际商学院刘玉新副教授、09MBA 马亮亮、06MBA 申景丰、09MBA 林田禹、09 普研孙扬和 09MBA 赵颜共同采编和撰写而成。感谢中国科学院研究生院管理学院时勘教授的指导。

未经作者同意，本案例的所有部分都不能以任何方式与手段擅自复制或传播。由于企业保密的要求，在本案例中对有关数据等做了必要的掩饰性处理。本案例只供课堂讨论之用，并无意暗示或说明某种管理行为是否有效。调研过程中，得到了企业的大力支持，在此一并致谢！当然，文责自负。

② 国家社会科学重点基金项目"中国特色的组织变革培训模式和管理创新研究"（批准号：10AGL003）

容，可能是想起了待人亲切的张主任，也可能是想起了那些亲如家人的"老战友"……

1997 年 7 月，沈军从中国医科大学毕业，进入鲁华医药股份工作。在大学期间，小沈成绩平平，也不太喜欢参加集体活动。来鲁华医药之前，他未有奢望自己会取得今天的成绩：制剂分厂的技术权威；QC 成果发布会的金奖；带领三车间通过 GMP 认证；被公司派到北京某著名大学攻读 MBA 等。这些对沈军（以下称"小沈"）来说似乎来得太突然，然而偶然中存在必然，所有这一切还需从小沈进入鲁华医药股份说起。

1　背景介绍

1.1　公司介绍

鲁华医药股份有限公司是中国重要的抗生素生产基地、国有大型企业。公司总资产 38 亿元，拥有 9 家控股子公司和 1 家上市公司，现有员工 7000 余人。

鲁华目前拥有年产各类抗生素原料药 12000 吨、粉针 20 亿支、片剂 70 亿片、胶囊 30 亿粒的生产能力，主要产品有人用药、动植物药等 500 余个品种，具体包括：青霉素、氨苄西林、阿莫西林等半合青原料药与制剂，以及头孢唑啉、头孢氨苄等头孢菌素原料药与制剂系列。

鲁华医药已通过 ISO14001 认证、ISO9001 认证、OSHMS 认证，药品生产车间全部通过国家 GMP 认证，其生产过程严格按照 GMP 标准组织运行。

"鲁华牌"是中国驰名商标，被山东省列为重点培植的国际知名品牌，被商务部确定为："重点培育和发展的中国出口名牌"，被中国医药质量管理协会授予"药品质量诚信建设示范企业"。鲁华品牌享誉全国，产品畅销国内外，远销 40 多个国家和地区，年出口创汇 5000 万美元。

1.2　制剂分厂三车间介绍

三车间是刚刚组建起来的，准备上 4 条全自动粉针生产线，员工大约有 60 人，职位有车间主任、工程师、工艺员、技术员、质检员和工人。QC 改善小组是为完成一定任务或项目而设立的项目组，具有一定灵活性，可根据需要建立或撤销。三车间的组织架构见图 1-1。

1.3　鲁华的人才战略

鲁华之所以会取得这么好的成绩，主要是得益于公司决策者的人才战略和人才理念。"人才是第一资源"，人是构筑企业未来的主体，是企业生产力诸要素中最重要、最活跃的因素；只有每个员工团结起来，充分发挥每个人的价值，企业才会有最大的效益，才会有美好的明天。

因此，为适应企业发展战略需要，鲁华医药大力实施"人才强企"战略，

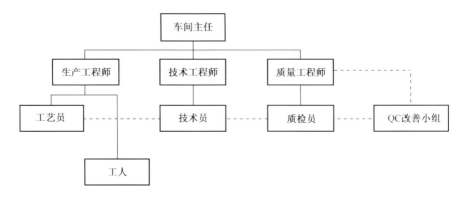

图 1-1　三车间的组织架构图

坚持以人为本理念，以加强人才素质能力建设为核心，以优化人才队伍结构为主线，以培养选拔高层次人才为重点，以创新人才工作机制为动力，以强化人才激励为突破口，紧紧抓住培养、使用、留住人才三个环节，营造集聚各类优秀人才的环境，发挥人力资本的作用，为公司的持续发展提供强有力的人才保证和智力支持。

多年来，鲁华不断完善人才引进、培养和使用机制，努力吸引人才和集聚人才。结合公司发展战略的长期需要和企业不同发展时期的阶段性需要，按照符合市场规律的运作方法，鲁华以识才的慧眼、用才的气魄、爱才的感情、聚才的方法，采取多种方式培养人才，千方百计挖人才，不拘一格用人才，着重落在一个"培养"上。通过"一带一"的方式将新入公司的大学生分配到各个基层，并有专人进行领导和培养，为公司的可持续发展提供长久的、强劲的内在动力。

1.4　人物背景介绍

沈军：中国医科大学毕业生，制药工程专业。在校成绩一般，但在制药工艺上善于钻研，曾在专业期刊发表过一篇关于制药工艺改善的文章。老实、勤奋、聪明、具有上进心，但性格偏内向，对集体活动兴趣不大。1997 年大学毕业后来到鲁华医药股份有限公司工作。目前，被企业送往北京某著名大学攻读 MBA。但在刚进入鲁华时，也许是因为性格内向，在大学时成绩中等，也没有学生干部的实践经历，小沈有些自卑，对自己的前途发展未有丝毫的奢望，特别是在每年招聘近百名大学生的鲁华。然而，制剂分厂三车间却彻底改变了他的职业生涯，因为他遇到了一位出色的领导——张景主任。

张景：中专毕业，刚进入鲁华时做车间工人。但张景工作勤奋，学习能力强，上进心又强，所以在工人中迅速脱颖而出，并受到领导的重视和培养，一步一步从工人到工艺员，再到工程师，最后到车间主任，从而完成了一个完美转变。在这个过程中，张景几乎干遍了车间内所有岗位的工作，对每个工作岗位都非常熟悉。同时，又参加了管理学、领导力等课程的学习，并不断将理论应用到车间管理实践中来，对生产管理和领导方式有着自己独到的见解。他待人亲切，没有领导的严肃性，能够捕获员工的内心，也能够根据员工的特点以及所处的环境而改变自己的领导方式。小沈进入鲁华时，张景任鲁华医药股份有限公司制剂分厂三车间主任，目前任制剂分厂的生产厂长。

2 领导艺术与职业发展

2.1 从学生到工艺员：找回自我

那是周一的上午，分厂通知小沈被分配到三车间，下午报到。这时的小沈来到鲁华医药已经快一个半月了。说实在话，三车间只能算是项目组，因为生产设备还没有安装，人员都在进行现场清理，做一些安装前准备工作。

可没有想到的是，通知没多久，张主任就进了办公室，一身工装，有同事善意地低声说，"小沈，你们张主任亲自接你来啦。"小沈当时记得很清楚，主任的回答是，"别逗了，夜长梦多，为了防止下午有变卦，我就急着过来了。我们好不容易才申请到一名大学生。"大家都笑了。其实在一个月前分厂培训课上，张主任给这些大学生们培训过制剂工艺，那时他们就已经认识。小沈当时对主任的印象，就是一位比较随和、亲切的老师，不像一个严肃的领导。其实，制剂分厂并不大，三车间办公室也很容易找到，但有主任亲自来迎接小沈，还是让他心里热乎了一阵子。

张主任轻声走到小沈身边，略带微笑，亲切地说："小沈，十点钟我们要开一个车间调度会。如果现在没事的话，你正好可以跟我先过去熟悉一下环境。"小沈点点头，便跟着他走了。路上，张主任又和小沈聊起了家常，"小沈，你在大学里学什么专业？"

"制药工程。"小沈随口答道。

"这个专业好啊，来我们车间正好用得着，以后可以好好改善我们的制药过程。你老家哪里的？"

"山东菏泽，不过是在农村。"

得知小沈老家在菏泽农村，张主任似乎更加亲切，"我家也在农村，我知道农村的孩子能考上大学不容易，好好干吧，我们正需要像你这样的人哪，以后咱可就是一条船上的人啦，哈哈"。

小沈也跟着笑了，没想到张主任还挺幽默……

就这样边走边聊，很快就到了三车间的会议室。当他们走进会议室时，里面的人都已到齐了，大家看到小沈的到来，有的示意微笑，有的表示诧异。但接下来会议室发生的一切，更让小沈出乎意料。"在会议开始前，我先介绍一下，沈工，医科大学制药工程专业高材生，分厂第一批大学生，很高兴被我们'抢'来了"，张主任坐稳后便开始讲话，"从今天起，沈工便担任咱们车间的工艺员并代理团支部书记，由我来直接带领……"。

后面的话，小沈并没有听清，似乎一切都像是梦一样，来得太突然。但小沈感觉似乎坐得直了些，全身在发烧——大学一门补考的他竟然被称为'沈工'，很少参加活动的他竟然成了团支部书记。

掌声把小沈从梦中惊醒了，他抬起头，感觉房间的人都在看着他，张主任微笑着示意让他站起来讲几句话。他也不知哪里来的勇气，真的站起来，说了句套话："很高兴毕业后能够进入鲁华医药，更有幸来到三车间和大家一起工作，希望在以后的工作中各位老师能多批评指导"。然而，随之而来的还有心里的怯意，并随着时间的推进在不断加重，他似乎出现了动摇：我哪里见过真正的粉针生产线，我们课本也从未讲过这些，当时在学校应该多了解一些企业的实际情况；到时什么都不会，员工们肯定会笑话我，同时还可能会牵连到张主任，这不是也让他难堪嘛；学校里的集体活动虽然参加过，但是从来没有担任过领导者，怎么能当好这团支部书记呢？顿时，他心里一阵恶寒，开始坐立不安。

会议终于在懵懂中结束，张主任又带他到生产线参观了一圈。在车间现场，张主任介绍说："你不要看现在这里很乱，生产设备都还没安装，很快我们就会上四条全自动化粉针生产线，员工大约会有 60 人。你可以想象一下将来生产车间繁忙运转的情景，是不是很兴奋？这里以后就是你施展才华的舞台……"看到张主任说得神采飞扬，本来就忐忑不安的小沈心里更是没有了底。但他还是鼓起勇气，老老实实地向主任交代了自己，"张主任，我从没学过粉针生产，在书上也没见过，是不是这么快就让我做工艺员不太合适？还是先让我从底层做起吧。"

张主任看了下小沈，笑了笑，鼓励地说："你能这样想，真地很好。但工人也都是中专毕业，大家实际工作时间也都不长。你在大学里学的专业就是制药工程，有理论基础，聪明人一看就会，而且生产设备也就是电机怎样运转的问题，并不复杂，边干边学吧。"

"可我对质量控制也是一无所知，到时候怎么抓技术？"工艺员管质量小沈毕竟还是清楚的。主任看看小沈，挺认真的，谁都可以看到彼此眼中的真诚，"没事，我中专毕业，已经干过八年工艺员，我已经带过一个学生，现在也是主任了，慢慢学，没问题。有问题随时可以问我嘛。你六级过了没？""过了，可这跟六级有什么关系？""工艺员可比六级容易多啦，呵呵。我相信你很快就能和我一样了。"说罢，张主任拍了拍小沈的肩膀。

"主任，我那团支部书记是不是以后再说？"小沈对自己的历史还是很清楚的，"我以前不大喜欢参加集体活动，更别提做书记了。"

　　"沈工，慢慢来吧，书记更好做，我是分厂书记，每次活动时分厂都会做出具体安排，到时你就按程序做就行了。平常开会替替我，其他帮我打下手就可以了。"

　　……

　　也许是张主任看到小沈的畏惧心理，他下班前走到小沈的办公桌前，说："沈工，文件橱上层没锁，里面有我前些年工作中写的记录和总结，没事可以翻翻看看，应该会对你有所帮助。对自己要有信心，知道我为什么申请你来我们三车间吗?"

　　"不知道。"小沈摇了摇头，望着张主任。

　　"其实，我想你应该记得，面试你的时候我有参与。当时对你的印象是，你基本功很扎实，对工艺设计和改进也做过一些实验。后来，在给你们培训的过程中，我还从和你的沟通中以及你的作业中发现了你有这方面的天赋。所以，就想着能申请你来我们车间，希望我们能一起来改善三车间的工艺流程，尽早通过 GMP 认证①，以后还想培养你做我们的车间主任呢，哈哈……所以你不必担心做好或做不好，只要好好学习，边学边做就行，况且还有我在教你呢，有什么不懂的或需要我帮助的都可以随时来找我。"小沈听了主任的话后，心里一阵感激，同时信心也立刻起来了，对张主任说，"我会好好努力的，争取和大家一起尽早让三车间通过 GMP 认证。"

　　同时，为了让小沈能够尽快熟悉生产设备，张主任还安排了车间各岗位进行试车规程的编制，并让小沈根据修改意见进行验收，检查各岗位的试车规程按程序操作是否能够正常进行。小沈深知任务的艰巨，也明白张主任的良苦用心，于是每天很早就来到车间，认真学习和熟悉生产设备指导书上的操作说明，有时还偷偷地实际操作一下。但是，在实施的过程中，并没有像小沈想象的那样顺利。由于车间的老员工对小沈从一个大学生直接变成工艺员心有不甘，所以在工作配合上难免会出现摩擦或碰撞。这使小沈的信心一下子受到了打击。随后张主任就出面进行调解，并对小沈进行鼓励，"他们都是一些老员工，有些这种想法很正常，你不要放在心上。但是，他们也确实有工作经验上的优势，所以你要和他们处好关系，以后会对你的工作开展有积极的作用"。很快，小沈的心态就调整了过来，不仅经常和老员工一起吃饭，还经常去请教他们，询问操作过程中的注意事项，并让他们教他来操作这些机器。渐渐地，这些老员工们也看到了小沈的努力，肯定了小沈的工作态度。所以，后来试车规程的编制

---

①　GMP 是英文 Good Manufacturing Practice 的缩写，中文的意思是"药品生产质量管理规范"，是一种特别注重制造过程中产品质量与卫生安全的自主性管理制度。2004 年 7 月 1 日，国家强制实施 GMP 认证措施，即没有获得 GMP 认证的企业将禁止药品生产。

工作也进行得非常顺利。同时,在观看、验收岗位操作时以及通过自己的亲身体验,不经意间就让小沈把设备真正熟悉了一遍。

后来,张主任又安排小沈和其他同事到质量检验部门参观,并学习实际的过程控制——SPC。这次的学习和参观对小沈帮助很大,不仅让他学会了利用统计学的方法对生产过程中的各个环节进行控制,还让他更加关注前沿的技术知识。在以后的生产过程中,小沈一直坚持用过程控制的理念来控制产品品质,这样既确保了制程持续稳定,实现其可预测性,又提高了产品质量和生产能力,降低了生产成本,同时也为制程分析提供了依据。

再后来,随着小沈对工作环境的熟悉和能力的提升,张主任提议组织各种各样的车间培训,但培训计划、培训内容、实施和反馈都交由小沈全权负责。例如,张主任提议车间要对员工进行生产工艺改进的培训,于是就让小沈提前做培训计划,准备培训内容,然后再开会宣布让小沈负责整个培训计划的实施和控制。不仅如此,在员工面前为了能给小沈树立一定的威信,张主任对他始终只有一个称呼,就是"沈工,车间的技术权威"。至今,车间的工人都以为小沈什么都学过,什么都懂,把他当作技术权威。

至于组织活动,尽管小沈并不喜欢,也不擅长,但还是很认真地去完成。有一次,制剂分厂要组织一次羽毛球比赛,时间定在下周日,时间很紧张。于是,张主任就吩咐小沈两天内做好活动计划,五天内完成整个比赛的准备工作,如确定比赛者名单、准备奖品、活动方式、比赛安排、甚至邀请领导讲话等。于是,小沈便挖空心思找材料做准备,经常熬至深夜,还积极向朋友和同事请教,寻求帮助,而且还不断地和张主任进行沟通,进而确定活动的流程和细节。最终,羽毛球比赛进行得很顺利,小沈悬着的心也随之放了下来。活动过后,张主任还让小沈对活动进行总结,并写下书面记录,以备后用。几次活动后,小沈对组织活动已能得心应手,并真正理解了什么是未雨绸缪,什么是活动经验。

渐渐地,小沈在车间内成长起来了,工作能力也表现出来了,已经可以独当一面了,于是张主任就开始退居二线,让小沈放开手去干,他只给予方向性的指导。很快,小沈在工作上所取得的成绩就得到了上级领导的认可。于是在1998年5月,质量工程师调任以后,小沈就迅速地接替了这一职位,开始了新的职业阶段。①

---

① 注:工艺员的工作主要是改善生产流程和生产工艺,保证生产正常运行。但他们也要对生产现场出现的技术和质量问题进行妥善处理,因为和质量工程师的合作很多,对质量控制也很熟悉,所以可以接任质量工程师岗位。同时,通过轮岗,也为小沈日后晋升车间主任奠定了基础。

2.2　工艺员到工程师：找到思路

如果说从学生到工艺员对小沈来说算是进步的话，那么从工艺员到工程师无疑是蜕变，因为工程师已经初步建立起了自己的工作思想，可以针对工作进行改善和创新。同时由于车间规模的扩大、产量的提高，小沈还有了自己的项目组，主要负责车间的 QC 改善活动，并参评每年的 QC 成果发布会。与此同时，也为车间通过 GMP 认证做准备。

QC 成果发布会是鲁华股份为了提高产品质量而专门设立的特别活动，针对产品质量改善与提升方案进行支持和奖励。该活动面向整个鲁华股份的生产厂，每年共评出金奖一名、银奖两名、铜奖和优秀奖各三名。

1998 年 11 月公司下达通知，年底计划召开 QC 成果发布会，而那时的小沈整天埋头收集记录，整理所谓的记录文件。每天的重复性劳动，使得小沈看起来疲惫不堪。

张主任把通知拿给小沈看时，说："沈工，年底咱可以报成果了。"但小沈看看通知连想也未想，头也没回，就随口道，"咱们也没有什么成果，我也不会写，今年就不参加了吧？"主任看着小沈，脸上露出一丝疑虑，"还是写一篇吧，整理一下车间胶塞机组试车日记，文件处理有范本你再好好看看，模仿着先写吧，权当练兵。"主任似乎感觉到小沈有些不情愿。

事实上，尽管小沈参与了试车，但由于对改进没有任何思路，所以小沈的记录也早不知道丢到哪里去了。后来，张主任把他自己的工作日记拿给了小沈，并对小沈说："这是我平时记录下来的，你可以拿去参考一下。"小沈接过来，翻看了一下，日记中清晰地记录了每次的抽样记录、试车实验结果、每次参数的改进情况以及每次的试验结论，这着实让小沈既惊异又佩服。

其实小沈心里并没有意愿写这份报告，可为了交差，他还是生吞活剥了那些资料，以简单的图表、罗列的数据硬是编造出来一篇论文。张主任看后，发现了小沈是为了应付交差才拼凑的这篇论文。但是，他并没有直接批评小沈，反而对其表扬有加，笑着说，"很好，格式正确，分析透彻，今年材料较少些，明年我们早准备些就好。"然而，张主任的心里却好像压着一块石头，很沉很沉……

到了晚上下班，张主任找到小沈，俩人一起去吃饭。在吃饭的过程中，小沈一直低头不语。张主任见状就首先开了口："小沈啊，最近我看你精神状态不是很好，是不是工作上出现了什么问题，还是有什么不顺心的事，不妨说出来，看看我能不能帮你"。

小沈一听，心里咯噔一下，不知道该如何开口，支支吾吾。

张主任看到这种情况，心里顿时有了神会，接着说："没有关系，说出来你也会轻松很多,我也好帮你分析分析,要不然我看菜都凉了,你还吃不下去呢,哈哈"。主任笑了笑,轻松下气氛……

在张主任的开导下,小沈终于开了口:"张主任,你别说笑了,我觉得吃这顿饭有愧于你啊。"张主任没有说话,望着小沈,鼓励他继续说下去。

"其实,我也不知道怎么回事,我觉得我们项目组一开始合作得都很好,我也能给予他们指导,他们也都听我的。但是到了后来,可能是他们能力提升了,或者是我对他们要求太严格了,感觉他们就不怎么听我的了,尤其是我那个工艺员。所以在一些事情上就会出现争执,工作效率也下降了。于是我就减少了他们的工作任务,自己把工作都扛了下来。心想,还是我一个人做得好,不会和他们出现争执。但是久而久之,就会感到很累,感觉现在还没有像原来当工艺员时那么开心,让人难免有些挫败感。"说完,小沈长长地叹了一口气,抬起了头,希望能获得张主任的建议。

张主任听了,往椅背上靠了靠,露出了笑容:"原来是这样,怪不得看你现在很忙,很累。但是,这个问题其实也很简单,你只要回想下当初我是如何教你的就行了。当然,我不是说你非要学我的领导风格。以我个人的观点来看,对待下属,他们需要的是更多的关怀和鼓励,尤其是那些来自农村的员工。因为他们本来就有些自卑,如果你还对他们进行严厉式的管理,很可能会适得其反。"

"我明白您的意思,可我也没有对他们很严厉,只是在工作上要求得比较高,您也知道产品品质是不能马虎的,况且我也有一直给他们培训和指导。"小沈显出很无奈的样子。

"我明白,这也是你的心病之处,一方面你不想和他们把关系搞得很僵,一方面产品又有着质量的要求。所以,对于他们的管理,你应视具体情况而定,因为他们的需求和性格均不相同,并且还会随着时间的变化而变化。回忆当初,你刚进入公司,我对你是手把手式的教导,后来,我就慢慢地放开你,让你渐渐发挥你自己的主动性,我只在必要的时候给你指导,再后来我就完全放开你,让你完全做主,我只负责审核。为什么一开始你们会合作得很好,那是因为你在指导他们,他们在跟着你学东西。后来,他们也很快成长了起来,有了自己的想法,所以你们就会出现争执。这个时候,要多听听他们的意见,适当授权,同时也给他们一些犯错误的机会。虽然,短期内可能会产生一些不利影响,但从长远来看,这样才会对车间更有利,因为他们已经掌握了避免出错的方法。"

小沈深吸一口气,好像醍醐灌顶一般:"嗯,对,您说得很对。我就是怕出现问题,所以才会不让他们试验新的方法,要求他们按部就班做,看来还是我错了。多谢主任提醒,我会再好好想想。"

"其实，这不存在对错的问题，你也是为了公司着想嘛，但是有的时候，我们必须提升一个角度想问题，这样才能更长远。你可以想想该如何与他们沟通，如何对他们授权，又如何控制他们犯错，有些工作的推进是需要建立在充分的沟通和信任的基础上的，这样才会减少工作中的不和谐。"

"嗯，我懂了。"小沈心领神会地点了点头。

"还有，我们这次的QC成果发布会的报告，看看还能不能再充实或修改一下。其实，能否获奖这都不重要，重要的是我们要对自己工作进行总结，这不仅为以后的质量改进工作提供了基础，更重要的是，对你们项目组目前的状况，不是提供了恢复和平的机会嘛，你说对不对？"

"主任，我明白你的意思了，这次真对不起，我们再努力修改一下，也尽快团结起来。"小沈的心情显然已经比谈话前好了很多。

"太严重了，哪有什么对不起嘛，哈哈。这任务也不是很急，你可以慢慢来。好了，咱快吃饭吧，菜都凉了。"此刻，两人都笑了……

后来，公司在这次QC成果发布会上给小沈他们颁了个优秀奖，张主任还专门贴在宣传栏中，如同捡个宝贝，让小沈也足足高兴了一个月。这同时也是对小沈和他的团队的认可和鼓励。但张主任则给了小沈另一项任务，就是每月写工作总结，包括工作中出现的技术问题、管理问题和解决办法以及实验的过程和结果。除此之外，小沈还加强了质量管理、生产控制等专业知识的学习。

这样，在第二年的工作中，小沈的工作能力得到了迅速的提高，同时也完成了自己的角色转变——由以往的纯技术角色转向以技术为主、管理为辅的角色，工作上也更加关注与项目组的沟通和指导。再者，他也想借着当年的QC成果发布会来好好展现一下自己的团队，于是就给他的下属开了一个动员会，商讨具体该如何进行今年的QC成果展示。

会上，小沈这样开始了他的动员会："非常感谢大家这两年来对我工作的支持，谢谢你们。在去年的时候，由于我也是首次带项目，某些地方确实做得不够到位，与你们也没有进行良好的沟通，还有就是当时我的心态可能还没有调整好，在我们整个团队的建设上也没有什么功劳，所以在后来的QC成果发布会上也没有获得大奖。在这里，我先向大家说声对不起。后来，多亏了张主任的提醒，我才及时醒悟，心态也进行了调整，与你们的交流也多了，对你们的管理也放开了，我们的成绩也渐渐地都好了。此外，还对我们的具体工作做出了相应的分工。我想这一点，大家应该都会有所感触。"

现场员工纷纷点头表示赞同。

"所以，今年的QC成果发布会，我想好好展现一下我们的团队，你们同意吗？"

员工们异口同声地喊到，"同意！"大家都满怀信心地露出了微笑。

看到团队的反应后，小沈也异常开心，"那么，从现在开始，我们好好努力，争取拿下金奖！现在，我想先听一下大家关于此次 QC 活动的意见。"……

就这样，动员会开得很成功，也制定出了一个大致的方案。后来，小沈就带着大家按照 QC 活动的步骤有条不紊地开展工作，比如调查现状、发现问题、找出原因等。同时，他们在论文格式上也下了工夫，比上一期更漂亮、更规范。在前期，由于张主任的帮助诊断，活动进行得很顺利。活动后期，由于小沈和项目组成员希望能够靠自己的力量在技术改进细节上提出具体意见，他们只要求张主任给予宏观上的指导。然而，在实际的操作过程中，他们并没有在细节的把握上抓住重点，以至于后期的大多数活动流于形式，最后只获得了铜奖。这一次，张主任给他们项目组就此次 QC 活动开了一个总结会，一起分析讨论后期活动失败的原因，并鼓励团队在明年的工作中继续努力。

到了第三年，当小沈再次组织 QC 活动时，张主任已不再出面，完全放开手上小沈去做。同时，他心里也相信：经过这两年的锻炼，他们肯定能够很好地运行此次 QC 活动。于是小沈和他们项目组这次就完全依靠自己的力量来进行分析和实验。为了避免出现第二年的情况，他和同事们经常在办公室加班至深夜，查阅大量的研究报告，对质量管理中出现的问题进行思考、讨论，也对改进方案进行反复试验和测量，终于在反复试验中，找到了最优方案，最终取得了当年 QC 成果发布会的金奖。在这个过程中，小沈有两个方面的额外收获：一是真正理解了张主任教给他的戴明质量环（PDCA 循环）的内涵——简单来说，就是分析问题、找原因，找出措施抓改进，再分析再改进；二是获得了团队更大的信任和拥戴，使得以后的工作能够更好地开展。

再后来，小沈组织大家进行技术攻关，从而真正地体会到戴明环的力量，也从中得到了更多的启示。小沈认为，只要有有效的调查分析、可行的措施、不断的检查反馈、细致的再分析、和谐的团队精神，就没有解决不了的问题？

对于张主任要求的每月总结，小沈再也没有马虎过。每次的工作总结都做到井井有条，并交给张主任进行批阅。张主任对此非常开心，不仅批阅了总结，还在总结中添加了自己的意见和观点，同时还找来小沈一起讨论。正是由于张主任的这种领导方式，使小沈在工作上开阔了视野，取得了一个又一个好成绩。终于在 2001 年，车间顺利通过了 GMP 认证，同时小沈的团队还获得了公司的"最佳团队奖"。

也许就在那时，小沈身上被培养出了管理细胞，也培养出不安分的心。

2.3　从工程师到车间主任：成就自我

张主任由于出色的领导绩效被提拔为制剂分厂的生产厂长，负责整个分厂的生产工作，而小沈也被张主任提拔到车间主任的职位。

然而，即便对于最具天赋的人而言，成为领导者也是一个不断学习和自我提升的艰苦旅程。小沈从工程师到车间主任便是践行这一领导之旅。虽然小沈以往也带过一个小的项目团队，但是这次却不尽相同：下属人数扩大到 60 人，负责生产、技术和质量三块；同时，还有来自其他员工的质疑与不满情绪。

新官上任三把火。小沈以为现在有了权力，就可以自由地实现自己的想法了，也可以用自己的实力来掩盖住那些质疑和不满。于是，一上任，他就找生产、质量和技术的工程师分别谈话，希望与他们建立起良好的合作关系，并提高他们的工作考核指标。同时，小沈还经常跑去车间，对产线上的员工进行现场指导。然而，令小沈意想不到的是，上任的第一个月，车间的生产任务就没有按时完成，同时产品质量在下降，次品率上升。他很是恼火，心想第一个月上任就给我难堪，于是立刻召集车间的主要员工开会。在会上，小沈努力控制着自己的情绪，先礼后兵，询问事情的经过，查找原因。但是这些并没有达到小沈的预期效果，他终于控制不住了，拍案而起，向着工程师们厉声问道："你们怎么回事？这些都是借口吗？"

质量和技术工程师一看小沈发火了，低着头，一言不发。

"产品线不是刚升级的设备吗？我们还没有完全调试好。"生产工程师头昂着就站起来了，显得非常理直气壮。

"行！那我就看着你们调试好！"顿时，会议室里一片安静，大家都沉默了。

在随后的第二个月，小沈果然按照他说的那样，每天都让生产和质量工程师向他汇报工作，有时还亲自上生产线进行监督。就这样，任务量虽然靠加班完成了，但是次品率还是居高不下。小沈一下茫然了，不知如何是好。已是晚上十点，小沈还一个人坐在电脑前，面无表情，眉头紧锁，苦苦地思索着：是不是因为我太想表现自己了，还是因为自己以往的业绩没有得到大家的认可，大家都不支持我？……

不知不觉中，张厂长走进了小沈的办公室，亲切地问："小沈啊，怎么还不回去？还在想事情？"

"哦，张厂长，您过来了？"小沈从思索中回过神来，声音显得很低沉。

"我看到你办公室灯还亮着，就过来看看。怎么样？设备升级后，一切都运行得还好吗？员工们好管理吗？他们可都是很好的部下哦。"说完后，张厂长便拉了一张椅子，笑着在小沈对面坐了下来。

"张厂长，你这样说，我就更难过了。我现在都要力不从心了，甚至有些不知所措，完全和上任前想象的不一样。"小沈深吸了一口气，很无奈地摇了摇头。

"哦，这么严重吗？说来听听。"

"自从我上任后，我们这两个月的产品质量都在下降，第一个月的任务产量都没有完成，第二个月靠加班才勉强完成的。"

"怎么会这样？设备运行得不好吗？"

"该怎么说呢，可能是因为设备一直没有调试到最佳状态。但我觉得，这原因可能主要还在于工程师们的情绪，尤其是生产、技术工程师，毕竟他们俩也在三车间工作不少时间了，这次提我做车间主任，他们心里肯定不愉快。其实，我之前也尝试着与他们建立关系，也跟他们聊过，希望能够一起好好合作，提高车间的产量和质量，但没想到结果会这样。"

"哦，原来是这样，这个问题我之前在提拔你的时候也都考虑过，但从我跟他们共事的这些年来看，他们都很有责任心，所以当时觉得应该不会这么严重。别太担心，我先找他们谈一谈，了解下情况！"

"其实，这也不能怪他们，我也有责任的。一开始，我也是急于想先做出点业绩，好得到他们认可、树立自己的威信，所以就提高了他们的任务量，对他们要求也严了些，可能是我做得太激进了。现在可好，只有我关起门的时候，才能感觉到手里的控制权。但是，这时我又感到自己并没有做我应该做的事——和我的员工在一起。"

"你说得很对，领导是应该想着和自己的员工待在一起，这点我也深有体会。然而大多数情况下，我们又不得不通过手里的职权与他们建立联系。哎，其实这样是不对的。"

"那您的意思，是通过什么方式呢？我现在很迷茫。"

"应该说是信任，这是我这些年摸索出来的经验。我们要下工夫赢得他们的信任，特别是在他们对我们心存不满或质疑的情况下。虽然正式职权可以让他们服从，但是服从并不等于承诺。我们需要创造一种文化，让整个团队发挥出最大的潜力。你现在虽然管理的是整个车间，但是，本质上和你以前领导的项目组是一样的。你需要的是宣导你的价值观，获得他们的认可，而不是利用职权来获得他们的服从……"

就这样，在张厂长的帮助下，他们逐渐地走向了合作之路，也让三车间的和谐发展上了快车道。与此同时，小沈也采取了一系列的策略：① 在车间管理上，除了每次的例会之外，小沈还经常与员工，尤其是工程师们进行交流，一起讨论车间的管理问题，并积极听取他们的意见。② 在车间文化的建设上，小沈提倡"勤奋、诚恳、创新"的组织文化，并向员工耐心、细致地讲解该文化的内涵：勤奋，我们需要勤奋的工作，兢兢业业；诚恳，我们需要以诚恳的心，真诚对待每一个产品，保证产品质量不断提高；创新，我们需要变革的意识，改进生产工艺，降低生产成本，以获得最佳的收益。③ 在管理思想的交流上，他一方面经常主动找张厂长进行沟通，而张厂长也能提供一些新的管理思想和优秀团队管理的案例，例如，基于"Y 理论"和价值观的领导、海尔如何创建团队文化等；另一方面，他还积极参加行业内的活动，主动认识一些同行，相互交流着彼此的观点和想法，这些都为小沈日后成为优秀的管理者提供了有利条件。

与此同时，张主任也向总公司提出申请，希望能对小沈进行重点培养——送他去参加各种专业培训和管理课程的学习。小沈也非常珍惜每次培训和学习的机会，并将每次的培训所得都总结成培训资料，用于对下属进行再培训，从而提高了整个车间的学习能力和技术水平。就这样，在小沈的领导下，车间的管理水平有了明显提高，员工工作积极性也日益高涨，离职率很低，小沈终于在领导者的道路上迈出了第一步。

3　尾声

2003 年 7 月 3 日，小沈收到了总公司的通知，通知正文如下：

沈军：

　　你好！

　　感谢你和团队这些年为公司做出的努力，我们对此深感荣幸。从你的工作表现中，我们发现你非常具有领导才能，因此，公司决定派你到北京××大学管理学院攻读 MBA 学位，希望你能再接再厉，学有所成，将来为公司的发展贡献一份力量。

鲁华医药股份有限公司
2003 年 7 月 1 日

坐在校园墨绿色的长椅上，小沈心潮起伏、思绪万千……这一天，就如同多年前进入大学的那一天一样，但这却是完全不同的开端，这是他职业生涯更高水平的起点。看着眼前飞舞的蝴蝶，小沈突然领悟到：职业生涯就像不断更生和成长的蝴蝶一样——化蛹为蝶，从蛹到蝶，再从新蛹到新蝶，这是一个不断往复、循序上升的过程……小沈坚信：明天的职业会更灿烂，未来的人生会更美好！

案例使用说明

一、教学目的与用途

本案例适用于组织行为学与管理课程的案例讨论。本案例提供了一个制造型企业管理者如何对下属进行情景领导的翔实样本，目的在于帮助学员通过对该案例的学习和讨论加深对情景领导理论的理解和实际应用，进一步明确情景领导理论的一般原则，有效地掌握该理论设计和运行的基本要求和方法。

二、启发思考题

1. 这个案例对您的管理实践有何启示？小沈能够取得成功的原因有哪些？

2. 随着职位的提升，小沈的准备度是如何变化的？他是通过哪些方式来提高自己的准备度？

3. 针对小沈在不同岗位的发展水平，张主任是如何领导小沈的？其领导风格有何变化？对于小沈在同一岗位上的不同发展阶段，张主任的领导风格又是如何变化的？

4. 小沈在整个职业发展的过程中的需求动机发生了哪些变化？张主任在满足其需求时，其领导风格和管理策略是如何在发生变化？

三、分析思路

教师可以根据自己的教学目标来灵活使用本案例。这里提出本案例的分析思路，仅供参考。

1. 第一条思路可以围绕着小沈工作岗位的变化来展开，即工艺员、工程师和车间主任。对于这三种不同的岗位，小沈所表现出来的准备度是不同的，张主任的领导风格也是随之变化的。在小沈做工艺员时，张主任主要表现为高工作行为、低关系行为的"指挥型"领导以及高工作行为、高关系行为的"辅导型"领导；小沈做工程师时，张主任主要表现为"支持型"领导；当小沈晋升为车间主任时，张主任主要表现为"授权型"领导。通过对这一思路的分析，可以让学员深入体会到，即使针对同一个人，管理者的领导风格也是随着其岗位的变化而变化的；而在每一种工作岗位上，管理的领导风格也是多样的，即四种领导风格可能都会存在，但是主要表现出其中某一种或两种风格。具体情况，请见表 1-1。

表 1-1　领导风格与准备度的匹配（基于不同岗位）

工作岗位	工艺员	工程师	车间主任
准备度（小沈）	无能力，无意愿 无能力，有意愿	有能力，无意愿	有能力，有意愿
领导风格（张主任）	指挥型、辅导型	支持型	授权型

2. 第二条思路可以围绕着小沈在同一岗位上，随着工作阶段的变化，相应的领导风格也会随之变化。以小沈做工艺员为例。小沈刚刚做工艺员时，对该岗位完全不熟悉，心里害怕做不好该职位。张主任采取的主要是"指挥型"领导，一方面对小沈进行鼓励，提高其完成工作的意愿；另一方面又安排活动让他去熟悉生产设备和质量过程控制。接下来，随着小沈对工作的熟悉，张主任采取的主要是"辅导型"和"支持型"领导。例如，张主任提议组织车间培训和活动，就让小沈去做具体的计划和实施等。最后，随着小沈工作能力的提高，能够独当一面时，张主任就渐渐退居二线，主要采取"授权型"管理。同样，小沈在做工程师时，张主任的领导风格也是动态变化的。通过对该思路的分析和了解，能够让学员清晰地看到，管理者的领导风格是如何动态变化的。对于同一岗位，根据员工工作时间和能力的不同，所采取的领导风格也是不同的。具体情况，请见表 1-2。

表 1-2　领导风格与准备度的匹配（基于同一岗位）

工作阶段	完全不熟悉	熟悉	独当一面
准备度（小沈）	无能力，无意愿	无能力，有意愿 有能力，无意愿	有能力，有意愿
领导风格（张主任）	指挥型	辅导型、支持型	授权型

3. 第三条思路可以围绕着领导风格的情景来展开，引导学员进行思考。本案例主要提供了三种不同的情景：员工准备度、任务和企业发展阶段。

（1）职位变化。随着小沈职位的提升，其准备度也是在提高的：从一开始的勤学好问，到专业知识的学习以及到最后管理课程的学习。

（2）任务。对于紧迫的任务，要采取"指挥型"和"辅导型"领导，例如案例中所提及的组织羽毛球比赛；而对于非紧迫的任务，可以采取"参与型"和"授权型"领导，通过与下属的沟通，能够使其认识到该任务的重要性和意义，从而激发其内在动机，如案例中的首次撰写 QC 成果发布会的报告。

（3）企业发展阶段。企业处于不同的发展阶段，领导风格也不尽相同。例如，在企业初创期，更多采用的是"指挥型"领导；在成长期，更多采用的是"辅导型"和"支持型"领导；在成熟期，较多采用的是"授权型"领导。案例中描述的情景是车间的发展阶段，可对企业发展阶段进行类比：车间创立初期——车间发展期（规模和产量扩大）——车间成熟期（通过 GMP 认证以后）。

4. 第四条思路也可以围绕着需求层次理论来展开。在小沈刚进入鲁华时，追求的是生理、安全需要，此时的他想到的只是能够在鲁华安定下来，好好学习、安稳地工作；而在小沈任工程师期间，可以看到小沈开始追求情感与归属的需要，并努力想在这个团队中寻找到情感支持和归属感；在小沈晋升为车间主任后，可以看到小沈开始追求尊重，希望自己能够获得稳定的社会地位，以及个人的能力和成就得到认可。同时，从小沈开始实行一系列的策略来提升车间的整体水平，如创建文化、注重与员工交流等，也可以看出小沈在为实现个人理想、抱负而努力。通过该思路的分析，让学员们能够认识到员工在成长的过程中，其需求的动态变化，加深对需求层次理论的理解，同时也能引起学员对为满足员工不同需求而采用何种领导风格的思考。

四、理论依据及分析

1. 情景领导理论。情景领导理论（Situational Leadership Theory）是由赫塞（Paul Hersey）和布兰查德（Kenneth H. Blanchard）与 1976 年提出。该理论认为，领导风格（Style，简称 S）包括工作行为和关系行为，分为"指挥型"、"辅导型"、"支持型"和"授权型"；员工准备度（Readiness，简称 R）分为四种类型：R_1（无力无心）、R_2（无力有心）、R_3（有力无心）和R_4（有力有心）；领导风格（S）应随着员工准备度（R）的变化而变化。具体情况，请见图 1-2。

2. 需求层次理论

3. 职业生涯与职业成长理论

4. 人才培养与开发理论

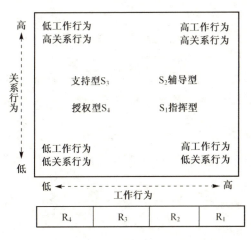

图 1-2　领导风格与下属准备度的匹配

五、关键要点

1. 企业领导者在经营企业的过程中，往往会偏重于对员工的管理，而非领导，不善于培养下属和企业的接班人，这也是大多数企业普遍存在的一个问题，需要引起足够的重视。

2. 对于员工的领导，我们要擅于根据员工准备度的不同来进行情景领导，以及如何针对同一个人在不同岗位、同一个人在同一岗位的不同阶段和需求来设计和采取行之有效的领导风格，进而提高员工的能力和完成工作的意愿。

3. 除了员工准备度以外，我们还需要关注其他的情景，例如任务的类型和企业的发展阶段等，这些也对领导风格的变化也起着决定作用。

4. 处于不同岗位或职业发展阶段中，员工的需求也是不同的，这也需要领导能够为满足员工不同层次的需求而改变自己的领导风格。

5. 企业的可持续发展，不仅依赖于组织的战略和愿景，更要依赖于人才的培养，尤其是接班人的培养。因此，领导者要充分关注员工个人的职业生涯和职业成长，这不仅是领导者的重要工作内容，也是影响领导者领导风格的重要因素。

六、建议课堂计划

本案例可以作为专门的案例讨论课来进行，以下是按照时间进度提供的课堂计划建议，仅供参考。

整个案例课的课堂时间控制在 80～90 分钟。

课前计划：提出启发思考题，请学员在课前完成阅读和初步思考。

课中计划：简要的课堂发言，明确主题（3～5分钟）。

分组讨论，告之发言要求（30分钟）。

小组发言（每组5分钟，控制在30分钟之内）。

引导全班进一步讨论，并进行归纳总结（15～20分钟）。

课后计划：请学员分组就有关问题的讨论进行分析和总结写出书面报告。

七、深入阅读

1. 王晓红. 2005. 领导之变：情景领导模型创始人保罗·赫塞访谈. 商业评论，（5）

2. 保罗·赫塞. 2003. 情境领导者. 麦肯特企业顾问有限公司译. 北京：中国财经出版社

3. 兹加米等. 2009. 领导力. 孙永华译. 上海：锦绣文章出版社

嘉禾供暖公司的组织变革[①]

摘要：嘉禾供暖公司是北方某省城的一家中小型供暖企业。在党的十五大精神鼓舞下，2003年该公司实施了股份制改造，由国有事业单位转制成为民营股份制企业。公司在实施了股份制改造之后，不仅未能实现"一股就灵"的理想目标，反而因股份制改革而加剧了公司内部的矛盾，各种利益矛盾甚至使公司走向了濒临解体的边缘。随着进一步组织变革的启动，公司逐步走上规范化管理的轨道。本案例旨在通过描述嘉禾公司股份制改造的历程，为讲授"组织行为学"、"管理学"等课程的教师提供一个本土化的组织变革案例，并通过案例教学，帮助学员了解组织变革过程、理解影响组织变革的各种因素。

关键词：中小型企业；组织变革；股份制改造

【案例正文】

0 引言

2004年秋天的一个早晨，正是公司上班的时间。在北方省会城市市郊的一家供暖公司大门口，一群人吵吵嚷嚷，想要进入公司大门，街道两旁，挤满了一些看热闹的人。这时，公司董事长手里拿了一根棍子，从公司里边走到大门中央，注视着围在门口吵吵嚷嚷想进入公司大门的一群人，他大声地说道："今天，你们谁要再跨进公司大门，就先问问我手里这根棍子是否同意！"这群人面面相觑，最终没有人敢跨进公司大门。双方僵持了一会儿之后，人群中，个别人开始悄悄地离开了。随后，人群逐渐离开了嘉禾公司大门口，一场风波就渐渐平息了。

这些在门口吵闹的人，原是嘉禾供暖公司的股东，在一周前实施的股份

[①] 本案例为北京理工大学管理与经济学院王成全副教授和嘉禾供暖公司领导共同撰写而成。未经作者同意，不得以任何方式与手段擅自复制或传播本案例的所有部分。由于企业保密的需要，本案例中的公司名称和数字做了模糊处理。本案例只供课堂教学之用，并无赞同或暗示某人或某种管理行为是否合理或合法的倾向，请勿对号入座。调研过程中，得到了嘉禾供暖公司的大力支持，对此表示感谢！当然，文责自负。

制改革过程中，领取了退股、转股费用，办理了退股、转股、离岗或离职手续。但是，几天之后，他们却又想重回公司上班。今天已是他们第三天来公司聚集了。事情的起因还得从嘉禾供暖公司的股份制改造说起。

1 背景介绍

1.1 公司简介

嘉禾供暖有限公司（以下简称嘉禾供暖公司）的前身为省会城市市郊某区供暖管理所（以下简称供暖所），属于一家中小型规模的供暖企业。供暖管理所作为一家国有的专业供暖企业，隶属于区房屋土地管理局，属自收自支的公共事业单位。公司主营业务是为所在区的城镇居民、行政机关、企事业单位提供供暖服务，从供暖用户收取的供暖费用是其主要收入来源；供暖所的各类支出均从企业收取的供暖费用中支出，政府并不给予额外的经费补贴。作为一家公共事业单位，供暖所的重大投入项目，如设备改造和更新等可以申请政府财政补贴，供暖所的主要领导均由上级主管部门任命，企业的正式员工均隶属于房屋土地管理局。

供暖所设有高层管理人员 6 人，包括，所长 1 人，书记 1 人，副所长 4 人。供暖所的所长、书记、副所长均由区房屋土地管理局直接任命，属于在编的国家公职人员。供暖所原有职工 100 多人，其中在编正式职工 50 多人，合同制工人、季节工或临时工 50 多人。在编正式职工工资按照事业单位人员编制及相关文件规定发放，合同制工人、季节工按照合同约定发放工资。供暖所共有 6 座供热厂，供热厂的主要设备等固定资产为公共资产投入，供暖所现有供暖设备能够为所在区域居民提供的供暖服务面积为200 多万平方米。

1.2 公司的组织结构

嘉禾供暖公司在改制初期，依然沿用国有事业单位时期的组织结构。只是名称从供暖所变成了嘉禾供暖公司，公司高层领导的称谓发生了变化，公司领导及全体员工的身份也变成了公司的股东。尽管股东的股份各有差异，但公司组织结构中的高层、中层、基层人员及相应的管理关系没有改变。公司设董事长兼总经理 1 人，由原供暖所所长担任，副总经理 5 人，分别是生产副经理、工程副经理、供应副经理、人事副经理、行政副经理，分别由原供暖所的书记、副所长担任。公司设中层管理部门十六个，包括运行管理部、材料供应部、原煤供应部、工程部、电工部、人力资源部、办公室、收费室、财务室、化验室和 6 个供热厂。相应的设置中层执行经理 16 名（其中分设了6 个供热厂厂长）。各中层执行经理具体分管各自的生产、运营及服务等业务。具体的公司组织结构见图 2-1。

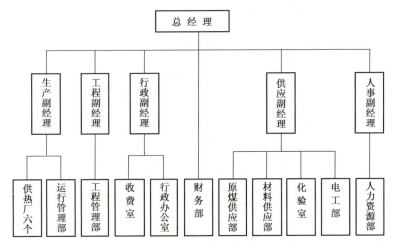

图 2-1　嘉禾供暖公司的组织结构图

2　公司组织变革的时间表

供暖所的组织改革经历了一个复杂而又曲折的过程。从 2000 年，供暖所所长开始思考公司转制到切实以股份制公司进行运作，先后经历了将近十年的时间。本节我们简要地概述嘉禾供暖公司进行组织变革的历程，以时间表的形式列出供暖所到嘉禾供暖公司股份制公司改造的先后顺序，以使读者对嘉禾供暖公司组织变革有一个整体印象。

2000 年秋季，总经理开始思考公司的变革及相关事宜，并为此征求各方面的意见和想法。

2001 年春季，启动股份制改革的实际步骤。

2001 年夏天至 2002 年秋季，公司股份制改革方案及申请报告获得区政府会议审批通过。

2002 年 11 月，公司完成股份制改造的各种手续，公司正式向当地工商管理局申请注册，取得营业执照，公司正式定名为嘉禾供暖有限公司。

2003 年，公司在实际运行过程中，公司高层的各种矛盾凸显出来，公司管理陷入困境。

2004 年春，聘请咨询公司进行人力资源管理咨询，四个月后，咨询公司结束咨询项目。

2004 年底，公司三个副总联合给董事会呈交议案，要求分立新公司，因广大股东的反对，分立公司的提案未能获得通过。

2005 年春，检察院接到公司高层举报，进驻公司核查董事长挪用公款、偷税漏税等行为。

2005 年秋，公司酝酿第二次组织变革。重新改组公司董事会和高层领导班子。

2006 年初，嘉禾供暖有限公司顺利实施第二次组织变革。重新配置了公司股权，通过选举成立了公司新董事会。

2007～2009 年，公司总经理设计并实施了"二级供热管理模式"改革。

2010 年之后，公司即将面临新的抉择，有可能被市里整合成为一家新的国有供暖公司。

3 公司组织变革的几个关键因素

根据组织行为学理论，组织变革必然有其内部动因和外部影响因素，同时也涉及一些关键要素，嘉禾供暖公司的组织变革依然如此。这里，我们仅概括了影响嘉禾供暖公司组织变革的几个关键因素，一是嘉禾公司变革的内部动因；二是嘉禾公司变革的外部环境及政策；三是力争主管领导支持公司改制；四是区政府通过改制议案。

3.1 公司变革的内部动因

在诸多影响公司组织变革的影响因素中，公司内部动因是引发变革的主要动力，而最高领导者的改革意识则是内部动因的动力源。

在公司归属于区房屋土地管理局的时期，供暖所所长就是一个锐意进取的管理者，在担任供暖所所长的几年中，区供暖所在国内供暖行业率先实施并获得了供热运行管理 9000 认证，由所长倡导并实施了供暖精细化管理的探索，期望以标准化的管理方法，使供热管理、生产、运行、安全、维修、服务操作等流程做到科学、规范，供暖所的多项节能减排的技术获得了国家的发明专利；在供暖所所长领导时期，区供暖所成为市的一家较有影响的供暖企业，供暖所在当地在职职工的收入排名中位居前列，多次被评为市先进供暖企业。

党的十五大召开，国家鼓励中小型公有制企业实施转制改革，供暖所所在的地区就有一些公有企业率先进行体制改革，并顺利完成了股份制改造。这种情况对供暖所所长产生了极大的触动，他不失时机地向改制成功的企业管理者取经，听取意见、学习经验、交流体会，这种交流和沟通强化或增强了供暖所所长争取股份制改革的信心。

作为一家中小企业的高层管理者，供暖所所长在主管供暖所的管理过程中，非常迫切地期望摆脱政府的过多干预，期望按照企业发展的规律实施科学管理。公有企业改制成功无疑起到了一种示范作用。所长迫切地期望通过股份制改革使企业走上科学管理、持续发展的良性轨道。不可否认的是，当时的供暖所所长内心也存在一种朴素的想法，即企业进行股份制改革之后，就可能脱离上级主管部门的管束，企业管理者就可能真正按照自己的意愿、用科学的管理方法管理企业。这也成为供暖所所长推进企业改制的重要动因之一。

对于供暖所的广大职工而言，他们多有一种自然的想法，期望实施股份制改革之后，企业更加独立，上级主管部门不再控制和干预供热生产和服务等事务，供暖所还能够减少每年上缴的费用，企业的经济效益也可能随之而不断提高，进而，自己的工资待遇能够得到提高。与此同时，大多数员工的普遍想法是，股份制改革后自己变成了股东，成为企业真正的主人，企业是自己的了，能够真正体验当家做主的感觉。

因此，对供暖所的领导和员工而言，都期望并相信股份制改革能够为企业、为自己带来实际的好处和实惠，能够满足各自不同的需要。例如，领导期望摆脱上级主管的管束，能够按照企业发展的规律来管理企业，促进企业的发展，员工们期望能够实现当家做主的愿望，成为企业真正的主人。这种需要就成为他们期望变革的内在心理动力。

3.2　供暖所改制的外部环境及政策

在我国，实施股份制改革只有内部动因，没有外部条件或环境是难以想象的，外部环境为企业改制提供了重要的政治或舆论氛围。2003 年，正是全国各地深入学习党的十五次代表大会精神的时期，在党的十五次代表大会精神的指导下，坚持解放思想，实事求是，大胆探索，努力寻找促进生产力发展的公有制实现形式，一切反映社会化生产规律的经营方式和组织形式都可以大胆利用。

党的十五大文件指出，要继续采取改组、联合、兼并、租赁、承包经营和股份合作制、出售等形式，加快放开搞活国有小型企业的步伐。此后，在全国各地开始推进企业股份制和股份合作制改革。在短短几个月的时间里，全国各地推进国有企业股份制改革。国内许多国有或集体企业被民众资金购买后变成了股份制、股份合作制等多种形式的企业。党的十五大推动了国有企业改制的精神，使当地一些国有企业率先进行了股份制改造。这些企业的成功转制，为国有企业改制提供了成功例证，为嘉禾公司改制提供了非常有利的外部政治环境，创造了良好的社会政治环境和氛围。

全国各地在十五大精神的指导下，全力推进国有中小型企业的股份制和股份合作制改革。市政府也先后出台了国有企业改制相关的文件，并出台了与之配套的优惠政策。有关文件规定，中小国有企业如果在 2010 年前实施企业改制，经当地权威资产评估机构评估，可以予以评估资产的 50%优惠鼓励其改制，根据具体情况，当地政府还可以给予相应的贷款优惠。具体方法包括，全体员工出资购买公司资产，成为公司股东，公司由国有企业转制成为股份制企业。文件还规定，公司原有决策者或最高领导人可占最大股份，一般可持有公司股份的31%左右，最高可以持有公司股份的51%，其他领导和员工可按照其管理级别获得相应的股份，所有股东持有的股份均需要出资购买，并交纳相应的风险保证金。

3.3 力争主管部门领导的支持

在供暖所所长的倡导下，供暖所启动了股份制改造的各项工作。供暖所高层认识到，若要实现供暖所股份制改造的目标并非易事，需要做好方方面面的工作，并且要克服重重困难。最关键的是，作为公有事业单位，能否进行企业改制，而要完成公有事业单位改制，在体制上需要跨越两大难关，一是管理体制方面，从公有体制到民营股份制；二是管理隶属关系方面，由原来隶属于政府相关部门管理到由公司股东自主管理。供暖所高层管理人员希望这次改制能够做到"两步并作一步走"，他们意识到，要顺利完成企业改制，必须做好扎实的工作，以获得区政府的决策支持。为此，供暖所开展了以下三方面的工作。

首先，供暖所领导思想一致，达成共识。供暖所高层管理人员对股份制改造要形成高度共识，一致同意进行股份制改造。为此，供暖所长与其他高层领导进行了充分地思想沟通和协调，使高层管理人员在思想上统一认识，行动上统一步调。高层管理者在改制问题上的统一意志，为公司确立了工作方向，促使大家发挥各自优势，利用各种资源，为顺利实施供暖所股份制改造奠定了管理层的基础。

其次，做好员工的思想工作。在供暖所高层对公司股份制改造达成共识之后，做好全体员工的思想工作也至关重要。对供暖所员工而言，他们的工资收入在当地处于较高水平，供暖工作有季节性，非供暖季节一些员工还有休假、旅游或放松的时间。因而，当员工得知公司拟进行股份制改革时，不少员工对此也心存疑虑，担心自己的工资会减少，利益可能会受损。为消除员工们的疑虑，供暖所专门召开员工大会，会后对全体员工开展了深入细致的思想工作。一是向员工说明改制后公司的发展前景；二是告知员工，改制后所有正式员工都成为股东，成为公司实实在在的"主人"，公司就是员工自己的，因而，只要大家努力工作，收入就不会减少。在完成公司员工的动员工作，成功说服员工同意改制后，供暖所组织专业人员负责撰写供暖所改制申请报告，及时上报主管部门，等待区房屋土地管理局的正式批复。

第三，征求上级领导支持。公有企业进行股份制改造，必须在当地政府领导同意的情况下才能进行，因此，企业改制必须争取当地政府领导的支持。

由于供暖所是当地重要的供暖单位，事关民生大事，行政方面直接归属区房屋土地管理局，管理局的领导是否同意改制就成为必须面对的首个难关。为此，供暖所所长首先向房屋土地管理局领导汇报近期工作，并提出了进行股份制改革的想法。局领导虽然多次表示支持公司改革，但是，在是否一步到位实施股份制改造的问题上，局领导心存疑虑。局领导认为，供暖工作事关辖区广大民众及企事业单位冬季供暖大事，如果改制之后，管理局对供暖企业失去控制力，将会影响当地的安定团结；同时局领导也担心供暖企业资产过大，改制之后可能存在某些不确定的风险。因此，局长告知供暖所所长："改制涉及全体员工的切身利益，你们回去征求员工的意见，只要有一个员工不同意，就不能进行改制。"得到主管领导的这一表示，供暖所长既感到压力又感到机遇。供暖所高层在切实做好了员工思想工作的基础上，动员了全体员工签名支持供暖所进行供暖所进行股份制改造。最终，管理局领导同意将供暖所实施公司股份制改造的报告上报到区政府。

3.4　争取政府顺利通过改制议案

3.4.1　争取区政府领导支持

作为当地一家公有制供暖企业，如果实施股份制改造，必须争取区政府通过其股份制改造议案。为此，供暖所高层对实施股份制改造进行了相应的调研，总经理找到区里先前实施过股份制改造的企业领导进行联系，并向该企业领导请教，了解股份制改造的关键要素，吸取他们改制成功的有益经验。在此基础上，供暖所高层及领导对股份制改造进行了周密的部署和安排，制定了公司股份制改造的计划方案。所长不失时机地向区政府领导、区发改委领导汇报拟实施公司改制的想法，并向有关部门呈交了企业实施改制的申请报告。

由于供暖工作与广大民众冬季供暖的实际需要密切相关，区政府领导及房屋土地管理所等主管领导对供暖企业的改制并不很放心，尤其担心供暖企业改制之后出现供暖问题，增加政府调控的难度，并由此成为引发不稳定的社会因素。不过，在嘉禾公司改制之前，供暖所所在区里，已经有数家国有企业成功实施了股份制改造，而且这些企业改制之后的社会反响也很好。因此，区发改委领导非常支持所辖区域的企业实施股份制改造工作。供暖所长得知这些情况，主动将本供暖所进行股份制改造的想法向区发改委领导做了汇报，使区发改委领导意识到，供暖所改制旨在完善公司管理，能够提高管理效益，减轻政府负担，且能够保证民众及所属供暖服务用户的利益不受到损害，因而，区发改委领导同意房屋土地管理局向政府提交有关"嘉禾供暖公司实施股份制改造的申请报告"。供暖所所长又不失时机地征询区政府领导的意见，并且通过多种途径及时与有关领导进行沟通，争取有关领导支持供暖所进行改制。

3.4.2 区政府办公会议通过改制议案

在随后召开的区政府办公会议上，供暖所改制的问题被列为会议的主要议题之一。在会议中，有领导提出，公用单位不能进行改制，尤其是供暖单位如果改为股份制企业，老百姓的供暖一旦出了问题，就可能造成不良影响；也有人对供暖单位改制表示支持意见，认为区供暖所是一家小型国有企业，改制之后"自负盈亏，自主管理"，符合国家有关中小企业进行股份制改造的政策精神。当两种意见争论不休，没有定论时，区发改委主任发言，明确表示支持供暖所改制，他认为，供暖所改制符合国家有关中小企业进行股份制改造的政策精神；有助于企业自主经营，有序地进行供暖设备的升级换代，减少政府补贴，提高供暖效果等，同时，还对供暖所改制提出了几点有益的建设性意见。之后，区长表示支持供暖所改制。最终，在区政府办公会议上形成了会议决议，通过了供暖所进行股份制改造的申请报告。

4 公司股份制改造之后面临的困境

改制文件通过后，嘉禾供暖公司采取了一系列的改制措施。首先，在行政程序上，实现了所有制形式的改变。政府聘请了资产评估机构对公司资产进行审核与评估，公司领导和正式员工根据其股份大小，出资购买了原有的供暖设备与公司资产；所有正式员工都获得了相应的股份，成为了公司的所有者——股东。其次，建立了股份制公司的最高决策层。依据《公司法》，公司建立了董事会与监事会等决策机构与监督机构。供暖所原有的六位高层领导人员均进入公司的董事会和监事会，原来的所长、书记、副所长成了新公司董事长、董事、监事，这样，原供暖所的领导层就自然构成了新公司的最高决策层。第三，公司的隶属关系发生了改变。改制后，供暖公司不再归属于区土地房屋管理局主管，而是由公司董事会直接管理。

乍一看来，上述改制措施已经使企业发生了较为重大的变革，这种变革已经触及到了公司治理的几个关键问题，诸如，管理体制、产权确定、以及归属明晰等。然而，这些看似重大的变革并未能使公司走上理想的发展轨道。相反，由于组织变革过程中并没有对原有高层管理人员、组织结构等进行必要的调整和变革，并没有从根本上改变管理人员及员工原有的观念和认识，尤其是公司董事会及董事长尚未建立对公司的绝对控制权，致使公司陷入了新的矛盾和困惑之中。

4.1 换汤未换药——"一股不灵"

嘉禾供暖公司成立后，虽然体制改变了，但管理机制没有变，管理模式没有变，这使得新体制所具有的潜在优势并没有被挖掘出来。公司改制初期的管理状况有点儿像是"新瓶装旧酒，换汤不换药"。尽管在形式上实施了股份制改革，但在股份制改革初期并没有自然促使公司管理在内涵上发生质的变化。在改革初期，管理者及员工普遍存在着"一股就灵"的幼稚想法，即认为："只要进行了股份制改革，就一定能够获得理想的管理效果"。

　　然而现实状况是，在新旧体制交替的过程中，旧体制中发挥作用的某些重要因素一下子消失了。例如，上级主管部门的控制、监管作用降低，公共事业单位原有正常运作的惯性一时间失去了作用；适应新体制的管理制度并没有立即建立起来，公司治理中的关键因素（自主决策与监控等因素）并没有发挥作用，尤其是董事长/总经理难以真正行驶其权威，这使得公司管理经历了一段特殊的"真空期"。

　　管理的"真空期"主要有以下几方面的表现。首先，表现在高层决策方面，影响了高层管理决策。由于公司体制的改变，公司没有了上级主管的绝对领导，弱化了行政上级的管控力度，公司开始尝试独立经营、自主管理等管理模式。在股份制公司运作发展的初期阶段，迫切需要一个强有力的决策集体，但是由于股份制公司决策层并没有变动，高层管理者的管理思想、认识水平也未能及时改变。高层在公司如何发展方面意见不一。同时，股份制改制之后，意外地强化了高层管理者的权利欲、控制欲、占有欲，致使他们行使主人权利的方式走向了另一个极端——武断地认为："这个公司我说了算！"，别人的意见听不进去。高层领导之间的意见不一致，使公司董事会难以对重大问题进行决策。公司高层经常为决策而争吵不休，不论大事小事，都要一吵到底，难以做出任何决策。

　　其次，表现在高层的人际矛盾方面，公司高层管理者原有的人际矛盾并没有随着股份制改革的完成而自然缓和，反而由于"上级行政影响"作用的骤然消失，高层管理者之间的矛盾却骤然凸显出来。例如，公司总经理与公司书记之间、总经理与几个"老资历"的副总之间原有的矛盾等，这些矛盾曾经潜藏在事业单位的运作过程的深层，此时却一下子"浮出水面"，高层人际矛盾一下子变得尖锐起来。供暖所原来属于国有的，是"国家的"，对自己而言并没有太大的切身利益，但是改制之后，企业是自己的，是"小家的"，甚至公司就是我家的，这时，公司的各种决策、管理措施都事关自己的切身利益。公司高层在心理上发生的微妙变化，直接影响着高层决策过程中的行为表现。供暖所在公有体制掩盖下的"一团和气"，变成了股份制下的"吵吵闹闹"。在供暖所时期积累的一些潜在矛盾，股份制改革之后却变成了显的人际冲突。

　　第三，表现在员工的心态方面。对员工而言，从形式上的主人——国有企业的员工，一跃而成为本质或内涵上的股东，好像是一切都应该由自己说了算,而在公司实际的运行过程中,员工还是员工,而不可能成为管理者,这种角色的固化并没有得到实质的改变。改制强化了员工的"主人翁"意识,强化了员工"我是股东"的思想。一方面,员工感觉到自己的地位提升了,身份也变了,员工们主动参与管理的意识也随之得到增强;另一方面,员工在心理上也发生了微妙的变化。公司原来的上级现在成了自己的平级——"大家都是股东,我凭什么听你的?你凭什么来管理我?"股份制带来的心理上的失衡,也引起了管理方面的困境。

4.2 高层管理者的持股比例与董事会决策

按照当地实施股份制改造的文件精神,为保证股份制公司更好地进行决策,加强董事长的权威,董事长可持有公司 30% 左右的股份。但嘉禾供暖公司董事长碍于同事间的情面,为营造公司高层之间的和谐氛围,主动提出减少自己的持股比例,把自己持股比例降低为 21%;增加其他副总的持股份额,5 位副总的持股比例均为 6%;另外两位工程师持有股份 2%,其余股东获得了公司 45% 的股份。

在公司随后的决策中,由于董事长持有的股份过低,决策过程中难以维持绝对的权威,为保证董事长决策的实施,他必须争取其他股东的支持,否则,无法保证董事会按照董事长的意见进行决策。股份制公司董事会决策是由"股权说话",董事长以其 21% 的股权,在董事会难以成为"多数",如果要按照自己的意愿做出决策,必须争取其他副总和中下层股东的支持。这种状况使得董事会决策成为一种非常困难的事情,也使董事长感到非常困扰,公司高层经常因意见不同而争吵不断,许多重要事项则由于矛盾而久拖不决。董事长几乎成为一种名义、一种摆设,难以发挥其应有的管理和决策作用。

4.3 借用外力,聘请咨询公司

公司实施股份制改造之后所出现的混乱局面,使得公司董事长认识到,公司要想发展,就要在发展战略、组织结构、管理模式上进行更深入的改革,要构建新的适应股份制企业发展的人力资源管理体系。同时要对公司高层及员工进行教育,打破某种不适应公司发展的思想意识,转变某些不正确的观念。然而,国有企业几十年的管理模式已在人们心中构筑了"平均、平等"的意识屏障,打破所谓的"平均、平等",建立真正的"平均、平等"的改革显然要难于之前的体制改革。与此同时,广大中下层股东对董事会的矛盾非常不满,纷纷要求对公司高层进行改组,以提高董事会的效率。在董事长及中小股东的推动下,公司决定聘请人力资源管理咨询公司,对实施股份制改革之后的企业进行全面而彻底的重新构建,旨在通过外来的力量解决公司管理及公司高层存在的各种棘手的问题。

嘉禾供暖公司人力资源部聘请了一家人力资源管理咨询公司，签订了咨询合作协议，开始了公司人力资源建设及管理再造的过程。咨询公司人员进驻供暖公司之后，按照咨询专家的建议，供暖公司成立了与咨询专家组相互对接的领导小组，该领导小组由供暖公司十几位部门领导及工程师共同组成，领导小组直接与咨询公司配合，参与咨询公司的各项人力资源管理重建工作。

咨询公司发放了调查问卷，选择了高中层人员以及基层关键岗位的员工进行了深入的访谈，在充分了解嘉禾公司股东意见的前提下，咨询公司了解到，嘉禾供暖有限公司在成功转制的初期，未能对公司组织机制进行现代化企业治理结构的改造，未能进行结构重组，未能构建竞争淘汰的人才选拔机制，没有对组织失调的状况进行必要的调整，这一问题成为制约嘉禾供暖有限公司持续发展的重要因素。咨询公司建议，首先调整嘉禾供暖公司的组织结构，然后进行人力资源管理的建设。

4.4 调整公司组织结构

在嘉禾供暖有限公司迈向未来的发展历程中，必然要调整组织机构存在的问题，这一点也逐步成为嘉禾供暖公司领导层、股东及全体员工的共识。根据咨询公司人员的分析，公司组织结构存在的主要问题有以下四点：① 组织结构与组织管理机制不一致。嘉禾供暖有限公司在进行股份制改造之后，仍然沿用传统国有企业的组织设置。因此，其组织机构属于"版本新颖、内核陈旧的状况"。组织结构与运行机制不一致，致使公司管理的许多方面的矛盾难以解决。② 因人设岗、机构臃肿。原有组织结构是适应于国有行政体制因人设置，而不是因岗设置。只有 100 多人的公司就有 6 个高层管理人员，而且管理职能上相互重叠。③ 职位、部门、职位职责边界不清。组织结构未能最大限度地分清部门、职位的职责；在组织运行过程中，出现部门不协调或冲突、效能低下等现象。④ 组织结构本身的协调机能降低。由于组织结构未能随着公司改制而及时调整，仍然保留着原有的、并不需要的"虚职、或闲差"，这种现状导致组织内耗增加，高层管理部门经常充当下属部门相互间冲突的裁判者和调解者；组织结构本身失去相互协调机能，靠特殊人或权威来协调。

咨询公司认为，实施股份制改革之后，应结合股份制公司的特点，及时调整公司组织结构，并通过组织结构的调整，重新配置公司的权力结构。具体而言，一是减少高层管理人员的数量，把 5 个副总经理减少至 2 人；二是实现高层管理人员的年轻化，目前的 5 位副总，2 位副总年龄接近 60 岁，2 位副总年龄超过 50 岁，广大股东希望把两位部门经理提升为公司副总，希望原有的 5 位副总退出高层领导班子。这一建议显然可能加剧高层的人际矛盾，短时期内难以实现预期目标。咨询公司建议采取折中的过渡方案，设置了顾问委员会，发展管理委员会两个部门，以安置高层领导人员。根据供暖生产的实际，把两个年富力强、有发展潜力的部门经理提升为副总经理。

最终，在与公司对接小组充分沟通的基础上，咨询人员提出了一个过渡的组织结构调整方案。该调整方案既兼顾公司组织结构的现状，避免引起过多的矛盾冲突；又考虑到未来组织改革的方向，为今后组织调整奠定基础。这次组织结构调整，设置了两个高层部门，公司顾问委员会和规划与发展管理委员会；把原来 11 个职能部门精简为 4 个，把直接服务于供热运行的化验室和电工部归到运行办公室，材料供应部和原煤供应部合为供应部。使得各职能部门的上级管理在横向层面互不交叉，生产副经理直接抓生产，财务副经理主要管理收费与财务，供应副经理管理供应部与工程部，行政副经理管理行政办公室与人力资源部，总经理直接管理 4 名副经理。调整后的组织结构见图 2-2。

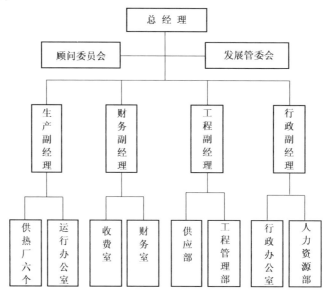

图 2-2　组织结构的第一次调整

4.5　建立健全人力资源管理制度

　　人力资源咨询公司在进行调查和访谈的基础上，深入分析了嘉禾供暖公司人力资源管理现状及存在的问题。从以下几个方面对嘉禾供暖公司进行了人力资源管理建设工作，尤其从制度建设着手，建立健全嘉禾供暖公司人力资源管理制度，其中主要包括职位管理制度、薪酬与绩效管理制度、竞聘上岗制度等。

1）职位管理制度

职位管理是公司岗位管理的关键，咨询公司在新设置的组织结构的基础上，确定了供暖公司的标准职位，编制了公司关键职位说明书和任职资格体系，建立了公司职位管理制度，进而，成立了职位评价小组，对各个标准职位进行了职位评价。

2）薪酬与绩效管理制度

在构建了公司职位体系的基础上，咨询人员根据公司的支付能力以及公司的薪酬战略，对公司职位进行了科学评价，进而，试图为公司建立更有竞争力和科学、合理的薪酬体系及相应的薪酬管理制度。薪酬管理制度强调，关注每个员工所从事的工作以及员工的任职资格水平，并以此为依据确定每个员工的薪酬水平；将企业的实际经营状况传递给员工，并因此提高员工对企业经营状况的关注，增强对组织的责任意识；基于按劳分配的原则，在薪酬结构中，加大绩效薪酬的比例，通过绩效薪酬奖励员工的工作积极性，建立一个动态灵活的薪酬体系，通过对体系的调整，在不同的情况下企业都能够获得适当的薪酬方案；使薪酬体系成为管理员工职业生涯的工具，使得企业可以更加有效地为员工个人发展提供服务。

3）竞聘上岗制度

为构建现代化公司治理机制，完善企业组织领导体制，创设竞争、活力、发展的企业文化氛围，促进人员职位双向选择，激励员工提高工作效能、增强团队活力，实现企业的持续、良性发展。根据《中华人民共和国公司法》（以下简称《公司法》），《嘉禾供暖公司章程》（以下简称《章程》）经公司研究决定，在公司各管理职位中实行"职位竞聘，竞争上岗"的选拔方式，公正、公平地选拔一批优秀管理人才，挑起嘉禾供暖公司经营与发展的重担，以打破原有体制中存在的惰性思维模式，激活各层级、各部门管理人员创新思维，使公司各层级管理人员在配置上逐步实现市场化运作，进而实现保护广大股东和员工的实际利益，提高嘉禾供暖公司的核心竞争能力，促进公司持续发展的理想目标。

如果把企业转制称为嘉禾供暖公司进行的第一次组织变革，那么，接下来进行的股权结构调整则是嘉禾供暖公司进行的第二次组织变革。而在第二次变革之后，董事长设计实施的二级供热管理模式改革则是嘉禾供暖公司在二次组织变革完成后，按照现代公司治理理念，完善公司治理结构的关键步骤。

4.6 公司陷入分离的境地

2004 年 5 月，咨询公司完成了人力资源管理建设工作之后，撤离了嘉禾供暖公司。然而，已经构建的人力资源管理制度同样不能自然发挥作用，也未能从根本上缓解公司高层的矛盾，反而由于组织结构的调整，使得其他几位副总结成了"统一战线"，公司高层形成了两个阵营，一是以董事长为代表的阵营，二是以三位副总为代表的阵营。2004年底，由于年终绩效奖励分配出现矛盾，公司运行副总得到的奖励过多，公司内部奖励分配不公平，而引起各部门之间的意见，股东们议论纷纷，意见很大，但是董事会却难以进行协调。于是，三个副总联合给董事会呈交议案，要求重新分配股权，并另行成立新的供暖公司，即把嘉禾供暖公司一分为二。当公司广大小股东听说此事之后，担心公司分离后自身利益受损，因而小股东自发地联合起来凑足了51％的反对票，分离公司的提案未能获得通过。公司高层之间的重重矛盾致使董事会管理监督职能形同虚设，公司供热生产和服务几乎陷于停滞状态，只能勉强维持工作。

2005年春节后，公司的三位副总联名向区检察院举报董事长贪污挪用公款、偷税漏税的行为。区检察院开始进驻供暖公司，取走公司近年来的财务账目，开始了对公司董事长的违法调查。但经检察院认真调查，对公司财务账目进行审计，未发现董事长贪污挪用公款等问题，退回了公司的各种财务账目等材料。

5 嘉禾供暖公司第二次组织变革

在面临诸多困扰和矛盾之后，董事长不得不重新思考公司的发展与变革，他认识到，人力资源管理制度建设只是公司向科学管理迈出的第一步，如要使先进的制度真正发挥作用，必须提高公司高层的领导执行力，必须进行更加深入的组织变革。他认为，公司发展至今所面临的各种困境，源于公司原有高层决策层及股权构成存在先天缺陷，如果容忍这种缺陷继续存在下去，最终将使得整个公司走向分离或解体的结局。若要使公司走向良性发展的道路，必须对公司进行脱胎换骨、触及灵魂的彻底变革。

经过近几年的反复折腾，使董事长认识到，企业由计划经济运作模式过渡到市场经济运作模式，首先要求企业经营管理的观念要改变，而观念的转变必然会涉及内部权利和利益的再分配，权利和利益的变化导致了管理者的心理失衡，在失去上级主管的领导管控之后，公司的决策危机凸显出来。因此，公司的改革必须改变最高决策机制——重建公司董事会。

5.1 重建公司董事会

董事长意识到，全员股份制并非公司治理的灵丹妙药，股权的分散有时反而导致管理的混乱，因此，有必要适当集中股份，重建董事会。而重建董事会需要当机立断，不能顾及情面。在公司发展面临困境无路可退时，领导者必须有勇有谋，善于策划，具有破釜沉舟的勇气，抛掉过去那些善良柔弱的心态，以强有力的措施重建公司董事会。随后，他开始着手筹划重建公司董事会的工作。由于这次组织变革涉及到公司高层人事调整、股权比例的调整，改革能否成功关系重大。董事长此时又想到要借用外脑，借助外力。通过在高校参加培训学习的时机，他为公司聘请了有经验的管理顾问，为公司管理出谋划策，吸取其他公司的有益经验，并帮助公司设计组织变革的具体方案和措施。

在明确了改组董事会的方向之后，接下来就是如何召开董事会通过相关改革方案。按照股份制公司相关文件规定，改组董事会必须通过全体董事会投票才能通过，而让董事会中势均力敌的对立面主动退出董事会，显然很不现实。为此，他请教了公司法方面的专家，专家告知他，"公司法规定，得到2/3以上的股东签字同意的方案应该是符合公司法的方案"，这使得董事长茅塞顿开。董事长起草了有关"改组董事会的议案"，逐一征求股东的意见，征得了超过三分之二股东的签名支持。在获得了广大股东签字同意之后，公司召开股东大会，宣布重新选举公司董事会。股东大会选举的结果是，原董事会的三名董事落选，以董事长为核心的新董事会产生，至此，董事会的权力斗争以董事长的胜利而暂告一个阶段。

5.2　股权重新分置与股权集中

公司新董事会的产生，标志着公司控制权的确立，也标志着公司董事会能够在一定程度上控制公司经营管理的方向，意味着股份制改造初期的平均"分权分利"的模式即被打破，意味着部分人员将随公司发展的大潮被淘汰出局。但是，在这次董事会重新选举之后，如何妥善安置被淘汰的高层人员则更显得至关重要。经过深思之后，董事长认识到，必须根据被淘汰董事会成员的心理、需要特点，采取有效的方式，保证董事会的顺利交接。董事长做出以下决定：采取"一拉一推"的策略，所谓"一拉"即团结小股东，做好广大小股东的工作，争取更多的支持；所谓"一推"即"诱之以利"，利用一些股东的趋利心理，让他们感到转股、退股的巨大利益诱惑，而自愿退股。

董事长接受第一次改革的教训，把这次改革的重点确定为"平稳进行股权的重新配置"。这就意味着，要通过制度设计，分流一部分股东，使部分股东（包括几位被选举淘汰下来的高层管理人员）能被新设计的股东分流利益所吸引，主动退股、转股。为避免这次改革重蹈混乱的覆辙，保证改革的顺利进行，董事长征询了管理专家的建议，为公司股东设计了多种自主选择的途径或机会，提出了公司股权变革方案。

在各种方案相对完善之后，董事长召开了董事会，制定出详细的、极具操作价值的员工离岗、离职、退休、转股方案，包括公司董事会提出"出售股份、内部退休"等人员分流方案,对出售股份、离职、内部退休、待岗做出合理的规定,并将有关规定提交股东大会通过。这次股权配置方案包括以下几个主要内容:

(1) 制定了嘉禾供暖公司《员工离岗休养管理规定》,详见附件 1。

(2) 制定了嘉禾供暖公司《员工自愿离职管理规定》,详见附件 2。

(3) 嘉禾供暖公司《收购股份的相关规定》,详见附件 3。

(4) 制定了公司员工《待岗管理规定》,详见附件 4。

在上述管理规定顺利实施后,公司根据原有股份比例对股东的股权开始重新分配。经过这次股权改革,公司股东的股份均有了较大的提升。一方面,淘汰了对公司不满的股东,增加了核心股东的股份;另一方面,董事长的股份随之增加,达到了 46%。根据收购股份的相关规定,董事长出资购买了 5% 的股份,所占股权达到了 51%,对公司拥有了真正的决策权。

在公司进行股权重新配置之后,留住核心骨干员工是公司发展的基础和希望,而提高公司员工素质,聘任能胜任工作岗位的员工,则决定了公司未来的发展和命运。因此,这次改革还设计了《员工岗位聘任合同》(详见附录 5)。

此次股权配置出台的"离岗休养、自愿离职、出售股份、待岗"等管理规定,在照顾多数股东利益的情况下,为股东提供了更多的出路和自由选择的空间,关键是增强"向公司转股"的诱惑力,加强"待岗"的威慑力,引导股东出售股份,使股权重新分置工作得以顺利进行。

5.3 实施"二级供热管理模式"

所谓二级供热管理模式,是针对供热企业供热生产、供暖服务特点而设计的由公司董事会管控,子公司具体经营管理的供热管理系统的简称。这种模式既高度注重公司董事会的管控策略,又强调供热生产、供暖服务、技术咨询的高效有序。从具体操作来看,二级供热管理模式以总经理与副总(子公司奖励)签订协议的形式,由公司副总以独立法人的资格,独立注册子公司,并独立经营、独立核算,自主管理各自的供热生产、供暖服务业务、技术开发与咨询等业务。

二级供热管理模式体现如下特点:一是有明晰的组织结构体系,强调总经理与副总经理之间明晰的权责权限;二是构建职责明确的岗位体系,做到"职能到位,管理高效";三是建设基于绩效的薪酬体系,注重贡献,有效激励;四是实施精细化的管理制度体系,注重细节,赢在执行。二级供热管理模式的实施,使得公司总经理与副总能够各就其位、各负其责,能够使二级管理者主动运作,并对基层员工激励到位,进而能够保证公司实现和谐高效的理想目标。

5.4 构建基于二级供热管理模式的组织结构

公司股权改革后，一些股东（公司员工）出售股份并终止劳动合同，其中包括公司的高管人员、中层经理和操作人员。公司高层人员的退股以及部分股东的离职，彻底打乱了公司原有的组织结构与管理模式，同时也为公司的变革提供了良好的机遇。新成立的公司董事会任命了公司总经理（由董事长兼任），总经理按照"二级供热管理模式"重新设计了公司组织结构，调整后的组织结构见图 2-3。

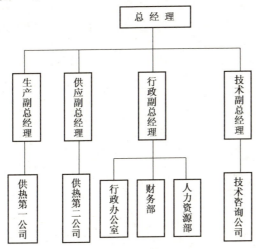

图 2-3　组织结构的第二次调整

上述组织结构与先前的组织结构相比具有以下特点：首先，集中控制，垂直管理。公司总经理具有独立的决策权，能够垂直管理 4 位副总经理；副总经理能够自主地对下属公司及员工进行管理和控制。其次，体现现代公司治理理念。总经理授权给二级管理者（子公司总经理）以切实的权力、职责及相应的利益；除了行政副总具体负责管理总公司的具体业务之外，其余 3 位副总都单独注册，成为具有独立法人资格的公司经理。公司总经理赋予副总经理以"独立核算、独立经营、自负盈亏"的管理职权和相应的利益回报。第三，落实"事业部制"结构。新的组织结构类似于"事业部制结构"。总公司设计管理政策，对子公司进行监控、指导和评估；子公司在总公司政策的指导下，独立自主地进行运作，提高运营效率；公司行政副总经理实际上负责公司的整体管理工作，而其他三个子公司独立管理各自的公司。

6　站在新的起跑线上

时间已到了 2010 年，嘉禾供暖公司已经经历了将近 10 年的组织变革历程。嘉禾供暖公司在实施了第二次组织变革之后，强化了董事长的决策权和控制权；公司按照董事长确定的战略规划，体现了现代公司治理理念，明确了公司发展战略；优化了股东的股权结构，简化了公司组织结构，调动了公司各级部门及员工的工作积极性。公司的经济效益得到了大幅度的提高，公司股东及员工的收入也有了明显的增长。目前，公司供热生产、供暖服务等工作处于平稳有序的管理运行之中。随着公司实力的提升，公司又投资了多个新项目。

2010 年春，根据市治理大气污染的供暖整合的布局，嘉禾供暖公司将可能被整合成为一家新的国有供暖公司，历经组织变革的嘉禾公司又将面临新的抉择，站在了新的起跑线上……

案 例 附 件

附件 1　嘉禾供暖公司《员工离岗休养管理规定》

1. 员工离岗休养的适用范围

持有本公司股份的股东，在规定时限内，自愿申请离岗的职工，适用于离岗休养的范围。

2. 离岗休养的年龄要求

女职工年龄在 50 周岁以上者，男职工年龄在 55 周岁及以上者，符合本次离岗休养的年龄

3. 离岗休养的待遇

(1) 员工离岗申请获得公司批准，且办理了离岗手续之日起，按月发放离岗工资×××元，此离岗工资数额至退休前不再改变，离岗工资按月发放至职工达到退休年龄为止。

(2) 离岗员工需按实发工资由公司上缴劳动法规定的保险；

(3) 离岗员工享受公司员工享受的补充医疗保险；

(4) 除上述待遇外，离岗员工不再享受公司的其他任何福利待遇；

4. 离岗员工的权利和责任

(1) 依法行使股东的权利；

(2) 免去在公司内的所有职务，不得返聘回公司；

(3) 公司在任何情况下保证分流人员的工资；

(4) 分流人员不得参与损害公司利益的活动，一经发现，公司有权解除分流待遇同时按劳动法解除劳动合同。

附件 2　嘉禾供暖公司《员工自愿离职管理规定》

1. 自愿离职管理的适用范围

本公司股东自愿离职者或岗位竞聘落聘后申请离职者

2. 离职员工的待遇

(1) 女 50 周岁及以上、男 55 周岁及以上者每月发×××元，数额不变至法定退休年龄且一次性发放；

(2) 女 45 周岁及以上至 50 周岁、男 50 周岁及以上至 55 周岁者每月发×××元，数额不变至法定退休年龄且一次性发放；

(3) 女 45 周岁以下、男 50 周岁以下者每月发×××元，数额不变至法定退休年龄且一次性发放

(4) 除上述待遇外，离职员工不再享受公司的任何福利待遇；

3. 离职员工的权利和责任

（1）依法行使股东的权利；

（2）免去在公司内的所有职务，5年内公司不得返聘；

（3）离职人员自行缴纳劳动法规定的各种费用；

（4）离职人员不得参与损害公司利益的活动，一经发现，以罚款处理，罚款额为发现之日起10年内的所有红利。

（5）离职者的劳动合同自离职之日起自行解除，离职者须按规定履行相关手续。

附件3　嘉禾供暖公司《收购股份的相关规定》

1. 收购股份的条件

（1）本人申请自愿出售，经公司董事会批准；

（2）股东出售的股份必须是个人的全部股份，不得分割出售；

2. 收购方法

（1）个人股份在2股及以下的，每股为××万元；

（2）个人股份为6股的，每股为××万元；

（3）个人股份为21.21股的，每股为××万元；

3. 公司购回股份的分配方案

公司收购回的股份，按原有股份比例分配，不愿接受此次增股者视为自愿将所分配股份卖予公司，其价格为每股××万元，此二次收回的股份仍按原股东持股的比例进行分配。

4. 其他相关规定

出售股份者在出售股份之后，即视为自然与公司终止劳动合同，但须履行相关终止程序。

附件4　嘉禾供暖公司《待岗管理规定》

1. 待岗的适用范围

（1）公司股东；

（2）岗位聘任时未被聘任、不受聘或在工作中被解聘人员；

2. 待岗的时间范围

员工待岗最长为6个月

3. 待岗期间的待遇

（1）工资待遇按劳动法或劳动合同中规定的执行，没有规定的每月发×××元；

（2）保险基数按×××元，保费由公司上缴；

（3）不享受股东补贴和其他福利待遇；

4. 其他相关规定

（1）待岗期内劳动合同到期的，不再签订劳动合同，受聘后按新岗位签订劳动合同；

（2）6个月内不被聘用或不受聘者，原合同自然终止；

（3）第二次被解聘时，劳动合同自然终止，不再享受本规定的相关待遇；

（4）待岗人员自待岗之日起必须离开公司办公场所，公司如有工作安排时另行通知，否则按"市最低工资标准"发放基本工资。

附件5　嘉禾供暖公司员工《岗位聘任合同》

甲方（聘用单位）：嘉禾供暖有限公司

乙方（受聘人）：×××

甲乙双方根据国家和本市有关法规、规定，按照自愿、平等、协商一致的原则，签订本合同。

第一条　合同期限。本合同的期限自　　年　月　日开始，到　　年　月　日为止。

第二条　工作岗位

1. 甲方根据工作任务需要及乙方的岗位意向与乙方签订岗位聘用合同，明确乙方的具体工作岗位及职责。

乙方的具体岗位职责描述如下：

（1）岗位名称：

　　直接上级：

　　直接下级：

　　本职工作：

（2）直接责任：

（3）领导责任：

（4）主要权力：

（5）管辖范围：

（6）本年度经营管理指标：

（7）本年度生产安全、质量指标：

2. 甲方根据工作需要及乙方的业务、工作能力和表现，可以调整乙方的工作岗位，重新签订岗位聘任合同。

第三条　工作条件和劳动保护

第四条　工作报酬

1. 经甲乙双方协商一致，乙方的绩效工资计算公式如下：

2. 甲方根据国家、市府和单位的有关规定，调整乙方的工资。

3. 乙方享受规定的福利待遇。

4. 乙方享受国家规定的法定节假日、寒暑假、探亲假、婚假、计划生育等假期。

第五条　工作纪律、奖励和惩处

第六条　聘用合同的变更、终止和解除

第七条　其他事项

1. 甲乙双方因实施聘用合同发生人事争议，按法律规定，先申请仲裁，对仲裁裁决不服，可向人民法院提起诉讼

2. 本合同一式三份，甲方二份，乙方一份，经甲、乙双方签字后生效。

3. 本合同条款如与国家法律、法规相抵触时，以国家法律、法规为准。

甲方（盖章）　　　　　乙方（签字）

　　　　　　　　　　签定时间：　年　月　日

案例使用说明

一、教学目的与用途

本案例适用于组织行为学与管理学课程的案例讨论。本案例提供了一个本土化的中小型国有企业组织变革历程的真实案例，旨在帮助学员理解组织变革过程的理论、组织结构调整的理论，组织变革的影响因素等，深入理解组织变革的曲折性和复杂性，理解公司核心领导者在组织变革过程中的重要作用，并深入领会有关组织结构调整与组织变革历程的关系。

二、启发思考题

1. 请认真阅读本案例，简述嘉禾供暖公司组织变革的过程，并回答这一过程大致可以分为几个主要阶段。

2. 这个案例对您理解企业组织变革过程有什么启发？请谈谈你对组织变革的体会？

3. 通过这个案例，你认为影响组织变革的主要因素有哪些？你认为嘉禾供暖公司组织变革的历程符合哪一种组织部分理论？

4. 在嘉禾供暖公司变革的过程中，公司董事长发挥了哪些重要作用？在嘉禾供暖公司组织变革的过程中，董事长的心理发生了哪些变化？他的心理变化对公司组织变革产生了哪些影响？

5. 请参照"组织结构"一章，分析在组织变革过程中组织结构调整具有什么作用？

三、分析思路

1. 可以结合勒温组织变革模型进行分析和讨论。

2. 可以结合持续变革过程模型进行分析和讨论。

3、可以根据组织"结构—影响理论"，引导学生思考并分析。

四、理论依据及分析

教师可以结合教学目标及教学进度灵活使用本案例。在此提出的案例分析思路，仅供参考。

勒温认为，组织中有规划的变革由三个阶段构成，包括解冻、变革和再冻结，如下图所示：

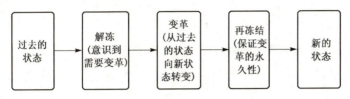

图 2-4　勒温的组织变革过程模型

教师可以引导学生，根据嘉禾供暖公司组织变革的历程进行分析：第一，嘉禾供暖公司的组织变革历程是否符合勒温的组织变革过程模型；第二，如果符合勒温的理论模型，为什么？如果不符合勒温的理论模型，为什么？

勒温的组织变革模型简单而直观，但却可能忽视了一些重要的问题，而持续变革过程模型则呈现了一个更复杂、更有用的模型。持续变革过程模型如图 2-5。

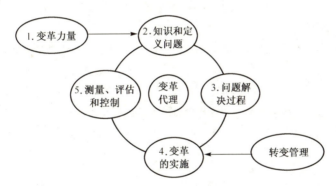

图 2-5　持续变革过程模型

根据上述模型，高层领导者首先感受到变革的力量和趋势，然后将问题移交给组织正常的问题解决和决策过程。通常情况下，由高层领导者定义目标，他们规定变革之后组织的状态、过程或结果应当是什么样子的。变革的各种方案被制订出来并给予评价，高层管理者决定选择其中可接受的一种。在组织变革的早期，高层管理者可以寻求变革代理的协助，变革代理是变革的负责人，可以是组织成员，也可以是组织外部人员，他们可以帮助管理层认识和定义问题或变革的需要，并且处于制订和评估潜在的行动计划。

教师可以引导学生思考，高层领导者——董事长在嘉禾供暖公司的变革过程中所发挥的作用，以及管理代理在嘉禾供暖公司组织变革过程中发挥了哪些作用？进而分析董事长以及变革代理为什么能够发挥作用？

3. "结构—影响理论"，引导学生思考并分析，在嘉禾供暖公司组织变革过程中，"决定组织如何建立有效结构的关键因素是什么？"嘉禾供暖公司作为一家小型规模的企业，在组织变革中，其组织结构发生了哪些变化？可能是什么因素决定或影响了其组织结构发生这些变化？

4. 结合组织变革的影响因素理论，引导学生分析嘉禾供暖公司组织变革的促进因素和抑制因素。诸如，在嘉禾供暖公司组织变革过程中，有哪些因素促进了公司的发展与变革？有哪些因素抑制或阻碍了公司的发展与变革？

五、建议课堂计划

本案例内容较多，适合于时间较长（80～90分钟）的专门案例讨论大课。以下提出相应的课堂计划建议，仅供参考。

1. 课前预习：在本次讨论课的前1～2节课结束前，向学生提出预习要求，预习"组织发展与变革"、"组织设计"、"组织结构"等章节，结合组织发展与变革布置课前思考题。请学员在课前完成阅读和初步思考。

2. 课堂教学安排：

（1）简要讲解：明确组织变革的主要理论及影响组织变革的主要因素（10分钟）；

（2）分组讨论：教师提出讨论主题及小组汇报要求，要求小组分别就不同主题或理论模型进行汇报发言（40分钟）；

（3）全班共享：各小组就本组讨论的情况进行主题发言（每组5分钟，控制在30分钟之内）；

（4）简要小结：教师根据小组汇报及全班共享的情况，有针对性地进行概括总结（10分钟）。

（5）课后作业：要求学生以小组或以个人就组织变革的相关主题进行分析，对本单位组织变革提出建议或对讨论情况写出总结报告。

六、深入阅读

1. 苏米特拉·杜塔等. 2001. 过程再造、组织变革与绩效改进. 北京：中国人民大学出版社

2. 彼得·圣吉. 2009. 第五项修炼   学习型组织的艺术与实践. 北京：中信出版社

3. 彼得·圣吉. 2010. 必要的革命——可持续发展型社会的创建与实践. 北京：中信出版社

日常绩效考核与年度绩效考核如何兼得①

摘要：中国烟草 A 公司是一家国有改制后的烟草企业，该企业当前面临着日趋激烈的市场竞争，而它所处的烟草行业则具有垄断性特征。公司为了应对市场压力，开始实施新的绩效管理方案。新方案中除了体现常见的绩效考核思路外，还要考虑特殊情况，即年度考核与日常考核的契合。案例通过绩效工资的 Excel 核算模型，基于绩效考核结果计算绩效薪酬，实现了日常绩效考核与年度绩效考核兼顾的目标。

关键词：绩效管理；年度考核；日常考核

【案例正文】

0 引言

2009 年初，A 公司开始设计、实施新的绩效管理方案（行业内称之为"用工分配制度改革"）。经过半年的深入探讨，一份融合行业垄断性和市场计划性、短期考核和长期考核特点的方案终于完成。作为垄断性行业之一，全国烟草行业开展的这次历史上最大规模的用工分配制度改革将会在行业发展历史上留下浓墨厚彩的一笔。

1 背景

1.1 企业简介

A 公司成立于 1985 年 2 月，主要经营烟草及其制品、烟草行业机械设备、原辅材料的进出口、代理进出口业务；经营在国内寄售外国烟草制品和

----

① 本案例为北京理工大学管理与经济学院艾凤义博士撰写。未经作者同意，不得以任何方式与手段擅自复制或传播本案例的所有部分。由于企业保密的需要，本案例中的公司名称和数字做了模糊处理。本案例只供课堂教学之用，并无赞同或暗示某人或某种管理行为是否合理或合法的倾向。调研过程中，得到了企业的大力支持，在此一并致谢！当然，文责自负。

在国外及港澳地区寄售国产烟草及烟草制品业务；承办烟草行业中外合资合作、"三来一补"业务；从事烟草行业对外技术交流业务。2002年，公司改制为有限责任公司。公司积极开拓国外市场，烟草和烟机设备等产品销往6大洲30多个国家和地区。2007年，实现销售收入近4亿元。

2009年，公司发展目前面临着较为严峻的市场环境：

（1）美国次贷危机引发全球性的金融动荡，美元持续贬值对其他国家经济带来冲击，全球石油、煤炭、铁矿石、粮食等基础燃料、原材料和基础消费品价格的大幅上涨又带来了全球性的通货膨胀，导致全球众多企业特别是进出口企业经营成本上升、盈利能力不同程度下降。

（2）全球烟草行业兼并重组愈演愈烈，随着帝国收购阿塔迪斯、日烟兼并加莱赫，全球烟草市场份额日益高度集中于少数几个大型跨国烟草集团手中，市场竞争日趋白热化。公司在国际市场上的拓展空间被进一步压缩。

（3）各项进出口业务萎缩，利润下降。

卷烟出口由于受国家政策的限制，卷烟一般贸易出口数量逐年下降。如2006年至2008年，出口数量呈逐年递减趋势。2008年烟叶出口成本大幅上升；适销对路的等级和数量满足不了市场的需求；目前公司烟叶出口货源严重不足。

由于国产化水平的提高和产量的增加，各种烟用物资进口业务不同程度地萎缩，如丝束、卷烟纸等进口业务。

（4）公司存在较大的历史负担。截至2007年底，公司仍挂亏1个多亿。

1.2　行业收入分配制度改革

国家烟草专卖局在2007年就提出了要在全国烟草行业进行收入分配制度改革，目的在于打破原有的大锅饭收入分配体制，建立规范的收入分配结构和有效激励的考核评价机制，实现烟草行业收入分配的公平、规范、有序。

某省烟草局在2008年开始进行全省范围内的用工分配制度改革，是其2009年的重点工作之一。A公司也在改革对象之列。不过鉴于A公司是全国少有的省级烟草进出口公司，省烟草局允许其在指导精神下根据自身特点制定用工分配制度改革措施。

在上述背景下，A公司对本次用工分配制度改革非常重视。不仅全员动员，进行了解放思想大讨论、用工分配制度改革文件培训、工作说明书编写等工作，还聘请人力资源专家组为其提供咨询服务。

1.3　公司组织结构

业务管理类部门：烟叶部，负责烟叶进出口及出口烟叶基地建设工作；卷烟部，负责卷烟、烟丝、烟草薄片、境外工厂生产所需原辅材料的出口工作，加工贸易项下卷烟原辅材料的进出口工作；烟机物资部（国内业务部），负责烟草机械设备及零配件、原辅材料等进出口工作，进口卷烟工作，开发三类商品进出口工作，利用现代卷烟销售网络开展多种经营工作。

综合管理类部门：办公室，负责办公室、机关服务、整顿规范、安全保卫、法规等工作；综合部，负责人事劳资、政工党群、纪检监察、离退休人员管理、信息化、科技、绩效考核等工作；财务部，负责财务、审计、经济运行、统计等工作。

1.4　公司绩效管理现状

经过专家组的调研，该公司绩效管理方面现状如下：

（1）基本没有考核指标体系。在 2000 年后公司曾经有过一次绩效考核的尝试。当时的管理层（早已调走）上任后推行过全员绩效考核，但不到 1 年考核就基本停止了。具体原因不详。公司目前基本就是固定工资。

（2）公司员工对薪酬水平基本满意但士气一般，对前途期望值不高。因为公司属于烟草行业，垄断行业的工资在当地是比较高的，而且比较稳定。因此，员工离职倾向较低。

大锅饭现象明显，大家动力不足。固定工资制以及职务晋升的限制导致大家没有太大的工作积极性。烟草行业计划性极强的特点也是一种阻碍。大家似乎认为，公司的业绩不取决于基层员工努力程度，而与上级部门指标批复有关。比如，每年进口烟草数量指标、省内烟草销售数量指标等都是国家计划。给的指标高，业绩就高；给的指标低，业绩就低。指标高低与公司高层的公关能力有直接关系，与基层没什么关系。

（3）少数员工对绩效考核存在怀疑甚至抵触情绪。老员工由于历史上曾经实施过一次绩效考核，无功而返。因此，有人认为，考核没什么用。即使考核了，也是走走形式。

新员工对考核比较支持。因为他们认为考核能体现自己的价值，从而得到更高的薪酬和更多的晋升机会。大家都比较担心，考核会成为一种负担，或是成为一种处罚的手段。

（4）相对固定的工资结构，薪酬的决定因素是行政级别，晋级是提高收入的唯一渠道。表 3-1 是该公司的行政级别以及对应的岗位工资表。

表 3-1　行政级别以及对应的岗位工资表

行政级别	正职	副职	中层正职	中层副职	业务主管	业务主办	办事员
岗位工资	2030	1790	1510	1300	1100	1030	890

（5）不同的岗位，由于属于同一行政级别，因此大家的收入是一致的。表 3-2 是部分员工工资。

表 3-2　部分员工的工资表

	所在部门	所在岗位	行政级别	用工形式	岗位工资	年功工资	月奖	考核奖	年终奖
员工甲	办公室	信息员	办事员	正式工	890	104	1638	204	2700
员工乙	财务部	出纳	办事员	正式工	890	120	1638	204	2700
员工丙	烟叶部	销售员	办事员	正式工	890	96	1638	204	2700
员工丁	办公室	劳资员	办事员	正式工	890	128	1638	204	2700

（6）业务部门的岗位有一些年度业绩指标，比如年烟草销售额。但员工反映，这些指标难以分解到季度，更不用说分解到月度。一个原因是这些指标的季节性强，有明显淡季和旺季之分。有人提出能否按历史数据推测出每个季度这些指标的计划值。结论是不可行，原因之一是历史数据少，另一原因是数据偶然性大。比如经济危机时，销售数据下滑明显，再就是受国家调控影响很大。大家讨论后认为，有些年度业绩指标日常不进行考核，只在年底才进行考核。这给绩效考核方案设计带来了一些难度。

（7）几乎所有员工都认为，绩效指标不能都是扣分项，应该有加分项，鼓励超额完成某些任务的员工。比如，财务部进行了合理避税的操作给公司减少了支出，而这些合理避税的操作并不是财务部的职责范围，同时财务部为此要承担一定的风险，对于这类操作，公司应该给予奖励。再比如，办公室的员工在国家级、省级的期刊报纸上超额发表了宣传公司的文章，应该给予奖励。

（8）对于尽力但由于客观条件导致完成不佳的指标，员工认为不该处罚或者轻微处罚。考虑到该企业计划性强的特征，专家组认可了这一想法。

（9）业务部门员工认为，他们会在考核中比综合部门吃亏。综合部门的工作容易拿高分，业务部门难拿高分。一方面是公司对业务部门肯定会提出很高的要求，另一方面，这些要求基本都是量化指标，考核也会很严格。

2　省局有关文件

A公司所在的省烟草局非常重视省各级烟草公司的绩效考核，并下发了指导文件。A公司的绩效考核方案必须要符合省局的基本精神。

省局的有关精神提炼为三大部分。一是省烟草局（公司）系统日常绩效考核管理办法，二是年度岗位考核办法，三是省烟草局（公司）系统岗位设置。

日常绩效考核以月、季为周期，年度岗位考核则除了考虑日常绩效考核成绩外，还需考虑综合考核以及专业技术考核。

2.1　省烟草局（公司）系统日常绩效考核管理办法

省烟草局（公司）系统日常绩效考核管理办法（试行）①

为建立有效激励的考核评价机制，结合全省烟草局（公司）系统实际，制订本办法。

一、指导思想

通过建立分层分类的绩效考核组织体系，建立以业绩为核心的指标体系，建立多元化的考核结果应用体系，强化工作过程督导，客观评价绩效结果，奠定薪酬分配基础，提高工作效率，促进全省烟草局（公司）系统又好又快发展。

二、基本原则

（一）规范有序原则

严格按照指标确定、过程督导、考核评价、沟通反馈和结果应用的程序，规范操作，确保绩效考核有序运行。

（二）公开公正原则

全面公开考核标准，建立考核结果修正机制与申诉制度，确保考核过程公开公平、考核结果客观公正。

（三）有效激励原则

科学选择考核指标，合理确定考核标准，将考核结果作为薪酬分配和员工岗位考核的重要依据，充分发挥绩效考核的激励作用。

（四）效率提升原则

通过业绩指标明确努力方向，通过过程督导改进工作质量，通过激励机制挖掘员工潜力，促进部门（单位）及员工工作效率的不断提升。

三、适用范围

本办法适用于市局（公司）各部门（单位）及所属在岗员工（不含试用期员工）。

市局（公司）领导绩效考核管理办法另行制定。

四、组织机构

（一）考核领导小组

各市局（公司）成立考核领导小组（以下简称领导小组），由市局（公司）主要负责人任组长，其他领导成员任副组长，各部门（单位）主要负责人为成员。

领导小组负责确定市局（公司）业绩目标和重点工作；审定市局（公司）绩效考核管理办法；审批各部门（单位）年度绩效考核方案；监督和指导绩效考核的实施；审定考核意见，确认考核结果。

（二）考核办公室

领导小组下设考核办公室（以下简称考核办），具体开展绩效考核工作，分管领导兼任办公室主任，综合信息科负责日常工作。

---

① 本案例在引用文件时进行了处理

考核办负责组织制定绩效考核管理办法；协助确定部门（单位）业绩目标和重点工作；组织对各部门（单位）及其负责人进行考核；协调各专项考核组开展专项检查；组织召开考核阶段分析会议；汇总、整理、上报考核结果；与有关部门（单位）沟通考核结果，受理考核申诉；分析绩效考核体系运行情况，提出改进建议；管理考核档案；为岗位考核提供绩效考核数据。

（三）考核主体

（1）部门（单位）绩效考核主体

考核办是部门（单位）绩效考核主体。

（2）员工绩效考核主体

部门（单位）主要负责人是员工绩效考核主体，考核办监督、指导各部门（单位）开展员工绩效考核工作。

五、绩效考核体系

（一）绩效考核体系总览

（二）绩效考核流程

（1）指标确定：确定市局（公司）关键业绩指标，分解到部门（单位），再由部门（单位）分解到员工；

（2）过程督导：通过召开公司、部门（单位）阶段分析会议回顾目标完成情况，实现过程督导；

（3）考核实施：通过收集量化数据、部门（单位）负责人述职会、员工自评与上级打分等方式计算考核得分并进行修正；

（4）沟通反馈：与部门（单位）负责人、员工面谈，沟通考核结果，处理考核申诉；

（5）结果应用：考核得分换算为考核系数，作为绩效工资发放的依据。年度绩效考核结果作为岗位考核的依据。

上述具体情况，请见图 3-1。

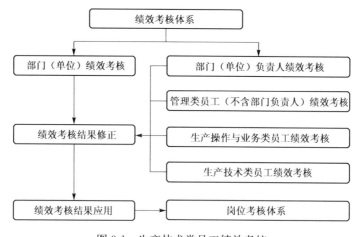

图 3-1　生产技术类员工绩效考核

六、指标确定

（一）部门（单位）绩效考核指标

（1）指标结构

具体情况，请见表3-3。

表3-3　部门绩效考核指标结构

内容＼分类	业绩指标	重点工作指标	协作指标	职责履行指标	上级检查指标
指标说明	● 可量化的企业生产经营管理指标，如销量、毛利、单箱值、费用等	● 根据年度目标分解的重点工作 ● 临时追加的重点工作	● 与其他相关部门（单位）之间的协作配合	● 日常工作程序、标准的执行与遵守 ● 职责履行的具体情况	● 上级单位对某些工作的检查结果 ● 年度考核结果
权重（100%）	20%～50%	20%～40%	5%～10%	20%～40%	0%～20%

（2）指标确定程序

每年12月上旬，根据省局（公司）年度工作业绩考核的相关文件和制度，由考核办组织对绩效考核目标进行研究，形成《市局（公司）年度绩效考核关键业绩指标一览表》（附件1）。

考核办在与各部门（单位）沟通的基础上，编制《部门（单位）绩效考核表》（附件2），明确目标值、权重和评分标准，上报领导小组审批后下达。

否决项和加（减）分因素的确定按照省局（公司）、市局（公司）有关规定执行。

（二）员工绩效考核指标

（1）指标结构

具体情况，请见表3-4。

表3-4　员工绩效考核指标结构

内容＼分类	业绩指标	重点工作指标	职责履行指标
指标说明	● 可量化的企业生产经营管理指标，如销量、毛利、单箱值、费用等	● 根据年度目标分解的重点工作 ● 月度临时追加的重点工作	● 日常工作程序、标准的执行与遵守 ● 职责履行的具体情况
权重（100%）	20%～50%	20%～40%	20%～40%

（2）指标确定程序

考核周期开始前，各部门（单位）负责人以《部门（单位）绩效考核目标分解表》为依据，结合本部门（单位）季度工作计划和员工的岗位职责，编制《员工绩效考核表》（附件3），确定员工的绩效考核指标，由员工签字确认。

否决项和加（减）分因素的确定按照省局（公司）、市局（公司）有关规定执行。

七、过程督导

为促进被考核部门（单位）、员工完成业绩目标和重点工作，采用考核阶段分析会议的方式对各部门（单位）、员工的目标、任务完成过程及职责履行情况进行督导。

市局（公司）考核阶段分析会议上（一般为月度举行），各部门（单位）负责人对本部门（单位）工作进行回顾和总结，提出下一阶段工作计划，领导小组进行评价和具体指导。

部门（单位）考核阶段分析会议上（根据工作性质可定为月或周），被考核员工简要说明个人考核目标完成情况及下一阶段工作打算，部门负责人进行评价和具体指导。

考核阶段分析会议可与其他工作会议或例会合并举行。

八、考核实施

（一）考核周期

考核周期分为月度、季度和年度。各部门（单位）及管理类、专业技术类员工实行季度考核，生产操作类与业务类员工实行月度考核，年度考核成绩分别以季度、月度考核成绩为基础进行计算。

（二）部门（单位）考核

（1）量化指标考核得分

有业务归口监控部门的量化指标，由归口监控部门于下季度初5个工作日内提供考核数据。无业务归口监控部门的量化指标，由考核办组织相关部门在考核期内进行检查，于下季度初5个工作日内提供考核数据。考核办于2个工作日内完成数据核实与汇总工作。

（2）非量化指标考核得分

对于非量化指标，通过季度考核分析会议的方式进行打分。下季度初5个工作日内，由考核办组织考核分析会议，领导小组成员根据部门（单位）负责人的陈述，对各项重点工作及职责履行考核的非量化指标进行打分，填写《部门（单位）非量化指标评分表》。各成员对部门的打分权重为：局长（总经理）40%，分管领导30%，领导小组其他成员合计30%；对各直属单位的打分权重为：局长（总经理）50%，领导小组其他成员合计50%。考核办在2个工作日内完成数据汇总工作。

（3）部门协作考核得分

部门（单位）协作考核，由考核办负责于下季度初5个工作日内组织相关部门进行相互评价，填写《部门（单位）协作指标考核表》（附件4）。考核办在2个工作日内完成数据汇总工作。

（4）上级检查得分

考核期内上级单位对某项工作进行的检查，由被考核部门于下季度初5个工作日内向考核办提供检查结果。考核办在2个工作日内进行核实和数据汇总。

（5）部门（单位）绩效考核得分

部门（单位）季度绩效考核得分 ＝业绩指标得分×权重＋重点工作指标得分×权重＋协作指标得分×权重＋职责履行指标得分×权重＋上级检查指标得分×权重

部门（单位）年度绩效考核得分＝∑（部门（单位）季度绩效考核得分×各季度考核权重）

各季度考核权重由各市局（公司）根据季度工作性质和在全年工作中的重要性于年初确定。

部门负责人的绩效考核得分等于所在部门的绩效考核得分。

（三）员工考核

（1）量化指标考核得分

量化指标由部门（单位）负责人于考核期结束后 5 个工作日内组织收集数据、核实并计算得分。

（2）非量化指标考核得分

非量化指标由部门（单位）负责人于考核期结束后 5 个工作日内组织员工填写《员工绩效考核表》，进行自评，部门（单位）负责人组织考核打分。

在员工绩效考核结束后 2 个工作日内，部门负责人将绩效考核得分汇总、提交到考核办。

（3）员工绩效考核得分

考核办负责对每位员工（不含部门负责人）的考核结果进行修正。

修正前员工月（季）度绩效考核得分＝业绩指标得分×权重＋重点工作指标得分×权重＋职责履行指标得分×权重

修正后员工月（季）度绩效考核得分＝部门绩效考核得分×（修正前员工绩效考核得分/P）

P＝修正前本部门员工绩效考核平均得分，不含部门负责人得分。

员工年度绩效考核得分＝$\sum$修正后员工月（季）度绩效考核得分/年度考核次数

（四）考核结果汇总及审核

（1）考核办于 3 个工作日内汇总各部门（单位）和员工的考核结果，上报领导小组审定。

（2）领导小组在 2 个工作日内完成审定，考核办公布最终的考核结果，并反馈至人事劳资科。

九、结果沟通与反馈

考核结果公布 3 个工作日内，领导小组委派代表与部门（单位）负责人进行绩效面谈；部门负责人与本部门员工进行绩效面谈。面谈内容包括考核结果的分析、改进目标与措施等。面谈结束，双方在《考核面谈记录表》上签字确认。

如对考核结果有异议，被考核人可填写《绩效考核申诉表》，向考核办或领导小组申诉。考核办或领导小组组织调查，明确处理意见，与申诉人进行沟通，反馈结果。

如确需修正考核结果，由考核办通知人事劳资科，在处理意见确定后次月的工资发放中进行调整。

十、考核得分应用

（一）月、季度绩效考核得分作为绩效工资核定与发放的依据。

绩效考核得分与绩效考核系数的换算关系，见表 3-5。

表 3-5　绩效考核得分与绩效考核系数的换算关系

修正后绩效考核得分	得分≥100	100>得分≥80	80>得分≥60	得分<60
绩效考核系数（r）	1.0<r≤1.2	1.0	0.8	r≤0.6

（1）生产操作类与业务类员工绩效工资：

月度绩效工资＝绩效系数×绩效基数×绩效考核系数

（2）管理类与专业技术类员工绩效工资：

季度首、次月绩效工资＝绩效系数×绩效基数×1

季度末月绩效工资＝绩效系数×绩效基数×（季度绩效考核系数×3－2）。（如为负数，则在本月岗位工资中扣减）

（二）年度绩效考核得分作为岗位考核得分的重要组成部分，影响年度岗位工资、绩效工资进退档。

（三）绩效考核结果作为评优树先、特殊奖励、干部选拔、员工培训等工作的参考依据。

2.2　省烟草局（公司）系统年度岗位考核办法

省烟草局（公司）系统年度岗位考核办法

年度岗位考核包括年度绩效考核、综合考核和专业技术考核系统。年度综合考核包括知识技能、工作态度、思想品德三个方面，专业技术考核包括专业水平、专业贡献、创新能力三个方面。

根据考核对象岗位工作性质和工作特点的不同，划分不同的岗位类别，设置不同的考核权重。具体情况见表 3-6。

表 3-6　岗位分类与考核权重表

岗位类别 考核类别	管理类中层 管理人员	管理类一般 管理人员	专业技术 类人员	生产操作类 与业务类人员
年度绩效考核	70%	70%	70%	80%
综合考核	30%	30%	10%	20%
专业技术考核	—	—	20%	—

一、考核实施

（一）考核周期和方式

岗位考核为年度考核，在每年1月底之前完成。其中，综合考核和专业技术考核采取无记名投票方式，在每年12月中旬至12月底进行；年度绩效考核在下年1月15日之前完成。

（二）综合考核

根据被考核人员的岗位分类情况，人事劳资科组织相关人员，分别填写《管理类中层管理人员综合考核表》（附件 5）、《管理类—般管理人员综合考核表》（附件 6）、《生产操作类与业务类人员综合考核表》（附件 7）、《专业技术类人员综合考核表》，进行综合考核。

各类评分人员所占权重情况见表 3-7。

（三）专业技术考核

专业技术考核分为年度考核和任期考核，任期专业技术考核在任期届满之前一个月内进行。根据所设专业技术岗位的不同，由人事劳资科负责遴选不同专业资深人员，在 12 月中旬之前组成各专业技术考核小组，每个小组 5～7 人，设组长 1 名，副组长 1 名。由专业技术考核小组填写《专业技术考核表》进行专业技术考核。

每年 12 月底之前，综合考核和专业技术考核的成绩由人事劳资科进行统计、汇总，上报领导小组审定。

表 3-7　综合考核评价人员权重表

评分人员 被考核者		分管领导	公司其他领导	所在部门（单位）负责人	所在部门（单位）其他人员	其他部门（单位）负责人	其他部门（单位）其他人员
管理类	部门（单位）负责人	20%	20%	—	20%	20%	20%
	中层管理人员	20%	20%	20%	20%	10%	10%
	一般管理人员	—	—	40%	40%	20%	—
专业技术类	中级专业技术人员	20%	20%	20%	20%	10%	10%
	初级专业技术人员	—	—	40%	40%	20%	—
生产操作/业务类	生产操作/业务类人员	—	—	60%	40%	—	—

注：各市局（公司）可根据本单位情况对本表内容适当进行调整。

二、考核成绩计算和结果处理

（一）考核成绩计算

年度岗位考核得分＝年度绩效考核得分×权重＋综合考核得分×权重＋专业技术考核得分×权重

绩效考核、综合考核、专业技术考核权重，见表 3-6。

其中，综合考核得分 $= \sum (Y_i \times P_i)$。Y_i 为 i 类所有考核者对被考核者的综合考核打分的平均值，P_i 为 i 类考核者对被考核者的评价权重，见表 3-7。

专业技术考核成绩＝$\sum$ 考核小组每位成员对被考核者的打分/考核小组人数

（二）岗位考核结果等级划分

岗位考核结果根据岗位考核得分划分为优秀、称职、基本称职、不称职四个等级，具体的划分方式如下：

以市局（公司）机关和县级局（营销部/分公司）为单位，将岗位考核得分按管理类中层管理人员、管理类一般管理人员、专业技术类人员、生产操作类与业务类人员从高到低排序，填写《岗位考核成绩汇总表》，划分考核等级。等级划分比例，见表3-8。

表3-8　岗位考核等级比例表

序号	考核等级	等级划分比例
1	优秀	比例≤10％
2	称职	——
3	基本称职	——
4	不称职	比例≤5％

三、考核结果沟通与反馈

考核结果公布一周内，组织与被考核人面谈，面谈内容包括考核结果的分析、改进目标与措施等。

四、结果应用

（一）作为岗位工资、绩效工资进退档的依据。

通过岗位考核，确定进退档比例，对考核优秀者直接晋升一档；对连续两年考核称职者晋升一档；对考核基本称职者不调档；对考核不称职及连续两年考核基本称职者降一档。

（二）岗位考核结果作为评优树先、特殊奖励、干部选拔、员工培训等工作的参考依据。

2.3　省烟草局（公司）系统岗位设置

省烟草局（公司）系统岗位设置

市级局（公司）及县级局（营销部/分公司）全部岗位分为五类：管理类、专业技术类、生产操作类、业务类以及服务类。

一、管理类岗位：指保证生产、经营和服务等工作顺利进行并且需要具备一定的管理知识，掌握一定管理技术，使用一定管理工具，担负领导职责或管理任务的工作岗位。包括综合管理和专业管理两个序列。

（一）综合管理序列是指履行决策、控制、监督、协调职能，确保总体或部分工作目标实现的岗位，主要指市级局（公司）、县级局（营销部/分公司）领导班子成员岗位。

（二）专业管理序列是指具体履行组织、实施、执行职能的岗位，主要指市级局（公司）、县级局（营销部/分公司）中层及以下管理人员岗位。

二、专业技术类岗位：指从事有明确职责、目标任务、任职条件并需要具备专门知识和技术水平，经过聘任才能担任的工作岗位，包括经济、农业、财会、审计、统计、政工、工程等序列。

（一）经济和统计序列岗位主要在专卖、营销、配送、人力资源、办公室、经济运行和安全保卫等部门进行设置和聘任；

（二）农业序列岗位主要在烟叶生产经营等部门进行设置和聘任；

（三）会计序列岗位主要在财务部门进行设置和聘任；

（四）审计序列岗位主要在审计部门进行设置和聘任；

（五）政工序列岗位主要在政工、纪检监察、离退休人员管理等部门进行设置和聘任；

（六）工程序列岗位主要在综合信息、基建、烟叶基础设施建设等部门进行设置和聘任。

三、生产操作类岗位：指属于生产操作性质并且需要具备一定的专业技能，能够解决生产操作问题的工作岗位，包括烟叶生产、打叶复烤、卷烟流通、车辆驾驶等序列。

（一）烟叶生产序列包括烟叶生产技术及烟叶评级相关岗位；

（二）打叶复烤序列包括打叶复烤、烟叶回潮、烟叶发酵等岗位；

（三）卷烟流通序列包括仓库保管员、分拣员、送货员等相关岗位；

（四）车辆驾驶序列包括各类驾驶员、送货司机等岗位。

四、业务类岗位：指从事产品营销、烟草专卖、物资采购、进出口贸易等具体业务并且需要具备一定专业技能的工作岗位，包括卷烟营销、专卖管理序列。

（一）卷烟营销序列包括市场经理、客户经理和电话订货员等相关岗位；

（二）专卖管理序列包括市场管理员、稽查员、内勤等相关岗位。

五、服务类岗位：指不具有管理、专业技术、生产操作、业务类工作岗位的性质，承担后勤服务等职责且无技术等级的普通工作岗位。包括门卫、厨师、保洁员、装卸工等岗位。此类岗位由各市局（公司）根据实际需要设置，用工实行劳务派遣或外包形式，工资管理实行协议工资制。

3　A公司绩效管理方案

A公司绩效考核基本沿袭了省公司的考核方案。包括部门考核指标、岗位考核指标的类别、考核周期、考核流程等。A公司为有外贸业务的烟草公司，性质特殊，因此省公司允许其根据自身情况在考核体系上有所改变。A公司设立了一套绩效考核方案，其中需要注意的有以下内容：

3.1　日常绩效考核

（1）岗位季度考核。对所有被考核岗位（部门经理除外）：

修正前的员工季度绩效考核得分＝重点工作指标得分＋职责履行指标得分＋奖励项得分

修正后员工季度绩效考核得分＝部门绩效考核得分×（修正前的员工绩效考核得分/P），

P＝修正前的本部门员工绩效考核平均得分，不含部门负责人得分。

（2）部门季度考核。部门绩效考核得分＝部门业绩指标得分＋重点工作指标得分＋职责履行指标得分＋部门协作指标得分＋上级检查指标得分＋奖励项得分。

部门经理的考核得分＝部门绩效考核得分。

（3）季度绩效考核得分与考核系数的换算关系，见表3-9。

表3-9　绩效考核得分与绩效考核系数的换算关系

修正后绩效考核得分	120＞得分≥110	110＞得分≥100	100＞得分≥90	90＞得分≥80	80＞得分≥70	70＞得分≥60	得分＜60
绩效考核系数（r）	1.2	1.1	1	0.9	0.8	0.6	0.5

（4）季度绩效考核系数与绩效工资的对应。季度的第一、二月以绩效考核系数为1进行核算发放，第三个月根据本季度考核结果对本季度绩效工资进行平衡。

（5）年度绩效指标的处理方法。A公司绩效考核中最特殊的一点就是对各部门的年度绩效指标的处理。A公司是计划性企业，大量年度绩效指标由于政府批复的不确定性而无法准确、严格地分解到季度，比如烟草出口量。这类指标只有在年底才能知道确切的完成情况。而这类指标对A公司而言往往都是非常重要的业绩指标。如果日常考核中不涉及这些年度指标，公司担心部门、员工会忽视这些指标，到年底则为时已晚。再就是，年度指标会影响年度奖金的发放，A公司希望年度奖金尽量在每月就平均发放出去而不用年底一次性发放。

因此，对这类年度指标采取了特殊处理，即要求对部门的年度绩效指标在季度考核表中占固定比例权重。

前四个季度考核时，对这类年度绩效指标都给予虚拟的固定分数，如分值的80％。年底根据年度绩效指标的完成情况对其进行打分，打分结果务必结合前四个季度已给的分数进行平衡，多退少补。

操作程序是，根据年度绩效指标的完成情况，重新计算四个季度的应发金额，与实发金额进行对比，多退少补。

3.2　年度岗位考核

5）考核类别

A公司舍弃了"专业技术考核"一类，年度岗位考核只包括年度绩效考核、综合考核两类。综合考核包括知识技能、工作态度、思想品德三个方面。

根据考核对象岗位工作性质和工作特点的不同，划分不同的岗位类别，设置不同的考核权重。如表 10 所示：

表 3-10　年度岗位考核的指标类别与权重

年度绩效考核	70%
综合考核	30%

2）考核周期和方式

年度考核在次年 1 月底之前完成。其中，综合考核采取无记名投票方式，在每年 12 月中旬至 12 月底进行；年度绩效考核在次年 1 月的 7 个工作日内完成。

3）考核成绩计算和结果处理

年度岗位考核得分＝年度绩效考核得分×权重＋综合考核得分×权重

4）岗位考核结果等级划分

岗位考核结果根据岗位考核得分划分为优秀、称职、基本称职、不称职四个等级。

3.3　A 公司月度绩效工资的核算以及建模举例

以下为建模方便，举例说明。

在日常考核中，周期为季，考核对象为部门和每个员工。以某部门为例：

1）部门和员工的指标

部门考核内容及指标权重为：（部门满分为 100 分）。如表 3-11 所示：

员工考核内容及指标权重为：（员工满分为 100 分，但允许有 20 分加分）。如表 3-12 所示。

修正后员工季度绩效考核得分＝部门绩效考核得分×修正前的员工绩效考核得分/该部门员工的平均绩效考核分数

表 3-11　部门绩效指标类别

部门绩效指标类别	满分
部门业绩	20
职责履行	50
重点工作	10
上级检查	10
部门协作得分	10
奖励	0
部门绩效总分	100

表 3-12　员工绩效指标类别

	满分	张三	李四	王五
岗位业绩	30	25	27	30
职责履行	60	50	60	50
重点工作	10	10	10	10
奖励	0	0	10	0
修正前员工绩效得分	100	85	107	90

修正后员工的绩效考核得分与绩效考核系数的换算关系，如表 3-13。

表 3-13　修正后员工的绩效考核得分与绩效考核系数的换算关系

修正后绩效考核得分	得分≥110	110>得分≥100	100>得分≥90	90>得分≥80	80>得分≥70	70>得分≥60	得分<60
绩效考核系数（r）	1.2	1.1	1	0.9	0.8	0.6	0.5

（2）月绩效工资的发放

月绩效工资＝绩效考核系数×个人绩效工资基数×岗位系数

现举例说明，见表 3-14。

表 3-14　算例

	张三	李四	王五		张三	李四	王五
个人绩效考核系数	1	1.2	1	岗位系数	1	1.2	1.7
个人绩效工资基数	450 元	450 元	450 元	月绩效工资	450 元	648 元	765 元

每季度的前 2 个月，假设修正前个人绩效考核系数为 1，发放固定绩效工资，第三个月根据季度考核结果进行找齐。

（3）年度业绩指标的处理

员工不存在年度业绩指标，但部门有年度业绩指标，即"部门业绩"。公司对这类指标在每个季度时先给 80%，也就是说，前三个季度的"部门业绩"指标一项都给 20×0.8＝16 分。当年底，获得"部门业绩"得分真实数据后，再对前三个季度进行找齐，并集中在第 12 个月的月底发放。

4　尾声

2009 年底，A 公司的这套绩效考核方案几经修改，终于开始付诸实施。人力资源专家和管理层终于松了口气。但他们知道，这一切才刚刚上路。从经验来看，绩效考核半路夭折的案例很多。实践中会不断出现方案设计之初未曾发现的问题。如果处理不好，轻则引发员工矛盾，重则导致方案彻底无法执行。没有一套方案可以永久不变地使用。也许过不了多久，一次重大的方案修订就要开始。

前方是风暴还是平静，无法预知。既然上路了，那就没有退路，只有努力前行！

案 例 附 件

附件 1

_____市局（公司）年度绩效考核关键业绩指标一览表

类别	序号	指标内容	年度目标值	目标分解			
				一季度目标值	二季度目标值	三季度目标值	四季度目标值
年度业绩指标	A1						
	A2						
	A3						
年度重点工作指标	B1						
	B2						
	B3						

附件 2

_____部门（单位）绩效考核表

被考核部门（单位）：					考核人：		
考核周期：					开始时间：		
序号	指标	目标值	权重	评分标准	完成情况描述	其他信息反馈	考核人评分
1							
2							
3							
4							

附件 3

_____员工绩效考核表

分类	序号	指标	权重	目标值	完成情况描述	个人自评得分	其他信息反馈	考核人评分
被考核人：					考核人：			
岗位：					考核周期		开始时间	
业绩目标指标	1							
重点工作指标	2							
	3							
职责履行指标	4							
	5							
合计得分								

附件 4

_____部门（单位）协作指标考核表

序号	被考核部门（单位）名称	主动性 30%	响应时间 20%	解决问题时效性 30%	信息反馈及时性 20%	最终得分
填表人所在部门（单位）						
考核周期		_____年第_____季度				
1						
2						
3						

备注：

部门负责人签名：

年　　　　月　　　　日

附件5

管理类中层管理人员综合考核表

被考核人：

测评分类	指标	分值	考核内容	评分标准	考核得分
知识技能	知识水平	10	履行岗位职责需要具备的知识水平和创新能力		
	组织协调能力	15	开展部门（单位）工作需要的组织管理能力和沟通协调能力		
	指导、激励能力	10	指导部门（单位）及员工按照企业目标开展相关工作的能力，有效激励和调动部门（单位）及员工积极性的能力		
	决策能力	15	结合企业目标和生产经营实际，作出决策和制定措施的能力		
	大局观念	5	立足全局，结合企业目标，开展相关工作的能力		
工作态度	协作性	5	密切配合相关部门，积极带领下属单位及员工开展工作		
	积极性	5	事业心强，工作热情高，能积极主动的开展相关工作		
	执行力	10	认真贯彻落实上级领导部署，确保各项工作全面落实到位		
	责任感	5	以实现企业发展目标为己任，尽职尽责，勇于承担岗位责任		
思想品德	职业道德	5	履行岗位职责所需要的道德准则、道德情操和道德品质		
	廉洁	10	清正廉洁，不以权谋私		
	客观公正	5	履行岗位职责，管理活动公平公正		
最终得分（100）					

综合评价：

　　　　　　　　　　　　　　　　　　　　　　　　年　　　　月　　　　日

附件6

管理类一般管理人员综合考核表

被考核人：

测评分类	指标	分值	考核内容	评分标准	考核得分
知识技能	业务知识	15	履行岗位职责需要具备的专业、综合知识		
	专业技能	15	具备胜任本职工作所需的专业技能和经验		
	沟通能力	15	语言表达能力强，善于沟通、协调和配合		
	工作方法	15	善于分析思考，工作计划性、整体意识和创新能力强		
工作态度	协作性	5	积极配合部门（单位）员工开展工作		
	积极性	5	事业心强，工作热情高，能积极主动的开展相关工作		
	执行力	10	认真贯彻落实上级领导部署，确保本职工作全面落实到位		
	责任感	5	尽职尽责，认真履行岗位职责		
思想品德	职业道德	5	履行岗位职责所需要的道德准则、道德情操和道德品质		
	廉洁	5	清正廉洁，不以权谋私		
	客观公正	5	履行岗位职责，管理活动公平公正		
最终得分（100）					

综合评价：

年　　　月　　　日

附件7

生产操作类与业务类人员综合考核表

被考核人：

测评分类	指标	分值	考核内容	评分标准	考核得分
知识技能	业务知识	15	履行岗位职责需要具备的专业、综合知识		
	专业技能	20	具备胜任本职工作所需的专业技能和经验		
	沟通能力	10	语言表达能力强，善于沟通、协调和配合		
	工作方法	15	善于分析思考，工作计划性、整体意识和创新能力强		
工作态度	协作性	5	积极配合部门（单位）员工开展工作		
	积极性	5	事业心强，工作热情高，能积极主动的开展相关工作		
	执行力	10	认真贯彻落实上级领导部署，确保本职工作全面落实到位		
	责任感	5	尽职尽责，认真履行岗位职责		
思想品德	职业道德	5	履行岗位职责所需要的道德准则、道德情操和道德品质		
	廉洁	5	清正廉洁，不以权谋私		
	客观公正	5	履行岗位职责，管理活动公平公正		
最终得分（100）					

综合评价：

　　　　　　　　　　　　　　　　年　　　　月　　　　日

案例使用说明

一、教学目的与用途

本案例适用于绩效管理课程的案例讨论。本案例提供了某烟草公司如何设计绩效考核方案的过程，目的在于帮助学员熟悉企业常用的绩效考核方案，对较复杂的年度绩效与日常绩效的结合进行深入思考，并能通过 EXCEL 等进行绩效工资的计算。

在掌握绩效管理的一般理论后，还能针对企业实际情况进行有针对性的设计，是本案例希望学员能进一步达到的目标。

二、启发思考题

1. 从该公司绩效管理现状中能发现该企业可能存在哪些问题并提出解决思路。

2. 仔细阅读省烟草局文件，尝试回答以下问题：

（1）部门绩效考核指标分为哪几大类？岗位绩效考核指标分为哪几大类？以其他企事业单位为例，按照文件中的指标分类方法，选择某一部门以及某一岗位，设置考核指标明细。

（2）在日常绩效考核部分，考核办对每位员工（不含部门负责人）的考核结果进行修正，请说明这种修正的目的是什么？

（3）年度岗位考核中，除了考虑年度绩效考核得分外，还需要考虑综合考核以及专业技术考核，请分析其原因。

3. 第三部分 A 公司的绩效管理方案中，提到了对无法分解到季度的年度绩效指标的一种处理方法，谈谈你的看法以及有无其他解决思路。

4. 第四部分关于 A 公司的绩效考核中，先以三个员工为例，自拟一些数据，进行试算。再利用 EXCEL 或其他软件建模，可以用其核算每月发放工资（注：员工不限于 3 个）。

三、分析思路

教师可以根据自己的教学目标来灵活使用本案例。这里提出的本案例的分析思路，仅供参考。

1. 该企业在绩效管理中确有一些问题。比如岗位价值没有正确评估，这也是国内企业考核的通病。绩效考核往往成为苛扣工资、威慑员工的工具。

绩效考核经常受到员工的抵制，这也是一个重要原因。因此，绩效考核中要尽可能适当增加一些加分项，鼓励员工在一些指标上发挥高水平。年度考核指标的特殊性必须在指标体系中认真考虑。

另外，业务部门考核比综合部门偏严的现象，可以通过提高业务部门的岗位价值以及为业务部门设置更多的奖励项的办法来平衡。

当然，关键问题之一是该企业尚没有建立一套合理的、较完整的绩效考核体系，零散的考核尚难以实施。

2. 仔细阅读省烟草局文件，尝试回答以下问题：

（1）部门绩效

部门绩效考核指标包括业绩指标、重点工作指标、协作指标、职责履行指标、上级检查指标。

岗位绩效考核指标包括业绩指标、重点工作指标、职责履行指标。

（2）在日常绩效考核部分，考核办对每位员工（不含部门负责人）的考核结果进行修正。修正的办法是：

修正后员工月（季）度绩效考核得分＝部门绩效考核得分×（修正前员工绩效考核得分/P）。

其目的在于消除某些部门负责人给下属打分过严或过紧的现象。前面乘以部门绩效考核得分，目的在于把员工利益与部门利益结合。至于部门绩效考核得分是否存在偏差，一般认为是没有的，因为各个部门绩效考核是由同一个组织，即总经理、副总组成的考核领导小组完成的。

（3）年度岗位考核中，除了考虑年度绩效考核得分外，还需要考虑综合考核以及专业技术考核，请分析其原因。

年度绩效考核得分和日常绩效考核得分基本可以决定年度绩效工资（或称绩效奖金）和岗位级别的调整，考虑到综合考核以及专业技术考核的原因，主要目的是为了职务调整需要。员工的晋升不仅仅要考虑业绩，还要考虑品德、人格等因素。

3. A公司的绩效管理方案中，提到了一种对无法分解到季度的年度绩效指标的处理方法。其实这种现象普遍存在于企业实践中。某些年度指标确实很难分解到季度，即使分解到季度也会因为目标不准确而难以考核，不仅没有达到预期正效果可能还伴随负效果。

方案中把年度指标的分数分配给各个季度，预先给固定分数，年底再统一找齐进行再运算的方法，理论上没有问题，但实践中带来了较大的困难。首先是运算复杂。年底相当于重新对各个季度、各个月的绩效工资重算一遍。其次，每个季度指标中放置年度指标的本意是提醒员工时刻惦记年度指标，但也可以不用这种方法，用例会等方式提醒也可以。第三个理由，可能A公司不愿意年底一次性发放较大数量的年度奖金，而希望将其基本分配到各个月度。这和合理避税、避免影响等有直接原因，但也不必非要通过案例中的方式来进行。

从操作简便的角度出发，对这类指标可以有以下几种改进方法：

（1）年度指标年底一次性考核，其结果只影响年终奖的发放。年终奖可采取年底一次性发放，也可以每月预发一部分，年底找齐。

（2）年度指标和日常考核（季度考核）结合，共同决定年终奖。年度指标是在年底一次性考核，占年度总分的一部分权重。季度考核得分的平均分再占年度总分的另一部分权重。

采取哪种办法，取决于这些年度指标是否非常关键和齐备，是否能反映出一年工作的主要绩效。如果是，则可选择第一种方法。如果不是，则可选择第二种方法。

4. 用 EXCEL 或其他软件对 A 公司的绩效工资核算进行建模，以核算每月发放工资。运算的关键就在于年底重新运算。只有重新运算，才能消除可能产生的误差。因为年底得到了真实的部门业绩得分，影响到每个季度的部门的真实得分，从而影响到每个季度员工的真实得分。表格试算举例。

年度修正前，第二季度的绩效工资计算表，如表 3-15（其他三个季度略）。

表 3-15　年度修正前的绩效工资计算表

		得分		
	部门业绩得分（满分 20，预先给定 16 分）	16		
	部门职责履行得分（满分 50）	45		
	部门重点工作指标得分（满分 10）	5		
	部门上级检查得分（满分 10）	10		
	部门协作得分（满分 10）	10		
	部门奖励得分	0		
	部门绩效总分	86		
第二季举例：部门预发 80%	姓名	张三	李四	王五
	岗位业绩得分（满分 30）	20	20	27
	岗位职责履行得分（满分 60）	50	60	50
	岗位重点工作指标得分（满分 10）	10	10	10
	个人奖励得分	0	10	0
	修正前个人绩效得分（满分 100）	80	100	87
	修正后个人绩效得分	80.093	100.12	87.101
	个人绩效考核系数	0.9	1.1	0.9
	个人绩效工资基数	450	450	450
	个人绩效系数	1	1.2	1.7
	当季月均应发绩效工资金额	405	594	688.5
	6 月份应发绩效工资金额	315	702	535.5
	第二季绩效工资总额（已发）	1215	1782	2065.6

年度修正后，第二季度绩效工资计算表，见表 3-16（其他三个季度略）。

表 3-16　年度修正后的绩效工资计算表

		实际得分		
第二季	部门业绩得分（满分 20）	18		
	部门职责履行得分（满分 50）	45		
	部门重点工作指标得分（满分 10）	5		
	部门上级检查得分（满分 10）	10		
	部门协作得分（满分 10）	10		
	部门奖励得分	0		
	部门绩效总分	88		
	姓名	张三	李四	王五
	岗位业绩得分（满分 30）	20	20	27
	岗位职责履行得分（满分 60）	50	60	50
	岗位重点工作指标得分（满分 10）	10	10	10
	个人奖励得分	0	10	0
	修正前个人绩效得分（满分 100）	80	100	87
	修正后个人绩效得分	81.956	102.44	89.127
	个人绩效考核系数	0.9	1.1	0.9
	个人绩效工资基数	450	450	450
	个人绩效系数	1	1.2	1.7
	当季月均应发绩效工资金额	405	594	688.5
	6 月份应发绩效工资金额	315	702	535.5
	第二季绩效工资总额（应发）	1215	1782	2065.5

最终结果为：

	张三	李四	王五
全年绩效工资修正后应发总额	5130	7452	8950.5
年终绩效工资补差值	270	162	0

四、理论依据及分析

1. 绩效管理的环节和绩效考核的目的

绩效管理包括绩效计划、绩效实施、绩效考核、绩效反馈四部分。绩效考核的根本目的是提高组织绩效，而绩效指标的设计、绩效考核以及绩效薪酬等都是为了实现这一目的。

2. 绩效指标体系的设计原则

定量指标为主、定性指标为辅的原则；少而精的原则；可测性原则；独立性与差异性原则；目标一致性原则。

3. 绩效考核结果的应用

绩效改进、薪酬奖金的分配、员工职业发展等。

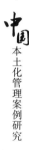
4. KPI 与目标管理

关键绩效指标（KPI）是通过对组织内部某一流程的输入端、输出端的关键参数进行设计、取样、计算、分析，衡量绩效的一种目标式量化管理指标，是一种把企业的战略目标分解为可运作的目标的工具。

KPI 的自上而下、层层分解的思想与目标管理思想一致。

五、关键要点

1. 企业绩效考核指标体系不是一成不变的，虽有基本框架可循，但重点是契合企业实践。

2. 以 KPI 为重点，既考虑结果指标，又考虑过程指标，既有处罚又有奖励，以企业整体利益为大目标层层分解到岗位的具体目标，是案例中方案采取的思路，也是目前国内企业常常采用的绩效考核方案。

3. 绩效考核尽量化繁为简。体现在指标的精炼、考核周期适中以及年度指标考核方法等方面。

六、建议课堂计划

本案例可以作为专门的案例讨论课来进行，以下是按照时间进度提供的课堂计划建议，仅供参考。

整个案例课的课堂时间控制在 60～90 分钟。

课前计划：

发放案例，简要对案例背景、内容和要求进行介绍。然后由学员课下完成案例题目。此过程建议分成小组，每组学员 3～5 名。课下完成时间：1～2 周。

课中计划：

（1）简要的课堂发言，明确主题（3～5 分钟）。

（2）小组发言（每组 10～15 分钟），主要介绍建模过程和结果；以 3 组为限，共需 30～45 分钟。

（3）教师总结各小组建模工作（10～15 分钟）。

（4）引导全班进一步对其他问题进行探讨，引导全班进一步讨论，并进行归纳总结（20～30 分钟）。

课后计划：

请学员分组就有关问题的讨论进行分析和总结，写出书面报告。

总经理的烦恼①②

摘要： 本案例介绍了一家外部面临激烈竞争环境，内部却又出现棘手管理问题的证券公司。描述了一位功勋员工因未能如愿得到经理职位，其工作情绪和行为发生骤变（如不断与同事、各部门间发生摩擦，违反公司制度，顶撞领导等），由昔日"明星"蜕变为今日"刺头"的变化过程。该明星员工的蜕变给公司内部管理带来了严重内耗和震荡，总经理面对昔日爱将的蜕变一筹莫展。本案例旨在透过事件过程来探讨其本质原因，通过借助大五人格理论，并结合具体事件来分析员工的性格特征，走进"明星员工"真实的内心世界，洞察其需求，并结合激励理论来对其进行有效管理，消除优秀人才管理过程中存在的种种误区。

关键词： 人格；激励；管理

【案例正文】

---

0 引言

已是晚上十一点多，宏达证券公司的整个办公区早已空无一人，而张总却孤身坐在自己的办公室里发呆。办公桌上泡着张总最喜欢喝的铁观音，杯中水虽是满的，但茶早已凉却。他的双眼布满血丝，眉头紧锁，盯着电脑，邮箱中已经有多封针对投资顾问王强的投诉信，抽屉里也放着十几封反映王强拉抢公司其他投资顾问客户问题的匿名信，手机中还存着几位部门经理对王强的行为表示强烈不满的短信。

① 本案例由北京理工大学管理与经济学院张建卫教授，对外经济贸易大学国际商学院刘玉新副教授，09MBA 林田禹、马亮亮，09 普研张盼盼、管家慧，09MBA 冀明明共同采编和撰写而成。感谢中国科学院研究生院管理学院时勘教授的指导。未经作者同意，本案例的所有部分都不能以任何方式与手段擅自复制或传播。由于企业保密的要求，在本案例中对有关数据等做了必要的掩饰性处理。本案例只供课堂讨论之用，并无意暗示或说明某种管理行为是否有效。调研过程中，得到了企业的大力支持，在此一并致谢！当然，文责自负。

② 国家社会科学重点基金项目"中国特色的组织变革培训模式和管理创新研究"（批准号：10AGL003）

张总起身走向落地窗前眺望这个繁华都市的夜景：窗外灯火阑珊，车水马龙。这不禁让他回想起自己刚上任时王强对自己的支持——为提升业绩扭转颓势而加班加点，而如今针对王强的投诉信如同纸片般涌向自己，公司内部不和谐的声音越来越多，这种落差让他十分心痛，以至于难以接受眼前的事实。此时此刻，张总感到空前的无助，一种强烈的挫败感油然而生，他苦笑了一下，又回到办公桌前沉思如何管理和激励像王强这种性格鲜明的员工。

1 公司简介

宏达证券股份有限公司是经中国证监会批准，在收购瑞丰证券、信泰证券等证券类资产基础上成立的证券公司。公司注册地在上海市，注册资本为1亿元人民币，拥有68家营业网点，全资控股飞达期货有限公司。

1）经营范围

公司业务范围包括证券经纪；证券投资咨询；与证券交易、证券投资活动有关的财务顾问；证券承销与保荐；证券自营；证券资产管理等多项业务资格。

2）组织架构与网点布局

宏达证券按照现代企业制度建设的要求，建立了完善的组织架构和精简高效、权责明晰的组织管理体系，在北京、上海、深圳、广州、沈阳、成都等30个城市设立了证券服务机构。随着业务的发展，宏达证券还将进一步完善网点布局，构建更加科学高效的机构网络，使得公司能够在多个层面及时、准确地了解资本市场的信息，把握好市场发展的脉搏，为投资者提供更加专业和更具针对性的服务，实现公司与客户的共同发展。公司组织架构，请见图4-1。

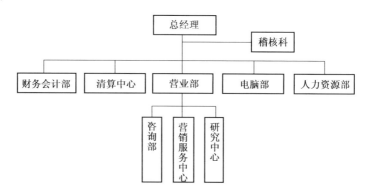

图 4-1　宏达证券公司组织架构图

3）素质优良的员工队伍

截至 2008 年底，公司共有员工 1083 人，其中总部人员 215 人，研究生以上学历 157 人，本科学历 605 人，合计占比例 70.36％。全公司平均年龄 34.5 岁。

4）企业文化

公司秉承"诚信为本，规范经营，创新发展"的经营思想，以"客户至上"为经营原则，以"专业创造价值"为核心价值观，通过服务创新、产品创新、技术创新，为客户提供专业、优质、高效的服务，坚持与客户共同成长，为社会创造更多的经济和社会价值。

公司以"激情工作、快乐生活"为企业文化的核心理念，积极推进企业文化建设。公司的战略发展目标是要充分依托公司的资源平台和网络优势，采取积极进取的业务发展战略，以经纪业务为基础，以投资银行业务为重点，在有效控制风险的前提下，不断进行业务创新，为客户提供专业、持续、综合的服务，将公司打造成为客户信赖、员工认同、股东满意、行业认可的具有一流服务水平的证券公司。

2 证券市场现状

中国的证券行业是伴随着资本市场的快速发展而产生的。20 世纪 70 年代末期之后的中国经济改革大潮推动了资本市场的重新萌生和发展，1987 年 9 月，中国第一家专业证券公司——深圳特区证券公司成立。证券市场是市场经济发展到一定阶段的产物，它为解决资本供求矛盾和流动性提供了高效的方式，有效地化解了资本供求矛盾和结构调整的难题。随着经济的发展和资本市场的壮大，证券行业已成为我国社会组成的重要部分。同时，人们生活水平的不断改善、储蓄率的持续增加以及一轮又一轮的股票造富神话也促使股票、证券行业逐渐成为当今老百姓日常生活中不可或缺的一部分。

作为证券行业中发行人和投资者之间不可或缺的桥梁，证券公司也得到了长足的进步，由早期的信托公司逐步演变为证券业协会准入登记的证券公司，形成规模的已达 100 多家，其中不乏有中信证券、银河证券、招商证券、申银万国、国泰君安、海通证券、国信证券等靠信誉与知名度立足于证券市场的知名公司，当然也有很多小公司通过利用法律的空当，违规提供股票分析、技术信息以及交易内幕的方式来拉拢客户。此外，证券公司之间还对于技术分析人员进行高薪拉拢，特别是掌握大量客户资源的经纪人，这一现象在小公司尤为明显。随着 1999 年 7 月《证券法》的正式颁布实施，中国证监会不断加强稽查执法的基础性工作，对于证券公司的监管也更加严格，维护了"公平、公开、公正"的市场秩序。同时，国务院于 2004 年又相继颁发了

《关于推进资本市场改革开放和稳定发展的若干意见》。随着资本市场的发展，政府的严格监管和小公司的铤而走险将形成新一轮的博弈。

3 王强其人

王强虽毕业于一所普通的大专院校，但十分好学。由于公司近年来新进员工基本都是本科生，还有部分研究生，因此既非正规本科毕业，也非科班出身的教育背景使王强产生了空前的压力和自卑感。于是，他利用工作之余参加了自学考试，主修金融学专业并顺利拿到了自学考试的本科毕业证。

王强对新生事物非常敏感，同时也具有很强的学习能力。由于证券公司对电脑使用频率较高，电脑经常会出现一些问题，王强便自学电脑知识并小有所成，已是公认的"电脑专家"，朋友们遇到关于电脑的问题和困惑，都会向他寻求帮助。证券业对信息传递速度要求较高，因此他主动学习有关金融和证券的专业英语，经常浏览诸如华尔街日报、纽约时报等国外网站，从而了解整个世界经济的发展和国际市场的最新动态。此外，在进行证券分析时往往需要读懂财务报表，运用一些管理类的知识，因此他特意购买了大量的经济管理类书籍来进一步丰富自身的知识。除此之外，为了拓宽自己的专业知识，及时了解各行业的发展，他还订阅了大量与证券相关的期刊、杂志和报纸，并集中整理到公司的一个书柜里，俨然成为公司内部的一个小型图书馆。

作为投资顾问，王强需要面对各类人群，其中自然不乏资产千万的高端客户。为了能与这些高端客户相处融洽，他细心观察了这类人群的生活习惯和消费习惯，并对高尔夫、豪华轿车、红酒和奢侈品等进行了较为深入的研究。此外他还学习了一些心理学知识，帮助自己深入了解投资者的心态和类型，以便与客户充分沟通，随时了解需求并发掘潜在客户，从而提升公司和自己的业绩。

王强对政策也相当敏感，他时刻关注政策走向及其对各行业的影响，因此能敏锐捕捉市场信息，准确把握市场机会并从中获益。他学习了大量的技术分析理论，如江恩理论、黄金分割理论与波浪理论等，并通过模拟实时炒股软件来进行检验，练就了高超的实时研判分析能力。同时，他还结合自己对基本面的精准解读，将技术分析与基本面分析有机结合，准确预测了股市的几次重大调整，在原有客户中产生了强烈反响，因此许多客户不仅自己愿意同王强进行交流、咨询他的意见，还将自己的朋友介绍给王强，由此王强积累了广泛的客户基础。

王强曾是公司的功臣。在张总上任之初，交易部经理和咨询部经理的相继跳槽带走了大批客户和资金，公司顿时陷入了困境。这时，王强勇挑重担，依靠自己多年来的经验和积累，凭借自己在客户心目中的良好印象帮助公司留住了一部分重要客户。此外，他还努力通过各种渠道挖掘新的客户。那段时间里，为了扭转公司的颓势，王强与张总并肩作战，时常讨论投资方案至深夜，为撰写投资报告和制定具体计划方案加班到凌晨两三点更是家常便饭。为了拿下重要的大客户，王强还经常陪客户吃饭喝酒，甚至有几次为了陪好客户而饮酒过度被送进了医院。为此，张总一直感念于心，总觉得欠王强一个人情，此后便将王强视为手足兄弟。王强几乎凭借着一己之力给公司的业务带来了新的生机，可谓立下汗马功劳。同时，他的工作能力和学习能力也得到了广泛认可，业绩更是有目共睹，他便当之无愧地成为公司公认的最优秀的投资顾问。

4　投资顾问间矛盾激化　逼走咨询部经理

一天早上，张总刚走进办公室便发现咨询部经理已在那里等候，并神色凝重地告诉他有客户要去证管办投诉营业部。张总询问原因，咨询部经理告诉他事情的缘由是，因为投资顾问王强与另一位投资顾问李惠管辖的客户发生了冲突，王强在给李惠管辖的客户做投资咨询时误导客户做出了错误判断。

原来王强基于对李惠的客户使用香奈儿 5 号和限量版 LV 手包等此类消费行为的观察，认定该客户拥有相当深厚的背景和雄厚的资金。由于李惠与该客户之间平时交流较少，没有准确把握这些细节，便一直将其当成普通的客户，没有发现这一潜在的大客户。加之李惠对自己的业务不够熟练，对股市整体的把握和判断也略逊王强一筹，因此给客户的投资方案并不是很理想，以至于该客户一直小打小闹地投资了十来万在股市放着，没赔也没赚。因此，王强决定先同李惠的客户接触一下，做些初步了解，以确认一下自己的判断是否准确，如果证实对方有扩大投资的想法，再做下一阶段的计划来挖掘这个大的客户。

于是王强主动同该客户聊起了此款限量版 LV 包的由来和 LV 文化，然后又聊起了香奈儿 5 号的历史以及香水的制作工艺，并且聊了很多关于香奈儿创始人——加布里埃·香奈儿（Gabrielle Chanel）的传奇经历，还谈及了香奈儿从创立到如今各阶段设计师不同的风格和特点。王强的这次谈话给该客户留下极好的印象，客户很惊讶证券公司还有投资顾问对奢侈品有如此深入的研究。但王强却并没有急于拿下这个大客户，而是选择采取细水长流的策略，表示如果下次再到营业部时可以聊聊名表、红酒的文化，若有投资方面的需求也可以找他。

之后，王强私下同李惠说："这虽然是你的客户，但你并没有发觉这是条大鱼，如果将你的投资方案交于我来做，我有信心使其投资的钱增加至上百

万。"李惠自叹无论在洞察能力还是业务能力上都不如王强，即使自己继续做这个客户也很难成功，索性将其交于王强。但是李惠要求："我有个条件：业绩要归我所有，交易佣金可以再商量。"王强则称业绩可以归李惠，但佣金要三七开，即王强占七成，李惠占三成。李惠思量了一会，便答应了王强提出的要求，并达成了口头的协议。

此后，这位客户经常到证券公司同王强谈天说地，双方形成建立了的共识和信任，该客户很佩服王强广博的学识和扎实的专业功底，并慢慢地认同了王强的投资建议。王强则对此客户采取了步步为营的策略：起初，他先设定了一套风险较小的投资方案，几乎可以做到稳赚不赔，投资方案很成功。随着该客户对王强信任的增加，投资的金额也越来越大。李惠非常高兴，心想真是捡到大便宜了，没想到自己的客户还有这么大的潜力，自己没怎么出力却能拿到好的业绩，同时还有佣金拿，既省心又赚钱，真是一箭双雕！

然而，每个踏入股市的人都知道这样一句话："股市有风险，投资须谨慎"，在股市中难以实现只赚不陷。基于某些内部消息，王强再次给该客户制定了新的投资方案，让客户将大量的资金投资在一只具有重组概念的 ST 股票上。但是后来由于重组失败，加之市场利空消息不断，该股票一连好几个跌停，客户资金被严重套牢，由于操作过程存在误导使客户损失巨大，由此引发了矛盾。

此时，李惠已经不知所措，只管将责任全部推给王强，她坚持认为："虽然该客户是归于我自己名下，但一直是由王强在指导客户进行投资活动，我根本没有参与，理应由王强承担责任。"

王强一听便大声反驳："哪里有无风险的股市，股市又不是自动取款机。再说了，先前都有私下协议，客户归你。你坐收渔利，出了问题却将责任全部推给我，我无法接受。"

双方各持己见，不肯让步，王强在争吵过程中还动怒摔了水杯。但客户根本不管那么多，表示既然在该公司投资，无论自己是谁的客户，由谁来指导投资，终归得有人承担责任。若无具体的赔偿方案就直接去证管办投诉。张总怕此事越闹越大，便答应客户尽量给其一套满意的解决方案。幸亏最终方案也得到客户的认可，此事才算平息。

王强与李惠之间私下的协议按照常理是有悖于公司规章制度的，但为了提升整体业绩，公司对这种做法也是睁一只眼闭一只眼。但类似在投资顾问间由于佣金分配不均，一旦出了风险后相互推诿责任和拆台的现象已是屡见不鲜。由于王强业绩一直都很好，且名声在外，因此与其他投资顾问出现矛盾的事件也是经常发生。连张总自己都记不清楚这是王强第几次与其他投资顾问发生摩擦，这也让他很是头痛。王强和李惠之间的问题成了投资顾问之间矛盾加剧的导火索，此后又发生了几起投资顾问之间相互拆台的事件，咨询部经理因难以承受高压，便主动辞职离开公司。

5　空降咨询部经理　功勋员工心态悄然变化

咨询部经理一职空缺已有一段时间，公司表示要在内部或者社会上公开招聘一名咨询部经理。王强暗自窃喜，无论是论资力还是论能力，他都是这个职位最合适的人选。张总也有意让王强接替咨询部经理的位置，因此他组织公司中层经理在会议室进行商议。张总将王强对公司的贡献、能力和业绩向各中层经理一一列举，并说，"在公司内部，论工作能力和业绩这个职位非王强莫属，虽然他性格鲜明，一些行为有些过激，与各部门也有过一些摩擦，但都是在可承受的范围内，若将其提到咨询经理位置，我相信王强会改变以往的态度，带领好这个团队的……"。

"我收到过多封其他投资顾问对王强的投诉信，并且部分内容比较尖锐。我个人认为王强上任难以服众，风险比较大"，营业部经理首先发言。

还有经理表示，"不能光看王强的过去，虽然他以前帮助公司走出困境，但是也不能因为与张总的'私人关系'（张总视王强为兄弟）而提拔他。这恐怕会让人说三道四，引起大家的不满。"

同时公司绝大部分中层经理认为王强脾气暴躁，性格多疑，恃才傲物，与公司很多员工都产生过矛盾，尤其与其他投资顾问矛盾突出，经常互相拆台，难以与其进行沟通和合作，所以不适宜担任咨询部经理。张总虽又为王强说了许多好话，但在综合权衡多方因素后，最终还是放弃了提拔王强的想法，并与中层经理达成一致意见：对外招聘一位咨询部经理。

张总在会上介绍新任的咨询部经理刘经理，表示刘经理具有丰富的国企工作经历，希望其能凭借多年来从事证券经纪业务的经验和对市场的准确把握来提升公司业绩，并将咨询部打造成优秀团队，加强同各部门沟通、协调、配合，共同应对激烈的市场竞争。而当王强得知咨询部经理不是自己，而是空降一位有着国企背景的经理时，怒发冲冠，一气之下拒绝参加此次会议。

终于，在一次咨询部内部业务研讨会上，王强与刘经理发生了激烈的冲突。会议讨论的主题是：今后对顾客的建议是否应将重点投向房地产业。刘经理说："最近各地大兴土木，各大房地产商纷纷出高价攻城掠地，政策也向其倾斜，地产股似乎将大有作为。我认为我们对客户的投资重点要有所倾斜。"绝大部分的投资顾问表示同意刘经理的做法，但是王强却坚决反对："房地产业受政策影响太大，短期虽有利可图，但政策朝令夕改，难以把握，不能一意孤行。"

刘经理先思考了一会，便说道："你说的有道理，但是最近我们的业务量有所下滑，总得找到一个增长点作为突破口，因此决策时思想不能太狭隘。"

王强听到"狭隘"一词非常恼怒，一想到咨询部经理的位置本属于他的，现在却被一个外来人指手画脚，心里越想越气。"我怎么狭隘了？你才狭隘呢，光注重业绩，有本事你不靠房地产来提升业绩！"王强讽刺地说，语气中带有严重的不屑。

刘经理有国企工作的经验，对企业的等级制度看得比较重，身上尚留有官僚作风，哪里容得下属这样对自己说话。

"王强，不管你以前有多优秀，业绩多好，现在在我手底下做事必须得听指挥，你这是跟领导说话的态度么？你知道不知道什么叫企业伦理？"刘经理逼视着王强喝道，同时目光散发的怒火几乎要喷出来。

"什么企业伦理，你别把自己那套官僚作风称为企业伦理好不好？"王强回击道。

双方你一言我一语地相互揭短抨击，会议最终不欢而散。其他投资顾问各怀心思离开，有人戏称此次会议是：一人吃不到葡萄说葡萄酸，另一人是杀鸡给猴看，一山难容二虎，迟早得有一个"闪人"。

此后，王强对刘经理视而不见，对其下达的指示更是充耳不闻。看到刘经理时从不打招呼，不是昂首走过就是转身离去。工作中也经常与其发生争吵，刘经理与王强之间的矛盾在公司已经是尽人皆知，而且大有愈演愈烈之势。

张总为此事通过邮件、手机短信、面谈等形式多次提醒王强要注意自己的行为，并且要求王强与公司领导和员工和谐相处。但每次与王强谈话时，他从来都是口头上坚决承认错误，行动上坚决不改，这让张总很头疼。昔日功勋投资顾问的工作态度和热情大幅锐减，逐渐偏离公司的人才标准。

6 自甘堕落 众部门共讨王强 一石击起千层浪

从咨询部经理没当上之后，王强不仅同新来经理矛盾激增，而且同其他部门同事之间的摩擦频发，如今在大家眼里俨然已经成为"刺头"。

财务部经理拿着一叠发票走进来告诉张总，这是王强要求报销的业务费用，其中有许多不在报销范围之内，手机费和燃油补助费均超出了规定的金额。然而王强坚称这都是为了更好地发展公司业务而发生的费用，理应由公司来承担。虽然公司有特事特批的规定，但也得经过总经理的同意签字才有效，况且财务部报销费用理应按照公司规定的报销流程走，而王强一是没有总经理的签字，二来也没有按照流程来报销。并且根据财务经理的核实，有些报销是以私充公，显然违反了公司的财务制度。于是，财务部经理向王强解释道，按照公司的流程和相关制度，有些费用无法报销，但王强却拿着这叠发票跟她吼了起来："我们投资顾问在外面拉客户，整天忙里忙外的，陪酒陪笑，累得跟鬼一样，回来还得看你们脸色。你们财务部的人整天舒坦地在屋里呆着，像县太爷一样，报个费用不但这个流程那个规定的，有时还爱搭不理的，都是些什么东西。没有我们这些人在外面拉客户，你们吃什么……"。王强的话越讲越难听，吼声连整个财务部的人都听到了，不但使财务部的工作流程和工作内容受到众多的质疑，干扰了财务部的正常工作，而且也影响了财务经理在部门内部的威信。财务部经理希望总经理能出面处理这件事。财务部经理走后，张总在办公桌前陷入了沉思……

几天前，人力资源部经理曾告诉他王强上下班从来不打考勤卡。问其原因，王强说反正天天来上班，迟到或早退几分钟无所谓，打卡还麻烦。还说投资顾问经常要拜访客户维持关系，一般不会有准点，公司不应该对投资顾问进行打卡考勤。公司员工对此议论纷纷，许多员工对此也颇有想法。人力资源部经理向张总反应，如果老员工带头不遵守公司的规章制度，公司的规章制度便形同虚设。若有人开了先河，那这就不仅仅是大家对公司规章制度质疑的问题了。如今面对经纪业务市场激烈的竞争，各家公司都使出浑身解数来争夺客户和资源，如果公司内部没有有效的约束和激励机制来保障员工遵守公司既定的规章制度，公司将很难在市场上立足，这将严重威胁公司的生存问题。如果公司对此再熟视无睹，让王强继续放任自流，轻则导致军心涣散，打击员工对工作的热情和积极性，重则引发公司面临生存的危机。因此，人力资源部经理提议张总要严肃处理此事。

电脑部经理也抱怨王强提出的无理要求——更换电脑。公司主要与宏志科技公司一直保持良好的合作，该公司主要代理 HP 笔记本电脑、配件以及办公耗材。由于采购量大又是基于多年的合作，价格很合理。而王强却偏偏申请联想品牌的笔记本电脑。电脑部经理认为，他要求的那款笔记本配置比张总目前使用的都高，而作为日常办公应用根本没有必要使用那么高配置的电脑，因此拒绝了王强的申请。王强被拒后恼羞成怒，称自己对硬件懂的比电脑部经理多得多，以前公司的电脑坏了还是他修的。另外，他还攻击电脑部经理与宏志科技公司有私下往来，收取回扣为自己谋私利，这让电脑部经理颜面尽失。与宏志科技公司的合作是有评估报告的，并且得到了总部的批准。每个月稽核科都会派专人到市场上调查产品报价，通过对比市场价格与宏志科技公司的报价来监督电脑部的采购，并且每月的报告都是可供调查的。一直以来宏志科技公司产品的产品都会比市场价格低一些，并且售后服务也很好，价格和采购流程都相当透明，这点张总也是非常清楚的。而如今王强把莫须有的罪名强加给电脑部经理，他感觉自己受了莫大的侮辱，心情十分低落，言语中还流露出要离开公司。

各部门对王强的投诉接二连三，事态已经超出了张总的想象，他觉得有必要与王强详谈一次了。

7　谈话未果　惊人一摔　昔日患难"兄弟"如今反目

下班后王强被叫到张总办公室，张总早已沏好了他们最喜欢喝的铁观音，这种铁观音蕴含着他俩深厚的感情。因为在公司最困难的时候，张总与王强"并肩作战"时经常熬到深夜，铁观音是他们那段时间最好的"伴侣"。

"强子，来、来、来，尝下今年新产的铁观音"，张总斟了一杯茶，轻声地说。

"味道怎么样?"，张总问道。

王强品尝了一口，缓缓放下杯子，"茶还是那个味儿，但人却不是了"，王强语气生硬地迎合着。

"人却不是了"这几个字暗含了王强对自己未担任咨询部经理一职表现出强烈不满。张总却十分平静，王强的话早在他预料之中。张总对此事却避而不谈，先是聊了一些家常，想先礼后兵。而王强却有些不耐烦地说："有什么就直说吧，别拐弯抹角的。"

"好吧，咱们兄弟俩今天就好好聊聊。强子，你最近是怎么了? 各部门对你投诉不断! 之前我多次提醒你，你口头答应倒是挺好的，但是和各部门矛盾不但未减反增。你知道这对公司和你自己造成了什么样的影响吗?"张总极力压制住自己积蓄已久的怨言，依然平和地问王强。

"那都是他们自找的，他们不惹我，我能惹他们么?"，王强头也不抬，也不正眼看张总，恶狠狠地说道。

"难道你一点错都没有吗? 那我给你分析一下这几件事，到底是谁的错! 有时候公司制度对待特殊情况是比较刻板，财务部说你不按流程走，这我可以理解。强子，你以前都是从公司角度考虑，有些发票你都是自己买单。而如今有确凿证据证明你假公济私，这是为什么? 难道财务部的监管也有错? 从推行打卡规定以来，你从来没遵守过。从我提醒过后，你也是三天打鱼两天晒网。你申请购买高档电脑，还诋毁电脑部经理，现在他要闹着离职。强子，你说这几件事哪件你在理?"

"人都是会变的么，你不一样么? 从你在总经理的位置上坐稳后，你有为我考虑过? 你怎么样对我的? 你拿我当工具使，用不上了就晾一边去了!"，王强反驳道。

王强的这番话让张总很是惊讶，没想到王强对自己意见这么大，而他为王强处理与李惠客户的事情，还有其他员工的投诉信他也一一平息，王强却并不感恩，反而指责起自己来。

张总打开抽屉将一叠纸扔在桌上，说到"我没为你着想? 你看看这些投诉你的信件，我这还有许多邮件和短信。你和李惠客户的事，让我在总公司面前颜面无存，年终奖金被扣了一半。那些投诉的事已经被我压下来，你以为我容易么？"

王强拿起那些纸看了看，其中有咨询部刘经理的一封，反映自己冲撞上司，无法沟通，是咨询部的祸害，并建议张总开除他。王强看到后将自己压抑很久的怒火爆发出来，质问道："咨询部经理为什么不是我？他就是个大官僚，有什么能力？这么多年来我为公司呕心沥血，连一个咨询部的经理都当不上？刘经理他凭什么？来了这么久有什么业绩，你为什么不把他给开了？他还要我走，你干脆直接开了我得了！"

"王强，你考虑问题太幼稚了！我不是没为你争取过，但你的行为和做法使公司很多人对你意见很大，即使让你当上了也难以服众！我也是权衡了多方面的因素才做的决定！"

"权衡？你是权衡你自己的位置吧？"王强吼道，他走向总经理室的展示柜拿起总公司颁发给他的"突出贡献标兵"奖杯（这是表彰王强在公司危难时做出的突出贡献），指着展示柜里面的各项荣誉证书和奖杯怒吼着："这些荣誉有哪一项没有我的贡献？我难以服众？叫你难以服众！"此时的王强什么也听不进去，说完将那奖杯狠狠地摔碎在地，将总经理室的门使劲一关，愤然离去，门上挂着的"总经理"的铭牌也被震了下来。

张总没想到王强竟然说出这样的话，更没想到他能做出这样的举动，顿时气得浑身发抖："王强，你……"。他感到有一把利剑正刺向自己的心脏，一阵剧痛，慌忙拿出几粒速效救心丸塞到嘴里，才算平静下来。这一摔不仅是摔碎了奖杯，更是摔碎了张总的心。

自打与张总发生冲突以后，王强更是变本加厉，迟到、早退、上班喝酒……无视公司规章制度，不断与公司其他员工及部门经理发生摩擦。之后的行为更为极端，上班时间经常带一把刀在手中舞动，恶狠狠地称"谁不让我过好，我就不让谁好过"。其他投资顾问和员工都敬而远之，遇到王强均绕道而行，在工作中极力避免与其产生业务往来。王强的此举在员工中影响相当恶劣，严重干扰公司的日常管理工作。更有甚者，在总公司视察工作之时，王强一纸诉状将张总推上了"被告席"，说张总管理不善，公司存在许多管理漏洞，新进咨询部经理业务熟练程度不如他而却要受其领导，能力不如自己的投资顾问却被委以重任，分明是张总不重视人才，不给自己这种有能力的优秀员工提供平台和机会，不支持他的工作等等。这不仅加深了他同其他员工之间的矛盾，而且还激起了他与咨询部刘经理之间更深的矛盾，令张总很是难堪。

8　内忧外患　张总身陷两难之境

然而，在最近全国证券从业人员资格考试中，王强是公司唯一没通过考试的人，这一切似乎都给了张总充足的理由解聘王强。但张总还有他的顾虑：近期证券经纪业务回暖，各家证券公司为争夺客户又纷纷挖竞争对手的墙角，由于总公司的薪酬和激励制度存在一些不足，公司在同行业的薪酬没有明显的竞争优势，张总得知公司员工经常接到其他公司打来的电话，虽然接到电话的员工表面上都拒绝了，但有几个优秀的投资顾问已经私下与其他公司进行接触。而王强在客户中享有很高的号召力和影响力，如果解聘他，他极可能像前任咨询部经理一样带走大批客户和资金，给公司带来巨大损失。

在经纪业务白热化的情况下，张总面临的处境可谓内忧外患。对王强的处理稍有不慎势必给公司的发展和员工的情绪与士气带来极大的负面影响，并且王强曾为公司发展立下汗马功劳，于情于理辞退他都觉得过意不去。然而，王强现在的表现严重影响公司的经营管理，有些行为还愈演愈烈，如果不对其进行严肃的处理将难以服众，使自己失去威信，今后的管理工作也将更加艰难。但新进的咨询部经理业绩又表现平平，既没有给公司带来大量的客户，没有大幅提升公司业绩，也没有如同张总预期的那样解决投资顾问间相互拆台的问题，将咨询打造成一个具有凝聚力的优秀团队，更没有与其他部门打成一片从而形成一股合力来面对激烈的市场竞争，并完成总公司的考核。是力排众议重新委王强以重任，还是快刀斩乱麻将其扫地出门？张总陷入了两难境地……

案例使用说明

一、教学目的与用途

本案例适用于组织行为学课程的案例讨论。本案例提供了一个证券公司中一位由功勋员工走向众矢之的"刺头"员工的详实案例，目的在于通过对案例的学习和讨论，帮助学员加深对大五人格理论和激励理论的理解及其实际应用，进一步明确如何利用大五人格理论来准确评价员工的人格类型，并掌握如何制定有效的管理方式和方法以及如何设计激励机制使明星员工的业绩更加耀眼。

二、启发思考题

1. 请运用大五人格理论来分析王强的人格特征，并按 10 分等级评价其五大人格因素，最终画出其人格剖面图。

2. 王强由公司最优秀的投资顾问、明星员工转变成为人人疏而远之的"刺头"，其背后原因和影响因素是什么？

3. 如果您是张总，您认为对待王强的有效方式和策略是什么？如何管理和激励王强这样的下属？

三、分析思路

教师可根据自己的教学目标（目的）来灵活使用本案例。这里提出的本案例的分析思路，仅供参考。

1. 第一条线索可以围绕文中提到的王强其人、同各部门之间的矛盾、同咨询部刘经理、张总之间的对话以及其行为表现出来的人格特征来展开。首先引导学员让其意识到在当前的管理实践中，个人单打独斗的时代已经过去，即使个人能力再强大，与团队相比来说还是有限的。由团队中每个人的性格和特点各不相同引出采用何种方法和理论依据对员工的人格特性进行科学、准确的判断和分类这一问题。接着介绍大五人格理论的含义与概念以及使用的评测方法，对王强的人格特征进行深入的剖析并进行打分得出结论。通过学习大五人格理论让学员掌握"知人"的重要价值，并引导其迈向"善用"的管理境界。

2. 第二条线索可以围绕"激励理论"，针对王强没有如愿取得咨询经理一职的前因后果以及其行为前后的突变展开讨论。王强为公司操劳奔波，力挽狂澜，救公司于危难，使公司业绩扶摇直上成为明星员工，管理者如何走进这类"明星人才"的内心，探求他们内心真实的想法并满足他们的需要？采取何种方式去肯定和激励他们？是物质还是精神？还是两者兼有之？再者，王强的极端行为是不想让公司的人淡忘自己的存在，进而希望自己被认可被接受，但是公司没有给这位明星员工充分的空间去施展自己的才华，他渴望得到上司独具慧眼的赏识，以满足其潜意识里追求的真正自尊。而正常的途径行不通，只有采取让人无法接受的极端行为来发泄心中的怨气。如何让已经走向极端的前明星员工回到之前的状态，应该运用何种激励措施去扭转他们所处的尴尬境况，以此引导大家讨论和学习。

3. 第三条线索可以围绕王强走向极端的深层次原因展开分析和讨论。王强的种种做法是归于他自己的自暴自弃、自甘堕落、品德败坏还是领导对管理"明星员工"存在"真空地带"，认为明星员工的自觉性和主动性都很高，不需要再做过多的干预？这是管理者在管理实践过程中经常遇到的问题，管理者常常将员工的学不好、教不会、不努力、难出成绩归因为员工素质差、不求上进，而不是从自身沟通方式方法和技巧、领导素质、能力和风格等内部归因思考管理中存在的问题。通过引导学员从此方面进行思考和讨论可以更清楚地认识到今后在管理实践过程中对待不同的管理情境应该从哪些角度来思考问题，评估自己以前的领导风格。

四、理论依据及分析

1. 大五人格理论
（1）开放性
（2）尽责性
（3）外倾性
（4）随和性
（5）神经质或情绪稳定性
2. 激励理论
（1）需求层次理论
（2）成就动机理论
（3）ERG 理论
（4）双因素理论
（5）公平理论
（6）期望理论
（7）强化理论

五、关键要点

1. 企业中普通员工的激励机制已经引起大家的广泛关注，而明星员工的激励问题往往容易被人们所忽视，这是存在于许多企业中的一个普遍问题。虽有些企业对明星员工有其具体的激励措施和机制，但是无法达到他们所预期的需求，由此形成的巨大落差通常会给明星员工的内心蒙上一层阴影，久而久之势必会产生许多问题，因此需要引起管理者足够的重视。

2. 如何针对不同员工的性格和特点来组建团队，避免出现"一山容二虎"的情形？需要有效地运用人格理论来指导组建团队。

3. 注重人格理论的运用，并与激励机制进行有机结合，注意两者之间的融合所应具备的基本要件。

4. 无论是普通员工还是明星员工，他们的一些过激言论和行为不能简单地归结为道德品行的败坏，而应该从管理者自身管理的角度挖掘事件的本质。

5. 激励明星人才，给明星人才让步，一定得认清情况并掌控尺度，但这并不等同于容忍他们为所欲为。

六、建议课堂计划

本案例可以作为专门的案例讨论课，如下是建议的课堂计划，仅供参考。整个案例课的课堂时间控制在 80～90 分钟。

课前计划：提出启发思考题，请学员在课前完成阅读和初步思考。

课中计划：简要的课堂前言（2～5 分钟）

分组讨论　（30 分钟），告知发言要求，每组围绕一至两个方面进行讨论

小组发言　（每组 5 分钟，控制在 30 分钟）

引导全班进一步讨论，并进行归纳总结（15～20 分钟）

课后计划：请学员分组，就有关问题的讨论进行分析和总结，并写出书面报告。

七、深入阅读

1. 史蒂文·贝格拉斯. 2010. 走近明星人才的内心. 石小竹译. 商业评论.（4）：113－123

2. 琼·马丁，康拉德·斯密特. 2010. 是什么赶走了高潜质人才. 石小竹译. 商业评论.（7）：140－149

<<< **栏目2 兼并重组与资源整合**

唐钢股份并购邯郸钢铁、承德钒钛的评估与整合①

摘要：2008 年以来，我国钢铁业重组风起云涌，其中唐钢股份对邯郸钢铁和承德钒钛的兼并重组备受瞩目，整合后的河北钢铁集团凭借 872 亿元的营业收入，成为 2009 年 A 股市场的钢铁龙头。案例介绍了钢铁行业的背景和合并双方的基本情况，详细阐述了河北钢铁集团整合的规划和过程，提供了整合前后的财务数据，介绍了企业所采用的整合措施及其效果。案例为读者了解中国大型国有企业并购重组的过程、吸收合并过程中对并购企业的价值评估和合并后企业的整合效应的评价提供了素材。

关键词：河北钢铁；吸收合并；价值评估；整合效应

【案例正文】

0　引言

2008 年 6 月 11 日河北省副省长孙瑞彬宣布，经河北省委、省政府批准，整合唐钢集团、邯钢集团组建河北钢铁集团有限公司。2010 年 1 月 25 日，备受关注的河北钢铁集团三家上市公司整合尘埃落定。唐钢股份吸收合并邯郸钢铁、承德钒钛，变身河北钢铁，成为河北钢铁集团下属唯一的钢铁主业上市公司，同时也一举成为仅次于宝钢股份的上市钢企。此次整合采用的是换股吸收合并的方式，换股比例的确定采用的是以市场价值为基础的估值方法，采用该方法估值的合并预案一经发布三家公司的股票价格均大幅下跌，并不为资本市场所看好。预案中的换股比例是否合理？整合的方案是否合理？整

①　本案例由北京理工大学管理与经济学院和河北钢铁股份有限公司的肖淑芳、佟岩、张秀梅、潘雪莹、彭智佳、申玲、王亚男、喻梦颖共同撰写，著作权归北京理工大学管理与经济学院所有。未经允许，本案例的所有部分都不能以任何方式与手段擅自复制或传播。由于企业保密的要求，在本案例中对有关名称、数据等做了必要的掩饰性处理。本案例只供课堂讨论之用，并无意暗示或说明某种管理行为是否有效。调研过程中，得到了企业的大力支持，在此一并致谢！当然，文责自负。

合后，存续公司是否达到了预期的协同效应？是否实现了真正意义上的降本增效？以上问题有待进一步研究，同时也影响到钢铁行业及其他行业的整体兼并重组的发展。

1 背景介绍

1.1 行业背景

进入 21 世纪，随着科技进步和全球经济一体化步伐日益加快，全球钢铁企业之间的并购重组成为行业热点。欧洲钢铁企业占天时、地利、人和，迈出合并重组的第一步，2002 年法国尤斯洛、卢森堡雅贝德和西班牙阿塞拉西亚三家钢铁公司合并成立了"全球钢铁霸主"——阿塞洛公司，欧洲钢铁企业的重组在全球产生了示范效应。2003 年 4 月，由日本第二大钢铁公司——日本钢管（NKK）和日本第三大钢铁公司——川崎制铁合并成立的 JFE 集团正式运行。这两家钢铁公司合并后的钢铁年产量为 2517 万吨，年销售额达25000 多亿日元，在钢铁产量和销售额等方面几乎赶上了日本最大的钢铁公司新日本制铁。2003 年上半年美国钢铁工业结构调整基本到位，经过一系列并购重组，国内逐渐形成了以美国钢铁公司（USS）、国际钢铁集团公司（ISG）和纽柯钢公司（Nucor）为代表的 3 大钢铁集团，它们的总产量占美国国内钢铁产量的一半以上。结构调整和产业升级使美国钢铁业走出困境，也重新确立了其不容忽视的地位。跨国"跨度"最大、基本上靠并购重组崛起的钢铁巨头，当属由出生于印度钢铁世家的拉克希米·米塔尔掌控的米塔尔集团。这家公司总部在英国，注册在荷兰属地安得列斯，于 1976 年在印度尼西亚成立，成立初期产钢能力仅为 6.5 万吨。目前已是世界上唯一一家在亚洲、欧洲、美洲和非洲四大洲 14 个国家拥有 25 家钢铁企业的跨国集团，其15 万名员工来自 30 多个国家。米塔尔钢铁公司业务遍布全球 120 多个国家。2005 年初，米塔尔钢铁集团出资收购湖南华菱管线约 36％的国有股，与华菱集团并列为第一大股东。2006 年又与阿赛洛热谈购并，打造亿吨级钢铁航母。世界钢铁企业除整体合并外，还有一种趋势就是国际顶尖钢铁企业开展形式多样的强强联手，如组成战略联盟、组建合资公司、达成合作协议等。并将最终发展成为由几家超大型钢铁跨国集团控制全球市场的格局。

我国自 2001 年加入世界贸易组织后，经济全球化推动了经济的高速发展，钢铁行业也随之高速发展。2005 年 3 月，温家宝总理在政府工作报告中强调要"积极发展具有自主知识产权、知名品牌和国际竞争力的大企业集团。"国资委据此确定了调整和重组思路，在自主自愿的基础上，国家支持和鼓励中央企业进一步进行联合重组，积极引导中央企业的并购活动。为了顺

应国际钢铁业的发展潮流，同时踏准国家宏观调控的节奏，把握难得的发展机遇，我国的钢铁企业都加快了发展步伐，希望在国家经济布局中找准自己的最佳"位势"。

2005年8月16日，东北地区最大的两家钢铁联合企业——鞍山钢铁集团公司和本溪钢铁（集团）有限责任公司联合重组成立了鞍本钢铁集团。鞍钢和本钢的企业联合重组，标志着我国钢铁产业结构调整进入了实质性阶段。2007年4月宝钢重组八一钢铁后，与马钢、太钢签署了战略合作协议，随着广东湛江钢铁基地项目获批，又实现了与韶钢、广钢的联合。

2007年，武钢集团与昆钢集团签署兼并重组协议，武钢集团兼并昆钢集团采取增资入股的形式，成为昆钢集团的第一大股东；海南矿业"航母"腾空出世——由海南钢铁公司与上海复星高科技集团公司合资组建的海南矿业联合有限公司正式挂牌成立；由邯郸钢铁集团和宝钢集团各出资50％组建的邯钢集团邯宝钢铁有限公司揭牌。

2008年3月26日，山东钢铁集团正式组建，整合了济南钢铁集团、莱芜钢铁集团和山东省冶金工业总公司所属企业，被视为"中国规模最大钢铁企业的联合"。2008年6月28日，广东钢铁集团有限公司成立揭牌仪式在广州举行。由宝钢集团公司以现金出资，持股80％；广东省国资委和广州市国资委分别以韶钢、广钢的国有净资产出资，合并持股20％。

至2008年上半年，受全球经济持续增长的影响，全球钢铁产量快速扩张，下半年以来，受全球金融危机的影响，全球主要经济体经济均出现衰退迹象，国内经济增长速度亦大幅下滑，钢铁需求显著下降，钢铁产量受到较大影响。"行业内较一致的看法是，我国中央投资四万亿元的刺激经济计划以及目前国务院正在讨论的产业振兴计划，对钢铁市场无疑是一个大利好，会有效拉动建设领域的钢材需求，成了许多钢厂2009年的希望所在。"中国联合钢铁网分析师杨淑芳在接受中国经济时报记者采访时说。

2009年3月20日，国务院办公厅公布了《钢铁产业调整和振兴规划》。《规划》指出，进入21世纪以来，我国钢铁产业快速发展，但是，钢铁产业长期粗放发展积累的矛盾日益突出。《规划》明确指出了钢铁业发展存在的五大问题：盲目投资严重，创新能力不强，产业布局不合理，产业集中度低，资源控制力弱，流通秩序混乱。针对当前钢铁业发展的现状和存在的问题，《规划》提出，要以控制总量、淘汰落后、企业重组、技术改造、优化布局为重点，着力推动钢铁产业结构调整和优化升级，切实增强企业素质和国际竞争力，加快钢铁产业由大到强的转变。

1.2　并购各方介绍

整合河北钢铁行业、组建河北钢铁集团有限公司涉及唐钢集团和邯钢集团。唐钢集团有两家全资上市子公司：唐钢股份（000709）和承德钒钛（600357），邯钢集团有一家上市公司即邯郸钢铁（600001）。

1.2.1 唐钢股份

唐山钢铁集团有限责任公司（简称唐钢）是唐钢集团的全资子公司，始建于1943年，地处全国三大铁矿带之一的冀东地区，环渤海湾京津冀经济隆起带，铁矿石、煤、电等资源丰富，铁路、公路和海上运输便利。2008年底唐钢总资产规模415亿元，2008年钢材产量1007万吨，行业排名第10位。钢材产品主要为板、棒、线、型等4大类，共140多个品种、400多种规格，主要生产热轧薄板、冷轧薄板、镀锌板、彩涂板、中厚板、不锈钢板、棒材、线材、型材等钢材产品。唐钢工艺装备实现了现代化和大型化，整体工艺装备达到国际先进水平，其中冷轧薄板工程是国家"十五"重点项目，汇集了多项世界各大冶金设备前沿技术，"唐钢超薄热带生产线技术集成与自主创新"项目获得了国家科技进步二等奖，1700mm热轧薄板生产线依靠自主集成实现对全线的技术支撑。

1.2.2 邯郸钢铁

邯郸钢铁集团有限责任公司（简称邯钢）位于我国历史文化名城、晋冀鲁豫四省交界区域中心城市、河北省重要工业基地——邯郸。邯钢于1958年建厂投产，历经半个多世纪的艰苦奋斗，已发展成为我国重要的优质板材生产基地，是河北钢铁集团的核心企业。截至2008年底，邯钢拥有总资产近268亿元，2008年钢材产量561万吨，本年行业排名第20位。其产品涵盖汽车、家电、建筑、造船、航天、机械制造、石油化工等国民经济各个领域。邯郸钢铁高端产品占比重较高，2008年板材比达到75%，高于唐钢股份和承德钒钛。邯钢造船板取得九国船级社船板生产资格认证，冷轧板成为国内外20多家知名家电制造企业的主要原料，并出口到欧美等国家和地区。2007年，邯钢技术中心通过国家发改委、科技部等五部委的联合认定，成功晋升为国家级技术中心。2008年，邯钢被国家确定为国家创新型试点企业，是河北省唯一一家获此殊荣的钢铁企业。2009年，邯钢实现全工序负能炼钢，并成功开发"一键式"全封闭自动炼钢技术，成为河北省首家具备这项国际领先技术的钢铁企业。

1.2.3 承德钒钛

承德新新钒钛股份有限公司（简称承德钒钛）是唐钢集团的所属企业，坐落在人杰地灵的中外历史文化名城——承德。公司成立于1994年6月18日，由承德钢铁集团有限公司独家发起，以定向募集方式设立的股份有限公司。截至2008年底，公司拥有总资产近212亿元，2008年钢材产量达371万吨，行业内产量排名第 27 位。其主要产品有含钒 HRB500、HRB400、HRB335 级螺纹钢筋，含钒低合金圆钢、带钢、高速线材、五氧化二钒（片剂、粉剂）、钒铁合金、高品位钛精矿等。其生产的含钒钢材和钒钛产品在市场上具有较高的知名度。承德钒钛自设立以来，依托承德地区丰富的钒钛资源优势、公司专有技术优势和名优特色产品优势，推进技术进步，优化产品结构，适度扩大生产规模，经营业绩持续稳定增长。公司发展战略立足于钒钛资源综合开发，走循环经济和新型工业化发展道路。

2 并购规划

2.1 并购动因

我国的钢铁工业在世界上占有极为重要的地位，钢铁产量和消费量均遥遥领先居于首位，但是与此不相协调的是，我国钢铁行业市场集中度很低，不仅低于发达国家，而且还低于像印度这样的发展中国家。中国钢铁业较低的集中度不仅限制了该产业的效率，而且削弱了钢铁企业作为买方在购买所需原材料、能源等资源时的谈判能力，加剧了原材料价格上涨的局势，从而增大钢铁产品的价格波动幅度，不利于钢铁产业的健康发展。

自 20 世纪 90 年代以来，发达国家由于钢铁消费能力减弱，钢材市场供大于求的矛盾突出。日趋激烈的外部竞争环境促使传统强势企业寻求从对立竞争逐步转向争取合作垄断竞争，欧洲、美国、日本、韩国等主要钢铁生产国家（地区）的兼并重组盛行，钢铁产业集中度明显提高。国际钢铁业的这种大规模的并购风潮正在弱化我国钢企的规模优势，所呈现的"集中"趋势对中国钢铁行业整体而言无疑是一种严峻挑战。

鉴于这种情况，近几年，国内的钢企为增强竞争力以及在行业内的话语权，也纷纷走上并购重组发展之路。此次唐钢股份（000709）并购邯郸钢铁（600001）和承德钒钛（600357）就是在这样的国际和国内背景下，意在推进钢铁产业由粗加工向精加工转变，由低端产品向高端产品转变，由分散发展向集中发展转变，调整产业结构，淘汰落后产能，控制钢铁产量，发挥规模经济和协同效应，把企业做大做强，真正形成竞争优势。

2.1.1 整合河北钢铁集团钢铁主业

2008 年 6 月 11 日《中国证券报》刊登题为《唐钢邯钢牵头组建河北钢铁集团》的文章。同一天，河北省副省长孙瑞彬宣布，经河北省委、省政府批准，整合唐钢集团、邯钢集团组建河北钢铁集团有限公司（以下简称"河钢集团"）。

其实早在 2007 年，河北便提出了由唐钢来整合邯钢，最终在省内形成一个"超大钢铁航母"的设想。2008 年 4 月河北新任代省长胡春华到任后,快刀斩乱麻,立即推进了河北钢铁集团的成立。

唐钢集团内部人士称,按照规划,到 2010 年河北的钢铁产能要从 1.2 亿吨基础上减到 8000 万吨,减产主要针对那些产业集中度不高、布局不合理、环境污染的中小钢企。作为河北钢铁的航母,成立河钢集团是为了继续整合省内分散资源。

成立后的河钢集团产量规模超过 3100 万吨,超过当时国内第一的宝钢集团 2858 万吨的产量。根据规划,2010 年河钢集团产能将达到 5000 万吨。"这也提升了河北钢铁第一大省的形象,把河北在全国钢铁布局中的地位凸显出来。"唐钢集团宣传部人士表示,这也提高了企业的软竞争力,从企业发展和宣传角度来看是有利的。

河北省国资委表示,河钢集团将按照产业重组、布局调整、淘汰落后、提高效率的要求,推进钢铁产业由粗加工向精加工转变。同时,在产业布局上,逐步向曹妃甸、京唐港和黄骅港转移。

河北钢铁集团成立后,间接控股唐钢股份、邯郸钢铁和承德钒钛三家钢铁上市公司,除上市公司之外也有部分钢铁主业资产。这种状况不利于河北钢铁集团钢铁主业的统筹规划、统一布局,并导致三家上市公司之间、上市公司与河北钢铁集团非上市钢铁主业资产之间存在一定的同业竞争和关联交易。

为统筹规划钢铁业务,消除同业竞争、规范关联交易,将钢铁主业做大做强,河北钢铁集团拟通过三家上市公司整合构建统一的资本运作平台,并通过后续钢铁主业资产逐步注入以实现集团钢铁主业整体上市,提升上市公司的核心竞争力和可持续发展能力。本次换股吸收合并是河北钢铁集团实现钢铁主业整体上市的第一步。

2.1.2　打造国内领先、有世界竞争力的钢铁上市公司

本次换股吸收合并前,唐钢股份、邯郸钢铁及承德钒钛三家上市公司均具有一定的比较优势。唐钢股份生产规模较大,距离主要钢材市场较近,且靠近沿海,原材料和产品运输成本较低,具有一定的成本优势;邯郸钢铁高端产品占比重较高,2008 年板材比重达到 75%,高于唐钢股份和承德钒钛;承德钒钛的含钒钢材和钒钛产品在市场上具有较高的知名度。本次换股吸收合并完成后的存续公司将整合三家上市公司的优势,行业地位和竞争实力大大增强。此外,存续公司作为河北钢铁集团唯一的钢铁主业上市平台,将逐步获得大量优质钢铁主业资产的注入,实现跨越式增长,逐步发展成为具有国际竞争力的钢铁上市公司。

2.1.3 理顺管理体制、充分发挥协同效应

由于历史原因，三家上市公司原分属于河北省国资委下属三个不同的钢铁企业集团，各自独立经营并拥有完整的采购、生产和销售体系，不能充分发挥协同效应，影响了资源的使用效率，在一定程度上对三家公司的业务发展也形成了制约。本次换股吸收合并完成后，存续公司将通过资源的统一调配，理顺内部的资金、人才、采购、生产、销售体系，发挥品牌、研发优势，针对不同市场合理安排产品生产布局和销售战略，提高运营和管理效率，充分发挥协同效应，为公司做强做大、持续发展打下坚实的基础。

1）经营协同效应

经营协同效应是指企业的生产经营活动在效率方面带来的变化以及效率的提高所产生的效益。具体来说，唐钢股份并购邯郸钢铁、承德钒钛后可能产生的经营协同效应如下：

其一，市场占有率的增加。此次并购的三家企业都处于河北省，面向的客户大部分都在华北地区，另外两家的产品有一定的交叉，合并后两家公司可以消除部分竞争，提高行业的集中度，市场占有率将有所提高。

其二，成本费用的降低。三家企业并购后最大的协同效应就是规模经济效益所带来的成本降低优势。对于钢铁企业来说，原燃料采购成本一直是钢铁行业生产成本的重头，合并后必将提升原燃料谈判话语权。并购后逐步实现大宗原燃材料、设备统一采购，在稳定原燃材料市场方面发挥主导作用。因此，可以说并购后协同价值更多体现在成本的节约上，也就是成本效应。

合并后统一经营管理，不同产品可以利用统一销售渠道来推销，对于销售成本应该有一定的减少，从而增加现金流。

其三，融资成本的降低。并购后公司可以利用自身规模优势和良好的信誉，统一进行对外融资，在进一步拓宽融资渠道的同时，降低融资成本，获取经济效益。

其四，研发能力的提高。通过对科研技术、科技人员进行整合，集中足够的经费用于研发、设计和生产工艺的改进，可以提高研发效率，迅速推出新产品，采用新技术，提高企业的国内外市场竞争力。

2）管理协同效应

管理协同效应主要指的是并购活动在效率方面带来的变化及效率的提高所产生的效益。如果两个公司的管理效率不同，在管理效率高的公司兼并另一个公司之后，低效率公司的管理效率得以提高。

3）财务协同效应

财务协同效应是指并购企业在财务方面带来的种种效益，它是由于税法、会计管理以及证券交易等内在规律的作用而产生的一种纯金钱效益。并购后企业财务能力有所提高,整体偿债能力比单个企业的偿债能力强。

4) 无形资产协同效应

随着企业规模的扩张,并购后企业可以有更大的实力进行技术开发、广告宣传,建立更为完善的销售和服务网络,这些活动将进一步扩大品牌的市场影响,并增强品牌的价值,提高竞争优势。

2.1.4　增强上市公司的抗风险能力

2008 年下半年以来,我国钢铁行业出现了需求和价格急剧下跌、企业经营困难的局面,这一方面是由于受到国际金融危机扩散和蔓延的冲击,另一方面是由于我国钢铁行业近年来重复建设和盲目扩张严重,导致产能过剩,引发上游原材料价格大幅上涨和下游市场的恶性竞争。行业不景气使得钢铁企业面临前所未有的挑战,小型的钢铁企业可能面临被兼并或破产的困境,而有实力的钢铁龙头企业有望通过并购和重组逐步扩大市场份额。本次交易将唐钢股份、邯郸钢铁和承德钒钛三家上市公司纳入统一的平台进行运营,存续公司资产规模和盈利规模均实现跨越式增长,产品结构更加丰富,其在钢铁行业调整时期的整体抗风险能力得以增强。

2.1.5　构建统一资本市场平台,提高融资效率

本次换股吸收合并完成后,三家上市公司将形成统一的资本市场平台,根据公司的资金需求进行更加有效的融资管理,优化融资结构,提高融资效率。

2.2　并购预期

2.2.1　对公司业务的影响

1) 强强联合,提高市场占有率

整合之前,三家公司各有所长。换股吸收合并完成后的存续公司具有三家公司的优势,市场占有率和竞争力将大大提高。此外,由于三家上市公司的产品范围和市场区域存在一定程度的重合,相互之间存在竞争,换股吸收合并完成后的存续公司将彻底消除竞争,从而大大降低成本费用,使公司的竞争力得到进一步增强。

2) 充分发挥协同效应,提高经营效率

换股吸收合并完成后的存续公司将建立集中统一的战略规划和管理体系,通过一体化整合发挥协同效应。合并的协同效应将有助于降低管理成本、融资成本,提高经营效率,主要体现在以下几个方面:

(1) 产品定位方面:按照三家公司在钢铁业务方面的比较优势,对产品生产进行合理分工,将有利于提高公司生产效率。

（2）采购、销售方面：三家公司被纳入统一的采购及销售网络，集中进行原材料、能源的大宗采购及产品销售，并在销售地域上进行合理分工，有助于降低采购成本和销售成本。

（3）研究开发方面：建立统一的研究开发部门，集中研发资源统一开展研发活动，有利于降低研发成本，提高研发效率。

（4）财务方面：建立全面预算的统一管理体系，有效降低运营成本；统一进行融资安排，可利用统一的资本运作平台满足资金需求，融资方式更加灵活，有效降低融资成本。

（5）投资方面：建立统一的投资管理体系，根据公司未来发展定位统一进行项目投资安排和规划，有利于合理配置资源，避免重复投资，完善产业链。

3）改善产品结构，提升公司竞争力

本次换股吸收合并完成后，存续公司的产品范围将涵盖普通螺纹钢、线材、型材、热轧板、冷轧板、中厚板及含钒高强度钢材等多个品种，高端产品的比重有所提高，产品结构得到较大改善。此外，钒钛业务板块的纳入将为公司提高高附加值的含钒钢材产量创造有利条件，对进一步提高公司总体产品档次，从而增强公司竞争力具有重要意义。

2.2.2 对公司财务状况的影响

对 2008 年 6 月 30 日财务数据进行模拟分析，本次换股吸收合并完成前后，唐钢股份合并的资产负债指标比较如表 5-1 所示。

表 5-1 合并前后唐钢股份合并的资产负债指标比较

	本次交易前	本次交易后	增加比例（％）
资产总额	416.8	856.5	105.51
负债总额	287.2	566.9	97.41
归属于母公司股东的所有者权益	118.6	276.9	133.44
资产负债率（％）	68.90	66.19	−2.71

注：本次交易后的数据是以交易前三家公司的财务报表数据简单相加得到。

对 2007 年和 2008 年上半年财务数据进行模拟分析，本次换股吸收合并完成前后，唐钢股份合并的盈利指标比较如表 5-2 所示。

从初步测算结果看，本次换股吸收合并完成后，唐钢股份的资本实力大大提高，资产负债率较以前略有较低，财务结构得到一定改善。尽管 2007 年度每股收益在交易完成后略有降低，但随着换股吸收合并完成后协同效应的发挥，唐钢股份的盈利能力将会逐步得到提高；同时，合并后公司的产品种类将更加多元化，使用的行业更加广泛，这将在一定程度上降低公司的经营风险，从而提高公司的竞争实力。

表 5-2　合并前后唐钢股份合并的盈利指标比较

2007 年度	本次交易前	本次交易后	增加比例（%）
营业收入	417.9	825.1	97.44
归属于母公司股东的净利润	21.4	35.4	65.05
每股净资产（元/股）	3.07	3.87	26.11
每股收益（元/股）	0.59	0.51	−12.97
2008 年度上半年	本次交易前	本次交易后	增加比例（%）
营业收入	305.1	588.9	92.97
归属于母公司股东的净利润	17.0	24.9	46.35
每股净资产（元/股）	3.27	4.03	23.09
每股收益（元/股）	0.47	0.36	−22.83

注：① 本次交易后的数据是以交易前三家公司的财务报表数据简单相加得到。

② 本次交易完成后的总股本数假定现金选择和回购请求权行使比例均为零。

2.2.3　对公司股东结构的影响

唐钢股份在本次换股吸收合并前的总股本为 3 626 079 217 股，假设唐钢股份异议股东未请求公司回购股票并且邯郸钢铁和承德钒钛异议股东的现金选择权行权比例为零，则唐钢股份将因本次换股吸收合并新增 3 250 700 248 股 A 股股票，总股本达到 6 876 779 465 股。本次换股吸收合并前后公司模拟的股本结构如表 5-3 所示。

表 5-3　合并前后公司模拟的股本结构

股东	换股吸收合并前		换股吸收合并后	
	持股数量（万股）	持股比例（%）	持股数量（万股）	持股比例（%）
唐钢集团及其下属企业	195 326	53.87	239 574	34.84
其中：承钢集团及其下属企业	47	0.01	44 296	6.44
邯钢集团	65	0.02	82 432	11.99
社会公众股	167 217	46.12	365 671	53.17
合计	362 608	100.00	687 678	100.00

注：（1）本表根据预案公告之前唐钢股份、邯郸钢铁和承德钒钛的股本结构测算，最终数字以换股实施登记日登记公司确认为准。

（2）由于承钢集团为唐钢集团全资子公司，本表中唐钢集团及其下属企业在本次换股吸收合并后持有的唐钢股份股票数量和持股比例包括承钢集团及其下属企业持有的唐钢股份股票。

假设唐钢股份异议股东未请求公司回购股票并且邯郸钢铁和承德钒钛异议股东的现金选择权行权比例为零，本次换股吸收合并完成后，河北钢铁集团将通过其全资子公司唐钢集团和邯钢集团合计持有唐钢股份约 46.83％的股份，河北省国资委仍然是唐钢股份的实际控制人。因此，本次换股吸收合并不会导致唐钢股份控股权发生变化。本次换股吸收合并后公司模拟的股权结构如图 5-1 所示。

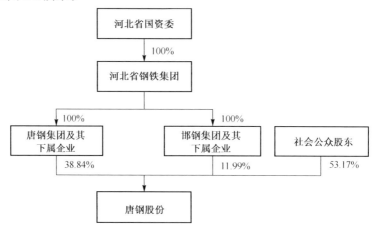

图 5-1　合并后公司模拟的股权结构

在唐钢股份异议股东行使回购请求权、邯郸钢铁和承德钒钛异议股东行使现金选择权的比例均达到上限（占各自非关联股东的三分之一）的情况下，河北钢铁集团及其关联企业持有换股吸收合并完成后存续公司的股权比例达到最大值 61.42％。

3　合并过程

3.1　酝酿阶段

酝酿阶段指 2008 年 6 月 30 日河北钢铁集团挂牌至 2008 年 12 月 30 日公布合并预案的时间段。

2008 年 6 月 30 日，河北钢铁集团公司正式挂牌成立。河北钢铁集团注册在石家庄市，注册资本 200 亿元。河北省国资委是河北钢铁集团的出资人。唐钢集团和邯钢集团成为河北钢铁集团的子公司。河北钢铁集团持有唐钢集团、邯钢集团 100％股权，而唐钢集团持有合并另一相关方承钢集团 100％股权。河北钢铁集团成立后主要股权结构关系如图 5-2 所示。

2008 年 9 月 5 日，唐山钢铁股份有限公司发布公告因重大无先例资产重组事项宣布停牌，并每周发布一次事件进展情况公告。12 月 30 日，河北钢铁集团下属三家上市公司唐钢股份、邯郸钢铁、承德钒钛同时公布换股吸收合并预案，拟由唐钢股份发行股票吸收合并邯郸钢铁与承德钒钛两家上市公司。这是河北钢铁集团对旗下钢铁资产进行整合的第一步。

预案指出，由于合并方和被合并方均为上市公司，因此，本次换股吸收合并以市价法确定合并双方的换股价格。二十日均价作为市场广泛认同的价值基准之一，代表了近期上市公司股票的公允价值。以唐钢股份、邯郸钢铁和承德钒钛在首次审议换股吸收合并相关事项的董事会决议公告前二十个交易日A股股票交易均价作为换股价格是合理的，符合《上市公司重大资产重组管理办法》的相关规定。

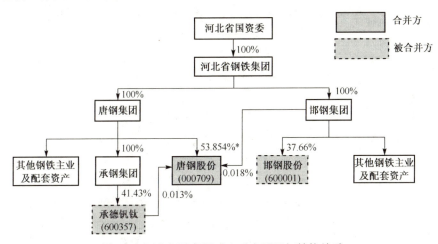

图 5-2　河北钢铁集团成立后主要股权结构关系

　　唐钢集团持有唐钢股份的 53.854％股份中，包括唐钢集团直接持有的 51.113％股份和唐钢集团除承钢集团外的下属公司持有的合计 2.740％股份。河北钢铁集团及其下属企业合计持有唐钢股份 53.885％的股份。

自 2008 年 5 月 18 日起施行的《上市公司重大资产重组管理办法》第四十二条规定：发行股份购买资产的上市公司发行股份的价格不得低于本次发行股份购买资产的董事会决议公告日前 20 个交易日的公司股票交易均价。前款所称交易均价的计算公式为：董事会决议公告日前 20 个交易日的公司股票交易均价＝决议公告日前 20 个交易日的公司股票交易总额/决议公告日前 20 个交易日的公司股票交易总量。

根据预案，唐钢股份换股吸收合并邯郸钢铁和承德钒钛两家上市公司的换股价格为唐钢股份首次审议本次换股吸收合并事项的董事会决议公告日前 20 个交易日的 A 股股票交易均价，即 5.29 元/股；邯郸钢铁的换股价格为邯郸钢铁首次审议本次换股吸收合并事项的董事会决议公告日前 20 个

交易日的 A 股股票交易均价，即 4.10 元/股，由此确定邯郸钢铁与唐钢股份的换股比例为 1 : 0.775，即每股邯郸钢铁股份换 0.775 股唐钢股份；承德钒钛的换股价格为承德钒钛首次审议本次换股吸收合并事项的董事会决议公告日前 20 个交易日的 A 股股票交易均价，即 5.76 元/股，由此确定承德钒钛与唐钢股份的换股比例为 1 : 1.089，即每股承德钒钛股份换 1.089 股唐钢股份。唐钢股份异议股东可以要求唐钢股份按照合理价格回购其所持异议股份。第三方河北钢铁集团将向邯郸钢铁和承德钒钛的异议股东提供现金选择权。向邯郸钢铁异议股东提供的现金选择权价格为 4.10 元/股，承德钒钛方面的价格为 5.76 元/股。此次吸收合并完成后，唐钢股份为存续方，邯郸钢铁和承德钒钛将被注销法人资格，其全部资产、负债、权益、业务和人员并入唐钢股份。

3.2 等待批复阶段

等待批复阶段指 2008 年 12 月 30 日三公司复牌至 2009 年 12 月 10 日获证监会核准的时间段。

历时长达 4 个月的停牌之后，三家上市公司股票在合并方案出场的当日即 2008 年 12 月 30 日复牌，三支股票复牌后齐齐大跌，并成为了构成当日股指下调的最大推力。唐钢股份这一存续公司复牌后即告跌停，截至收盘，1.8 亿元抛单牢牢地将其封在跌停板上。承德钒钛也是开盘大跌，最后以跌停收盘。三只个股中资产质量相对较好，市净率最低的邯郸钢铁则逃过跌停厄运，但也放量跌去 8.78%。复牌后的连续两个跌停使唐钢股份探至低谷，邯郸钢铁和承德钒钛也以两日分别下挫 14% 和 18% 报收。12 月 30 日前后唐钢股份、邯郸钢铁、承德钒钛股价走势如图 5-3、5-4、5-5 所示。

图 5-3　唐钢股份股价走势

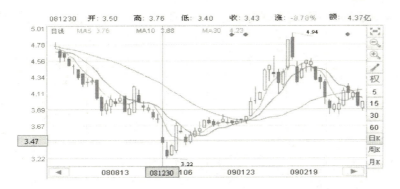

图 5-4　邯郸钢铁股价走势

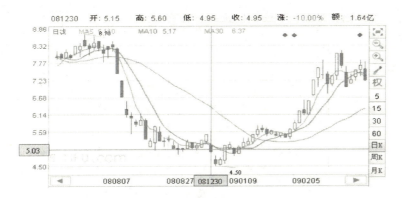

图 5-5　承德钒钛股价走势

同期行业内主要企业股价表现如表 5-4 所示。

表 5-4　同期行业内主要企业股价表现　　　　　　　　单位：元

	日期	开盘	收盘	涨跌额	涨跌幅（％）	最低	最高
唐钢	2008－12－30	4.10	4.10	－0.45	－9.89	4.10	4.10
邯钢	2008－12－30	3.50	3.43	－0.33	－8.78	3.40	3.76
承钢	2008－12－30	5.15	4.95	－0.55	－10.00	4.95	5.60
宝钢	2008－12－30	4.79	4.72	－0.09	－1.87	4.70	4.84
武钢	2008－12－30	5.05	4.89	－0.16	－3.17	4.87	5.10
鞍钢	2008－12－30	7.03	6.90	－0.15	－2.13	6.70	7.08
首钢	2008－12－30	2.91	2.90	－0.02	－0.68	2.88	2.93
A 股指数	2008－12－30	1944.56	1924.55	－18.51	－0.95	1918.31	1956.15

"目前股价偏高、方案吸引力不够、现金选择权较为苛刻，这三点成为了

4 日三家钢铁股大跌的三个重要因素。"中信建投钢铁行业研究员王磊在接受采访时坦言。

2009 年 6 月 25 日，唐钢股份发布公告，河北省国资委经研究并报请河北省人民政府，同意实施河北钢铁集团下属上市公司换股吸收合并方案。9 月 22 日获得中国证券监督管理委员会上市公司并购重组审核委员会的有条件审核通过。

3.3　正式实施阶段

正式实施阶段指 2009 年 12 月 10 日公布合并报告书至 2010 年 1 月 25 日河北钢铁复牌的时间段。

2009 年 12 月 15 日，唐钢股份换股吸收合并邯郸钢铁和承德钒钛进入实施阶段。三家公司股票自 12 月 16 日起开始特别停牌，直至换股吸收合并实施完毕。12 月 29 日，正式进入了本次合并的换股程序。唐钢股份作为本次吸收合并的吸并方和换股实施方，对投资者持有的邯郸钢铁股份和承德钒钛股份的换股，分为证券转换和跨市场转登记这两部分进行。换股价格为各公司首次审议本次换股吸收合并事项的董事会决议公告日前 20 个交易日的 A 股股票交易均价，即 2008 年 9 月 5 日三企业同时发布重大资产重组停牌公告前 20 个交易日的股票交易均价：唐钢股份的换股价格为 5.29 元/股；邯郸钢铁的换股价格为 4.10 元/股，由此确定邯郸钢铁与唐钢股份的换股比例为 1：0.775，即每股邯郸钢铁股份换 0.775 股唐钢股份，唐钢股份换股吸收合并邯郸钢铁共计新增唐钢股份 A 股股份 2 182 753 841 股；承德钒钛的换股价格为 5.76 元/股，由此确定承德钒钛与唐钢股份的换股比例为 1：1.089，即每股承德钒钛股份换 1.089 股唐钢股份，唐钢股份换股吸收合并承德钒钛共计新增唐钢股份 A 股股份 1 067 946 407 股。

2010 年 1 月 20 日，唐钢股份公告，公司换股吸收合并邯郸钢铁和承德钒钛工作完成，公司全称将由"唐山钢铁股份有限公司"变更为"河北钢铁股份有限公司"，股票简称变更为"河北钢铁"。河北钢铁股份有限公司新增股份于 1 月 25 日起上市，股票同时复牌。上市首日无涨跌幅限制。

合并完成后的首个交易日，河北钢铁以 6.91% 的跌幅跳空低开接连下挫，盘中跌幅一度逼近 15%。随后承接力量介入效应逐渐显现，股价震荡回升后保持在 6.3 元均价附近小幅波动，最终以 12.41% 的跌幅收于 6.21 元，如图 5-6 所示。

河北钢铁集团承诺，立即启动竞争性业务与资产注入工作，把现有竞争性业务与资产在合适的市场时机以合理价格及合法方式全部注入存续公司，拟在换股吸收合并完成 1 年内注入宣化钢铁集团、舞阳钢铁资产，3 年内注入邯钢集团邯宝钢铁、唐山不锈钢资产。

图 5-6 河北钢铁股价走势

中信证券分析，自唐钢股份 12 月 16 日停牌以来的一个多月，钢铁指数下跌 9％，宝钢、鞍钢等公司跌幅甚至超过 15％，公司首日股价存在一定压力（如表 5-5 所示）。

表 5-5 唐钢停牌期间行业内主要企业股价表现

公司	日期	涨跌额	涨跌幅（％）	最低（元）	最高（元）
宝钢	2009－12－16～2010－01－25	－1.15	－13.01	7.62	9.72
武钢	2009－12－16～2010－01－25	－1.24	－14.92	7.00	8.47
鞍钢	2009－12－16～2010－01－25	－3.30	－21.48	11.89	16.26
首钢	2009－12－16～2010－01－25	－0.65	－10.62	5.40	6.24
A 股指数	2009－12－16～2010－01－25	－169.29	－4.96	3188.38	3468.27

至此，备受关注的河北钢铁集团三家上市公司整合终成正果。唐钢股份吸收合并邯郸钢铁、承德钒钛尘埃落定，变身河北钢铁，成为河北钢铁集团下属唯一的钢铁主业上市公司，一举成为国内仅次于宝钢股份的上市钢企，成为国内第二、全球第四的特大型钢铁集团，总资产 2237 亿元，年产钢 3800 万吨，跻身 2009 年世界 500 强第 375 位、中国企业 2009 年 500 强第 25 位、2009 年（第五届）中国制造业 500 强第 14 位，拥有唐钢、邯钢、宣钢、承钢、舞钢、矿业、国贸、财达证券、衡板、京唐、燕山大酒店等 11 个控股或参股子公司，年销售收入在 1200 亿元以上，员工 13 万人。

唐钢集团依然为最大股东，持有河北钢铁 26.95％的股份，邯钢集团和承钢集团分别为第二和第三大股东，持股比例分别为 11.99％和 6.28％。由于唐钢集团、邯钢集团、承钢集团和河北钢铁集团矿业有限公司均为河北钢铁集团的直接或间接全资子公司，由此河北钢铁集团合计持有上市公司 46.6％

的股份，仍然是上市公司的间接控股股东。合并完成后，实际控制人、控股股东与公司之间的产权和控制关系如下框架图。

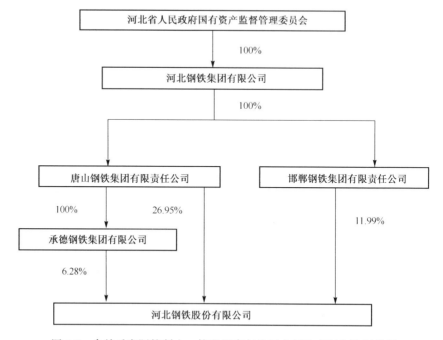

图 5-7　合并后实际控制人、控股股东与公司之间的产权和控制关系

4　并购价值评估

　　无论是竞争性并购还是像本案例中唐钢所采用的协议性并购，买卖的成交价格都是并购公司与目标公司共同关注的焦点问题。能否以持续经营的观点对目标公司的价值做出合理的估算是并购的关键基础性问题，同时也是相当困难的问题。

　　评估目标公司价值有各种各样的方法，它们并没有绝对的优劣之分，每种方法都有自己的适用范围和局限性。采用资本市场价格估值，计算简便、操作简单，但受到资本市场有效性的制约，而且由于采用的是过去股价均值，所以忽略了合并后的效应价值。而采用会计价值评估公司价值，具备较好的综合性，能够将合并后效应价值考虑到并购价格中，但计算复杂，估值成本相对较高。

　　采用不同的估值方法得到公司并购价值不尽相同，这就要从公司不同的实际情况出发，综合分析，权衡合理性、准确性和估算成本等各方面来选择最恰当的估值方法。采用多种方法交叉使用可以相互验证，以保证估值的准确性。

4.1　以市场价格为基础的估值方法

通常主要的并购支付方式包括现金收购、股票收购、债权收购、综合证券收购和杠杆收购。唐钢并购邯郸钢铁和承德钒钛采取的是第二种，股票收购，也叫换股并购。

换股并购的关键点在于确定换股比例。唐钢并购邯钢和承德钒钛时确定换股比例采取的估值基础就是资本市场的股票价格，即以三家上市公司各自首次审议换股吸收合并相关事项的董事会决议公告日（2008 年 9 月 5 日）前 20 个交易日的 A 股股票交易均价为基础确定换股价格和换股比例。这种并购价格的确定方式符合我国法律规章制度《上市公司重大资产重组管理办法》的最低要求：上市公司发行股份的价格不得低于本次发行股份购买资产的董事会决议公告日前 20 个交易日的公司股票交易均价。

从唐钢换股合并的公告上来看，唐钢主要从三个方面进行解释其换股比率对合并双方股东都是公允合理的。首先，唐钢的财务表现在三家公司里居于首位，营业收入和净利润规模、净利润增长率、净利润率和净资产收益率均高于被合并方邯郸钢铁和承德钒钛。而邯郸钢铁、承德钒钛换股价格对应的 2008 年及 2007 年市盈率均高于唐钢股份，相对估值水平有利于邯郸钢铁和承德钒钛的股东。其次，唐钢股份、邯郸钢铁和承德钒钛的换股价格与停牌前 1 个交易日、前 5 个交易日、前 10 个交易日、前 15 个交易日的均价相比，均有一定幅度的溢价，能够较好地维护合并方和被合并方股东的利益。最后被合并方邯郸钢铁和承德钒钛换股价格对应的市盈率估值水平显著高于 A 股和国际可比上市公司的平均水平，合并唐钢股份换股价格对应的市盈率估值水平与 A 股和国际可比上市公司的平均水平基本相当，三者的市净率估值水平也与其盈利能力相一致。

但是，由图 5-1、图 5-2、图 5-3 可知，唐钢合并报告书披露之后其股价迅速大跌，并不为资本市场所看好。那么还有什么其他的估值方法呢？考虑到我国资本市场的弱势有效性和整合后的协同效应（管理效应、经营效应、财务效应、无形资产效应），企业并购价值估计还可以采用一定的估值技术估计目标企业的价值。

4.2　企业的估值方法

估计出目标企业独立股权的价值和并购后的协同价值，两者之和即为目标企业的价值。而换股比例等于预计的并购方企业每股价值与被并购方企业每股价值的比率，即：

目标企业的价值＝目标企业的独立股权价值＋目标企业协同价值；

换股比例＝预计的并购方企业的每股价值/预计的被并购方企业的每股

价值。

4.2.1　目标企业独立价值的评估

独立企业价值评估的常用方法有三种，包括现金流量模型、相对价值法和期权估价法。其中现金流量模型是目前最成熟、应用最为广泛的一种方法，主要适用于评估目标为传统产业、经营历史较长、经营业绩稳健的公司；相对价值法中的市盈率法主要适用于评估目标为连续盈利，且 Beta 值接近于 1 的企业，市净率法适用于评估目标企业拥有大量资产、净资产为正值的企业，而收入乘数模型适用于评估目标企业为服务性公司和资产较少的公司；期权估价法是一种新兴的方法，可用于评估目标为成长快、前景高度不确定行业中的企业及处于重大转型期的企业，如高新技术企业、风险投资公司等。

1）现金流量法估值基本资料

企业合并后的未来现金流量最好选用合并前至少三年的财务数据进行预测。估计并购价格所需资产负债表和利润表（2006～2008 年）见附表 1、附表 2 和附表 3。

唐钢股份营业收入未来发展趋势（根据钢铁行业的发展和公司竞争优劣势预计）：唐钢股份公司产品板线比例相当，因此有一定的抗风险能力，预计在行业冷淡的 2009 年销售收入为零增长，2010 年有 5％的小幅上涨，2011 年随着全球经济复苏，钢铁行业有可能走出低谷，因此预测 2011 年和 2012 年将实现 10％的增长，根据周期性行业的特点，2013 年有可能达到 15％的增长，以后保持 6％的持续增长。

邯郸钢铁营业收入未来发展趋势（通过采访其内部财务人员获知）：受国际、国内需求低迷制约，邯郸钢铁 2009 年钢铁产量仍将低速增长，估计增速在 5％左右。虽然产量有可能低速增长，但是低价格的因素导致预测 2009 年的收入增长率为－15％；2010 年可能有恢复性的增长，保守估计为 10％；根据邯钢发展规划，邯钢新区于 2010 年末将完成所有建设任务，届时，产品高附加值的销售收入将比 2006 年总收入翻一番，预计 2011 年增长率为 40％；考虑到经济的复苏，预计 2012 年和 2013 年按 10％的速度增长；假定随着公司产品的稳定，销售额也呈稳定增长，若未来 GDP 保持在 8％的增长，由于邯郸钢铁无论从产能还是从盈利来讲在钢铁行业都处于中游水平，预计 2013 年以后每年将以 5％的速度持续增长。

承德钒钛营业收入未来发展趋势（根据钢铁行业的发展和公司竞争优劣势预计）：承德钒钛的主营业务为钒产品、含钒低（微）合金钢产品和钛产品的生产、销售和技术开发。相对于钢铁产品更具有一定的特殊性和稀缺性，因此预计在行业冷淡的 2009 年销售收入有 5％的低速增长，2010 年有 10％的上涨，2011 年随着全球经济复苏，钢铁行业有可能走出低谷，因此预测 2011

年和 2012 年将实现 15％的增长。根据周期性行业的特点，2013 年有可能达到 20％的增长，以后保持 7％的持续增长。

选取 2008 年凭证式国债五年期到期收益率 5.53％为无风险收益率；选取上证 A 股指数和深证 A 股指数 2000 年到 2008 年的年综合平均收益率的算术平均数为市场收益率，上证 A 股市场平均年收益率约为 13.68％，深证 A 股市场平均年收益率约为 15.58％[1]。

Beta 值（利用统计技术中的回归分析，根据证券的收益率和市场收益率计算出）：邯郸钢铁的 Beta 值为 0.7356，承德钒钛的 Beta 值为 1.515；唐钢股份的 Beta 值为 1.1479。

以 2008 年利息支出占有息负债的比重作为未来债务资本成本：

邯郸钢铁 2008 年利息支出为 25486.08 万元，有息负债为 386551.94 万元。承德钒钛 2008 年利息支出为 47396.24 万元，有息负债为 769734.32 万元。唐钢股份 2008 年利息支出为 87296.49 万元，有息负债为 1425348.76 万元[2]。

资本结构：邯郸钢铁 2008 年总债务为 386551.94 万元；最后一个交易日邯郸钢铁的每股价格为 3.25 元，总股本数量为 281645.66 万股。承德钒钛 2008 年债务为 986271.26 万元；2008 年最后一个交易日承德钒钛的每股价格为 4.56 元，总股本数量为 98066.70 万股。唐钢股份 2008 年债务 1425348.76 元；2008 年最后一个交易日唐钢股份的每股价格为 3.69 元，总股本数量为 362607.922 万股。

根据税法规定，该三家上市公司的企业所得税税率为 25％。

2）市净率法估值基本资料

市净率法对公司的独立价值估计相对简单，计算所需素材见附表 4（数据来源于新浪财经、雅虎财经）。虽然选用的可比企业都属于钢铁行业，但是在规模、品种结构等方面都有很大区别，因此必须对市净率进行修正，修正市净率等于市净率与股权报酬率的乘积。邯郸钢铁 2008 年末的每股净资产为 4.34 元，净资产收益率为 4.91％。

$$每股价值＝修正市净率×净资产收益率×100×每股净资产$$

4.2.2　协同价值的评估

企业并购的主要目的就是实现协同效应，只有协同效应大于零，企业才有并购的必要性。目前协同效应评估可采用三种方法，分别是内部计算模型、外部计算模型和直接回归模型，在实务中广为采用的是内部计算模型。

---

[1]　数据来源于中国证券网

[2]　数据来源于年度财务报表附注

协同价值对于并购双方都有意义，因此除了估计出两目标企业邯钢和承德钒钛的协同价值还需要估计唐钢的协同价值。

一般情况下，整合期不产生协同效应，假定整合期为 3 年，通过对唐钢内部相关人员的采访，预计三年后协同效应将使唐钢营业成本降低 0.5％。经与目标企业内部采购部门人员沟通，预测整合期后各年度成本占收入比将降低 1％。

5 整合

河北钢铁集团的重组是我国历史上规模最大的钢铁行业上市公司整合项目，作为我国首例横跨深沪两交易所的三家上市公司整合，涉及深沪两个市场、三只股票及股东近百万人，且整合恰逢国际金融危机，难度前所未有，其过程创造了我国钢铁行业和资本市场的多个历史之最。

5.1 整合措施

5.1.1 管理和人事整合

河北钢铁参考其他大型钢铁上市公司的经验，根据自身需要进一步完善内部管理架构。公司总部对原三家上市公司的生产、采购、销售、研究开发和财务等职能进行统一管理，原三家上市公司分别成为河北钢铁的分公司，负责执行总部的决策，开展具体运营。公司逐步建立统一的企业资源管理系统，以提供准确及时的生产经营信息，持续改善运作管理流程和机制，提升生产作业管理、订单管理和库存管理能力，加强对下属单位的管理力度和深度，更有效地发挥整合的好处。

公司根据总部职能设置加强总部的人力资源配备，集中优秀的管理人才。对于原三家上市公司的管理人员，公司在保持经营连续稳定性的前提下，进行必要的优化组合，以充分发挥人才优势，实现管理上的协同效应。唐钢集团总经理王义芳出任集团董事长兼总经理；邯钢集团董事长刘如军任副董事长，唐钢集团董事长王天义任副董事长。作为河北钢铁集团领军人物的王义芳更是有着在邯钢和唐钢工作的"双重背景"，在就任唐钢集团总经理前，王义芳曾有从邯郸钢铁总厂二炼钢厂转炉工段技术员、副段长直至邯钢集团总经理各个层级的工作经历。他曾创造了闻名全国的"邯钢经验"，在担任唐钢集团总经理期间推进了唐钢、宣钢、承钢的三钢合一。

重组后的公司以"河北钢铁"为统一品牌形象，努力提高品牌知名度和美誉度。通过统一的品牌建设，增强员工对公司的归属感和内部凝聚力，有利于推进内部整合。

5.1.2 生产运营整合

着眼于河北钢铁股份有限公司整体产品结构，对产品生产进行合理分工，唐钢股份主要定位于全国最大、最具竞争力的优质建材基地，邯郸钢铁主要定位于精品板材基地，承德钒钛主要定位于优质钒钛特钢基地。专业化分工发挥原三家上市公司在业务上的比较优势，进行适度整合，使公司整合后更有效地应对行业竞争。

5.1.3 采购整合

整合原三家上市公司原有的采购体系，设立统一的采购部门，制定统一的采购策略，集中进行铁矿石、焦炭等原燃料以及设备、备品备件的大宗采购，从而提升公司与供应商的议价能力，降低单位采购成本；与主要供应商继续巩固长期大客户战略合作关系，为公司提供原燃料以及其他物资的充分保障。

5.1.4 销售整合

整合原三家上市公司的销售网络及营销体系，建立统一的销售部门，集中制定营销策略和价格政策，合理划分销售地域，通过就近配置销售合同和销售人员，降低销售费用。通过统一销售，有助于提升公司市场份额，增强公司在区域市场上的定价能力，有效避免三家上市公司原有销售体系形成的内部竞争，降低销售成本。

5.1.5 研究开发整合

整合原三家上市公司的技术中心，建立统一的研究开发部门。充分发挥唐钢股份技术中心在建筑钢材产品、邯郸钢铁技术中心在板材产品以及承德钒钛在钒钛产品、含钒合金钢产品等方面的技术与工艺优势，加强专业化分工与协作，集中力量开展新技术的推广应用和新产品的研究开发，提升产品质量和档次，提高产品竞争实力。

5.1.6 财务整合

资金管理方面，搭建统一的现金管理平台，逐步实现资金的统一调度、统一控制，提高资金运行效率，降低资金运行成本。

投融资管理方面，根据公司发展需要统一进行项目投资规划和融资安排，合理配置资源，保持合理的资本结构，避免重复投资，提高资金利用效率和经济效益。

5.1.7 注入资产计划

为避免同业竞争，控股股东河北钢铁集团承诺在换股吸收合并完成后一年内注入宣化钢铁集团有限责任公司和舞阳钢铁有限责任公司，在三年内注入邯钢集团邯宝钢铁有限公司和唐山不锈钢有限责任公司。先期注入的舞阳钢铁主要产品为厚板和特厚板，主要用于国防军工、船闸板和重大技术装备项目上，是该领域国内最具竞争力的公司。宣钢的产品以用于建筑的长材为主，而国内对建筑用钢的需求旺盛。因此，在换股吸收合并完成后一年内注入这两家公司，无疑可极大地提高存续公司的资产质量。

表 5-6　河北钢铁集团未来计划注入的钢铁资产

	持有股权状况	钢材产量或产能	主要产品
宣钢集团	为唐钢集团的全资子公司	2008 年钢材产量 520 万吨	线材、螺纹钢、小型材、窄钢带及焊管
舞阳钢铁	邯钢集团持有其 53.12% 的股权，邯郸钢铁持有其 8.05% 的股权	2008 年钢材产量 250 万吨	厚板和特厚板，主要用于国防军工、船闸板和重大技术装备项目等
邯宝公司	将成为邯钢集团的全资子公司	目前已经具备年产 450 万吨高档热轧卷板的产能，同时有年产 170 万吨的冷轧卷板工程尚在建设中	热轧卷板和冷轧卷板
不锈钢公司	唐钢集团持有其 71.25% 的股权	2008 年生产热轧窄钢带 104 万吨、热轧卷板 39 万吨	热轧窄钢带和热轧卷板

5.2　整合效果

5.2.1　从整合后新公司生产经营数据看效果

此次换股吸收合并后，新的河北钢铁股份钢材产能从 1000 万吨增加到 2000 万吨，产能增长 100%。2009 年河北钢铁共生产生铁 2335 万吨，同比增长 17.69%；钢 2303 万吨，同比增长 8.14%；钢材 2070 万吨，同比增长 6.78%；钒渣 13 万吨，同比下降 9.55%。公司 2009 年产量规模在国内钢铁上市公司中居第二位。

整合完成之后，公司钢铁产品涵盖热轧板卷、中厚板、螺纹钢、线材、棒材、型钢等诸多品种，产品门类更加完善。其中板材 1180 万吨，约占总产能的 60%，长材 910 万吨，约占总产能的 40%，高端产品的比重有所提高。除钢铁资产之外，公司还拥有一定资源优势。其中司家营铁矿原矿产量 950 万吨，铁精粉约 230 万吨。除此之外，原承德钒钛高品位钒钛资源工业保有量 2.2 亿吨，低品位钒钛磁铁矿储量 80 亿吨，具有埋藏浅、采选成本低的优点，具备年产 3 万吨钒产品能力。钒钛业务的加入，有利于提升公司产品的强度等级，增加高附加值含钒钢材产量。近年来国家大力提倡增加三级钢在建筑行业的使用比例，未来公司将从中受益。

河北钢铁 2009 年年报显示，全年公司共实现销售收入 871.86 亿元，同比下降 23.02%；营业利润 11.70 亿元，同比下降 64.73%；归属于母公司的净利润 9.44 亿元，同比下降 59.79%；综合毛利率为 6.17%，同比下降 1.1 个百分点。同期 48 家钢铁行业上市公司合计实现销售收入 10967.97 亿元，同比下降 19.87%，实现营业利润 127.44 亿元，同比下降 57.76%；实现归属于母公司净利润 99.53 亿元，同比下降 57.48%；综合毛利率同比下滑 2.59 个百分点，至 7.14%。在 48 家上市钢铁公司中，盈利 42 家，亏损 6 家。

5.2.2 从整合后新公司财务数据看效果

合并是否成功，最直观的可以将财务报表的相关数据进行比较，了解合并前后公司的财务状况和盈利能力等。表 5-7 是合并前后的主要报表数据和财务指标。

表 5-7　合并前后主要报表数据和财务指标　　　　　单位：万元

	唐钢股份	邯郸钢铁	承德钒钛	模拟存续公司	河北钢铁	
	2008-12-31	2008-12-31	2008-12-31	2008-12-31	2009-12-31	010-3-30
总资产	4 151 932.84	2 675 585.87	2 116 147.91	8 945 027.70	10 273 367.08	10 309 160.95
净资产	1 302 346.64	1 221 399.00	361 556.06	2 886 662.78	3 008 419.99	3 053 637.47
营业收入	5 769 732.03	3 725 932.10	1 830 531.54	11 326 195.67	8 718 594.68	2 764 251.22
营业利润	241 610.04	87 855.08	2 845.55	332 130.21	116 964.53	55 589.73
归属于母公司的净利润	172 423.36	59 926.47	2 808.45	235 022.94	94 420.19	40 537.11
每股收益（元）	0.48	0.21	0.03	0.34	0.14	0.06
每股净资产（元）	3.26	4.34	3.53	4.20	4.37	4.44

5.2.3 从整合后的社会舆论看效果

2010 年 1 月 29 日，证券日报发布一条新闻《破除行业"整而不合"魔咒 河北钢铁杀出一条血路》。文中写道：作为我国历史上规模最大的钢铁行业上市公司整合项目，河北钢铁集团也为今后其他跨市场、跨区域上市公司的重组、整合提供了"样板"，树立了"典范"。

河北钢铁集团本次整合后，采购费用已降低了 13 个亿，将近 2009 年利润的五分之一。"没有新进入的生产要素、没有外部的技术、也没有新的资本要素，只是通过内部的整合就能够产生这些效益。"河北省国资委一位处长对《证券日报》表示。

"现在河北钢铁集团已经实现了七统一，采购、供销、人员、资金甚至连上市公司等等已经形成了非常紧密的系统。这样实质性的联合重组在国内可以称得上是独一份吧。连宝钢收购八一钢铁、韶钢、广钢也只是一个松散的

组织。"河北省冶金工业部主任张英欣对记者评价道。他还指出："河北钢铁集团产品统一销售价格，对稳定市场、减少波动有积极的作用。另外统一采购，毕竟量增大也会获得一些优惠政策。这方面的效果比较明显。"

经销商们也深有感触。中钢集团天津公司副总经理简伟就曾在央视《对话》节目中表示，河北钢铁集团在北京建立销售总公司后，感觉到它跟市场、跟用户贴得更紧了。"举一个例子，过去我要到五家订货，现在我派两人到月底总公司一订，全部把合同完成了。"

2010 年 3 月 22 日《理财周报》发表长篇通讯《第一暴跌股河北钢铁之谜：重组虚大　三硬伤难治》。文中提到河北钢铁 1 月 25 日复牌一路狂跌的原因，北京某钢铁分析师分析认为"首先整个钢铁板块情况并不乐观，产能严重过剩，加上合并后的河北钢铁并未有任何超预期的亮点存在，前景并不乐观，这样看一路下跌也是预料中的事儿。"

虽然经过本次重组，河北钢铁一跃成为国内产能最大的钢企，但此次整合效果并不完全为业内人士所认可：大而不强。2007 年，宝钢股份用不到河北省 1/4 的总产能，却创造了相当于河北全省钢铁工业全部的利润。2008 年河北钢铁钢材产量实现 3328 万吨，超越宝钢，但利润仅 40 亿元，远不及宝钢股份 2008 年 65 亿元的净利润。

"从三家钢铁公司的主营看，存在着重合的问题，无法实现互补效应。"某券商行业分析师认为，"邯钢和唐钢又基本上都是板材基地，互补性不好。"

文中还提到河北钢铁的三大硬伤：产品结构低附加值、研发实力弱及钢铁矿资源严重依赖进口。

并购后能否有效地进行整合，是并购成功与否的关键。河北钢铁的重组距今时间尚短，很多方面的整合仍在继续。董事长王义芳面对记者的采访表示：整合的工作非常吃力，但到目前为止，三个公司整合的效果和局面比较令人满意，在今后的发展中须坚持实质性整合的方向不动摇，进一步巩固和深化整合结果。

案 例 附 件

附表 1　2006～2008 年唐钢股份资产负债表　　　　　单位：元

日期	2006/12/30	2007/12/31	2008/12/31
资产			
现金及现金等价物	5 459 077 344.46	5 065 174 228.26	5873504930.91
交易性金融资产			
应收票据	3 454 540 107.97	3 728 150 183.53	4 461 156 442.76
应收账款	81 902 984.08	58 137 641.54	626 391 404.00
预付账款	724 541 880.29	2 039 038 036.71	3 637 658 649.80
应收利息			
应收股利			
其他应收款	105 048 543.13	165 079 822.92	81 045 548.53
存货	3 870 091 865.79	6 934 557 899.69	7 664 252 623.85
一年内到期的非流动资产			183 300 000.00
其他流动资产			
流动资产合计	13 695 202 725.72	17 990 137 812.65	22 527 309 599.85
可供出售金融资产			
持有至到期投资	52 400 000.00	200 000 000.00	
长期应收款			
长期股权投资	178 988 472.37	663 339 712.92	1 065 493 339.13
投资性房地产	21 985 550.63	18 800 908.38	15 422 562.71
固定资产	11 743 094 485.72	14 035 723 540.75	15 545 352 006.38
在建工程	1 278 782 267.22	1 863 615 173.76	1 881 278 646.33
工程物资	1 418 434 686.72	451 344 902.03	142 008 735.53
固定资产清理			
生产性生物资产			
油气资产			
无形资产	223 841 974.39	236 338 672.36	200 633 883.61

日期	2006/12/30	2007/12/31	2008/12/31
开发支出			
商誉			
长期待摊费用	578 957.08		
递延所得税资产	217 712 722.21	154 531 295.78	141 829 604.75
其他非流动资产			
非流动资产合计	15 135 819 116.34	17 623 694 205.98	18 992 018 778.44
资产合计	28 831 021 842.06	35 613 832 018.63	41 519 328 378.29
负债和所有者权益			
短期借款	3 523 000 000.00	5 025 060 593.35	8 589 398 194.81
交易性金融负债			
应付票据	1 368 729 917.50	2 049 400 000.00	2 500 000 000.00
应付账款	2 622 630 639.83	2 445 439 993.67	4 735 161 423.53
预收账款	4 067 176 008.06	4 108 076 732.29	4 305 873 858.37
应付职工薪酬	756 504 829.92	595 817 050.00	391 297 664.04
应缴税费	472 366 685.58	449 708 098.84	359 297 334.91
应付利息		2 244 074.48	
应付股利	40 052 449.64	30 874 452.32	30 321 354.94
其他应付款	794 251 163.28	1 919 844 952.70	1 599 002 778.03
一年内到期的非流动负债	1 170 000 000.00	754 000 000.00	309 500 000.00
其他流动负债		11 920 000.00	11 920 000.00
流动负债合计	14 814 711 693.81	17 392 385 947.65	22 831 772 608.63
长期借款	4 279 400 000.00	3 714 400 000.00	3 004 400 000.00
应付债券		2 512 145 000.00	2 659 689 376.00
长期应付款		2 236 460.11	
专项应付款			
预计负债			
递延所得税负债			
其他非流动负债			
非流动负债合计	4 279 400 000.00	6 228 781 460.11	5 664 089 376.00

日期	2006/12/30	2007/12/31	2008/12/31
负债合计	19 094 111 693.81	23 621 167 407.76	28 495 861 984.63
股本	2 266 296 841.00	2 266 296 841.00	3 626 079 217.00
资本公积	3 219 595 899.65	3 700 604 314.26	2 376 475 024.51
减:库存股			
盈余公积	1 228 141 240.51	1 405 949 226.24	1 532 595 526.64
未分配利润	2 560 336 450.22	3 734 268 373.94	4 368 679 528.82
外币报表折算差额	−1 781 347.17	9 007 664.52	−97 810 416.57
归属于母公司所有者权益合计	9 272 589 084.21	11 116 126 419.96	11 806 018 880.40
少数股东权益	463 721 064.04	875 938 190.91	1 217 447 513.26
股东权益合计	9 736 310 148.25	11 992 064 610.87	13 023 466 393.66
负债和所有者权益总计	28 830 421 842.06	35 613 232 018.63	41 519 328 378.29

附表2　2006~2008年唐钢股份利润表　　　　单位:元

年份	2006 年	2007 年	2008 年
一、营业收入	30 185 431 863.63	41 792 335 168.68	57 697 320 331.96
减:营业成本	26 744 680 874.63	36 967 333 337.97	53 310 172 899.19
营业税金及附加	158 013 551.74	144 688 282.35	172 491 784.71
销售费用	79 607 222.86	113 336 907.87	146 417 256.65
管理费用	882 505 249.87	1 058 479 196.62	858 122 820.48
财务费用	330 588 087.89	463 174 280.96	723 055 278.10
资产减值损失	14 775 387.47	−14 386 347.56	239 507 789.90
加:公允价值变动损益			
投资收益	10 412 172.17	−8 211 261.76	168 547 933.45
其中:外联营企业和合营企业的投资收益	−100 700.51	−7 421 222.56	154 287 839.46
二、营业利润	1 985 673 661.34	3 051 498 248.71	2 416 100 436.38
加:营业外收入	3 382 037.61	136 493 847.42	75 346 956.20
减:营业外支出	41 300 050.62	4 799 264.11	35 190 401.00

年份	2006 年	2007 年	2008 年
其中非流动资产处置损失			
三、利润总额	1 947 755 648.33	3 183 192 832.02	2 456 256 991.58
减:所得税费用	538 329 937.22	738 575 055.29	393 315 961.63
净利润	1 409 425 711.11	2 444 617 776.73	2 062 941 029.95

附表 3　2006～2008 年邯郸钢铁资产负债表　　　　　单位:元

日期	2006/12/31	2007/12/31	2008/12/31
资产			
现金及现金等价物	3 116 879 677.64	1 853 060 827.91	1570836570.04
交易性金融资产			
应收票据	3 655 031 660.00	5 446 933 224.65	3 522 108 793.06
应收账款	114 964 912.24	403 718 151.59	39 050 468.02
预付账款	460 785 317.05	1 377 256 238.51	851 934 023.52
应收利息			
应收股利			
其他应收款	19 021 492.06	13 288 962.82	28 883 463.66
存货	3 881 153 912.31	4 835 882 121.32	7 897 254 699.19
一年内到期的非流动资产			
其他流动资产			
流动资产合计	11 247 836 971.30	13 930 139 526.80	13 910 068 017.49
可供出售金融资产			
持有至到期投资			
长期应收款			
长期股权投资	342 534 199.57	219 001 103.46	218 482 603.13
投资性房地产	0		
固定资产	10 030 951 722.30	9 792 277 524.94	9 197 061 589.89
在建工程	2 040 467 633.10	1 540 408 103.75	3 279 899 649.54
工程物资			

日期	2006/12/31	2007/12/31	2008/12/31
固定资产清理	3,885,377.15		
生产性生物资产			
油气资产			
无形资产			
开发支出			
商誉			
长期待摊费用			
递延所得税资产	272 473 362.90	141 610 858.79	150 346 850.04
其他非流动资产			
非流动资产合计	12 690 312 295.02	11 693 297 590.94	12 845 790 692.60
资产合计	23 938 149 266.32	25 623 437 117.74	26 755 858 710.09
负债和所有者权益			
短期借款	300 000 000.00	350 000 000.00	1 400 000 000.00
交易性金融负债			
应付票据	2 378 250 000.00	2 700 370 000.00	3 271 521 200.00
应付账款	2 031 321 497.31	2 698 192 000.51	3 947 530 269.95
预收账款	2 996 131 914.72	3 350 227 595.49	2 590 373 961.35
应付职工薪酬	471 945 307.59	435 027 367.92	223 073 240.08
应缴税费	−4 627 850.54	−165 038 934.71	−205 595 964.20
应付利息	13 464 000.00	26 917 796.25	
应付股利			
其他应付款	188 270 374.75	295 412 603.28	253 446 604.02
一年内到期的非流动负债	237 010 000.00	706 990 000.00	596 000 000.00
其他流动负债			
流动负债合计	8 611 765 243.83	10 398 098 428.74	12 076 349 311.20
长期借款	3 966 939 779.86	3 188 144 835.92	2 465 519 396.74
应付债券	86 955 007.00		
长期应付款			
专项应付款			

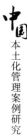

续表

日期	2006/12/31	2007/12/31	2008/12/31
预计负债			
递延所得税负债			
其他非流动负债			
非流动负债合计	4 053 894 786.86	3 188 144 835.92	2 465 519 396.74
负债合计	12 665 660 030.69	13 586 243 264.66	14 541 868 707.94
股本	2 791 444 846.00	2 816 456 569.00	2 816 456 569.00
资本公积	4 611 875 631.43	4 671 348 533.63	4 671 348 533.63
减:库存股			
盈余公积	1 793 999 528.75	1 986 372 658.59	2 106 225 595.65
未分配利润	2 075 169 229.45	2 563 016 091.86	2 619 959 303.87
归属于母公司所有者权益合计	11 272 489 235.63	12 037 193 853.08	12 213 990 002.15
少数股东权益			
股东权益合计	11 272 489 235.63	12 037 193 853.08	12 213 990 002.15
负债和所有者权益总计	23 938 149 266.32	25 623 437 117.74	26 755 858 710.09

附表4　2006年至2008年邯郸钢铁利润表　　　　　　　　　　　单位:元

	2006 年	2007 年	2008 年
一、营业收入	24 725 938 685.89	26 112 481 357.60	37 259 320 991.19
减:营业成本	22 003 907 900.80	23 054 976 499.15	34 479 047 709.30
营业税金及附加	118 487 261.59	141 171 398.47	96 590 088.14
销售费用	166 974 224.21	371 863 015.15	306 486 609.25
管理费用	902 614 859.21	689 880 079.82	892 543 463.91
财务费用	282 880 370.72	216 485 708.43	275 059 655.41
资产减值损失	42 979 336.20	−7 649 855.00	331 161 177.74
加:公允价值变动损益(损失以"—"填列)			
投资收益	190 993 767.35	82 928 983.81	118 499.67
其中:外联营企业和合营企业的投资收益			
二、营业利润	1 399 088 500.51	1 728 683 495.39	878 550 787.11

	2006 年	2007 年	2008 年
加:营业外收入	591 136.03	30 835 908.77	83 981 944.15
减:营业外支出	109 039 378.31	241 754 921.47	162 492 701.13
其中非流动资产处置损失			
三、利润总额	1 290 640 258.23	1 517 764 482.69	800 040 030.13
减:所得税费用	342 345 151.76	555 898 833.54	200 775 344.82
净利润	948 295 106.47	961 865 649.15	599 264 685.31

附表5　2006～2008 年承德钒钛资产负债表　　　　　单位:元

日期	2006/12/30	2007/12/31	2008/12/31
资产			
现金及现金等价物	1 820 901 847.32	2 650 378 780.37	2711719331.39
交易性金融资产			
应收票据	156 262 306.56	329 544 231.19	36 744 229.74
应收账款	101 581 824.46	88 631 527.00	109 391 145.04
预付账款	329 838 201.10	284 688 096.44	888 353 843.90
应收利息			
应收股利			
其他应收款	11 483 426.43	18 471 486.17	346 132 673.12
存货	1 252 908 278.70	1 008 968 521.93	2 380 750 702.06
一年内到期的非流动资产			
其他流动资产			
流动资产合计	3 672 975 884.57	4 380 682 643.10	6 473 091 925.25
可供出售金融资产	1 659 840.00	7 404 072.00	1 749 945.60
持有至到期投资			
长期应收款			
长期股权投资	143 829 262.08	236 470 436.12	241 326 448.74
投资性房地产	0	0	163 333.15
固定资产	5 879 381 708.98	6 474 508 020.69	8 181 357 439.93
在建工程	390 974 898.95	1 143 379 537.44	4 567 704 715.36
工程物资	438 060 982.08	208 146 958.02	1 554 441 994.99

日期	2006/12/30	2007/12/31	2008/12/31
固定资产清理			
生产性生物资产			
油气资产			
无形资产			66 111 389.43
开发支出		1 806 250.00	4 588 341.43
商誉			87 924.78
长期待摊费用			
递延所得税资产	11 303 047.85	8 375 083.97	70 855 628.47
其他非流动资产			
非流动资产合计	6 865 209 739.94	8 080 090 358.24	14 688 387 161.88
资产合计	10 538 185 624.51	12 460 773 001.34	21 161 479 087.13
负债和所有者权益			
短期借款	2 998 400 000.00	4 719 200 000.00	5 344 200 000.00
应付短期融资券	675 966 666.67		1 200 000 000.00
应付票据	872 964 385.20	1 187 460 000.00	3 928 330 000.00
应付账款	663 742 150.60	755 826 064.84	1 312 066 261.98
预收账款	480 802 288.78	325 438 103.78	1 162 963 906.27
应付职工薪酬	33 471 130.92	74 040.99	4 517 026.01
应缴税费	14 985 495.16	59 749 163.83	31 082 541.17
应付利息			145 443 760.59
应付股利	7 854 569.54	6 253 505.69	6 251 905.69
其他应付款	13 523 455.66	34 125 985.20	22 700 249.29
一年内到期的非流动负债	230 000 000.00		1 086 303 537.88
其他流动负债		4 313 281.25	−16 453 296.15
流动负债合计	5 991 710 142.53	7 092 440 145.58	14 227 405 892.73
长期借款	1 248 800 000.00	1 812 600 000.00	1 067 600 000.00
应付债券			1 285 543 198.40
长期应付款			962 582 532.55
专项应付款			
预计负债			

日期	2006/12/30	2007/12/31	2008/12/31
递延所得税负债	349 747.20	1 701 018.00	2 786 891.05
其他非流动负债			
非流动负债合计	1 249 149 747.20	1 814 301 018.00	3 318 512 622.00
负债合计	7 240 859 889.73	8 906 741 163.58	17 545 918 514.73
股本	980 667 040.00	980 667 040.00	980 667 040.00
资本公积	1 140 221 166.35	1 144 554 127.55	1 140 059 937.75
减:库存股			
盈余公积	230 952 101.29	270 331 995.51	286 074 924.91
未分配利润	839 217 677.95	1 037 312 632.56	1 055 706 245.65
归属于母公司所有者权益合计	3 191 057 985.59	3 432 865 795.62	3 462 508 148.31
少数股东权益	106 267 749.19	121 166 042.14	153 052 424.09
股东权益合计	3 297 325 734.78	3 554 031 837.76	3 615 560 572.40
负债和所有者权益总计	10 538 185 624.51	12 460 773 001.34	21 161 479 087.13

附表6 2006~2008年承德钒钛利润表 单位:元

年份	2006 年	2007 年	2008 年
一、营业收入	8 406 032 274.87	14 609 097 393.62	18 305 315 388.19
减:营业成本	7 365 546 368.81	13 325 317 094.89	17 244 690 863.23
营业税金及附加	27 581 871.28	107 246 407.04	31 522 065.44
销售费用	78 428 670.64	72 540 679.65	134 750 782.79
管理费用	299 740 609.67	324 963 146.94	357 529 836.73
财务费用	199 618 325.59	332 515 751.01	454 655 209.70
资产减值损失	−475 140.65	−7 100 656.78	74 321 011.95
加:公允价值变动损益			
投资收益	18 842 351.23	28 983 745.66	20 609 862.62
其中:外联营企业和合营企业的投资收益		22 524 264.94	19 807 872.62
二、营业利润	454 433 920.76	482 598 716.53	28 455 480.97
加:营业外收入	701 716.03	986 955.51	9 513 291.74
减:营业外支出	1 607 133.91	4 799 264.11	26 991 212.03

续表

年份	2006 年	2007 年	2008 年
其中非流动资产处置损失			
三、利润总额	453 528 502.88	478 786 407.93	10 977 560.68
减：所得税费用	125 232 435.31	30 279 858.15	−17 032 005.05
净利润	328 296 067.57	448 506 549.78	28 009 565.73

附表 7　修正市净率表　　　　　　　　　　　　　　单位：元

	八一钢铁	莱钢股份	宝钢股份	济南钢铁	武钢股份	鞍钢股份	平均
市净率	2.33	1.38	1.11	1.76	2.04	1.14	
每股净资产(元)	3.68	6.44	5.25	4.19	3.78	7.34	
每股市价(元)	8.57	8.88	5.83	7.39	7.72	8.40	
股权报酬率(%)	3.68	4.44	7.02	11.00	18.76	5.63	

附表 8　河北钢铁资产负债表　　　　　　　　　　　　单位：元

报表日期	2010-3-31	2009-12-31	2009-9-30	2009-6-30	2009-3-31
流动资产					
货币资金	9 991 520 000	11 788 900 000	6 144 360 000	5 418 580 000	6 217 500 000
应收票据	10 921 300 000	10 371 600 000	5 348 900 000	4 216 680 000	3 332 560 000
应收账款	290 481 000	301 479 000	270 575 000	417 610 000	449 495 000
预付款项	6 217 850 000	4 864 970 000	4 105 890 000	4 178 080 000	3 620 950 000
其他应收款	516 416 000	413 418 000	248 637 000	255 707 000	240 865 000
存货	18 886 900 000	19 039 100 000	5 617 410 000	6 744 600 000	7 785 470 000
一年内到期的非流动资产			33 000 000	83 100 000	133 200 000
其他流动资产		372 116 000			
流动资产合计	46 824 500 000	47 151 600 000	21 768 800 000	21 314 400 000	21 780 000 000
非流动资产					
长期股权投资	1 619 550 000	1 609 940 000	1 126 100 000	1 074 540 000	1 075 060 000
投资性房地产	12 355 200	12 964 600	13 577 500	14 192 200	14 806 800
固定资产原值		67 655 300 000		26 202 400 000	
累计折旧		24 326 400 000		11 027 200 000	
固定资产减值		43 329 000 000		15 175 100 000	

报表日期	2010—3—31	2009—12—31	2009—9—30	2009—6—30	2009—3—31
非流动资产					
固定资产减值准备		257 476 000		118 057 000	
固定资产净额准备	43 568 200 000	43 071 500 000	14 622 800 000	15 057 100 000	15 291 200 000
在建工程	10 066 800 000	9 871 170 000	4 618 930 000	3 202 770 000	2 457 430 000
工程物资	493 689 000	501 198 000	191 046 000	144 102 000	133 957 000
固定资产清理	19 110 200	17 494 400	28 468	28 468	28 468
无形资产	317 680 000	316 680 000	245 255 000	235 410 000	198 130 000
开发支出	7 116 590	7 116 590			
商誉	87 925	87 925			
长期待摊费用	83 615	104 911			
递延所得税资产	162 451 000	173 801 000	108 244 000	108 244 000	141 830 000
非流动资产合计	56 267 100 000	55 582 100 000	20 926 000 000	19 836 400 000	19 312 400 000
资产总计	103 092 000 000	102 734 000 000	42 694 700 000	41 150 700 000	41 092 500 000
流动负债					
短期借款	19 279 500 000	21 463 800 000	8 025 750 000	8 266 760 000	8 623 600 000
应付票据	7 744 580 000	9 336 190 000	2 366 170 000	3 287 690 000	4 072 620 000
应付账款	14 616 400 000	12 857 700 000	5 689 070 000	4 332 560 000	4 214 130 000
预收款项	11 536 000 000	10 803 100 000	4 723 370 000	4 464 310 000	3 147 430 000
应付职工薪酬	418 194 000	430 723 000	398 470 000	384 294 000	360 371 000
应交税费	−1 403 270 000	−1 187 280 000	−67 292 600	−101 147 000	−150 466 000
应付利息	11 825 400	67 642 000	24 750 000	16 500 000	
应付股利	34 993 500	35 643 000	28 356 300	29 579 000	29 579 000
其他应交款				4 332 560 000	
其他应付款	1 664 740 000	2 116 130 000	1 678 480 000	1 369 550 000	1 642 100 000
一年内到期的非流动负债	2 271 670 000	1 854 730 000	274 500 000	274 000 000	374 000 000
其他流动负债	12 427 100	12 248 400	11 920 000	11 920 000	11 920 000
流动负债合计	56 187 000 000	57 790 700 000	23 153 600 000	22 336 000 000	22 325 300 000

报表日期	2010－3－31	2009－12－31	2009－9－30	2009－6－30	2009－3－31
非流动负债					
长期借款	11 577 400 000	9 938 850 000	3 309 900 000	2 910 400 000	3 010 400 000
应付债券	4 145 440 000	4 104 960 000	2 777 150 000	2 738 000 000	2 659 690 000
长期应付款	645 406 000	814 989 000			
非流动负债合计	16 368 300 000	14 858 800 000	6 087 050 000	5 648 400 000	5 670 090 000
负债合计	72 555 200 000	72 649 500 000	29 240 600 000	27 984 400 000	27 995 400 000
所有者权益					
实收资本（或股本）	6 876 780 000	6 876 780 000	3 626 080 000	3 626 080 000	3 626 080 000
资本公积	15 244 800 000	15 244 800 000	2 376 480 000	2 376 480 000	2 376 480 000
专项储备	87 816 500	76 486 200			
盈余公积	1 570 840 000	1 570 840 000	1 532 600 000	1 532 600 000	1 532 600 000
未分配利润	5 242 020 000	4 836 650 000	4 690 370 000	4 464 300 000	4 452 340 000
外币报表折算差额	22 029 800	11 412 300	3 445 000	－35 009 500	－100 517 000
归属于母公司股东权益合计	29 044 300 000	28 616 900 000	12 229 000 000	11 964 400 000	11 887 000 000
少数股东权益	1 492 120 000	1 467 270 000	1 225 170 000	1 201 850 000	1 210 120 000
所有者权益合计	30 536 400 000	30 084 200 000	13 454 100 000	13 166 300 000	13 097 100 000
负债和所有者权益总计	103 092 000 000	102 734 000 000	42 694 700 000	41 150 700 000	41 092 500 000

附表9　河北钢铁利润表

单位:元

报表日期	2010－3－31	2009－12－31	2009－9－30	2009－6－30	2009－3－31
一、营业总收入	27 642 500 000.00	87 185 900 000.00	27 579 700 000.00	18 368 000 000.00	10 024 400 000.00
营业收入	27 642 500 000.00	87 185 900 000.00	27 579 700 000.00	18 368 000 000.00	10 024 400 000.00
二、营业总成本	27 096 200 000.00	86 205 400 000.00	27 218 600 000.00	18 287 400 000.00	9 950 850 000.00
营业成本	25 789 700 000.00	81 806 900 000.00	25 939 100 000.00	17 430 700 000.00	9 556 410 000.00
营业税金及附加	50 190 000.00	205 316 000.00	84 945 600.00	46 045 700.00	37 610 200.00
销售费用	126 338 000.00	498 511 000.00	133 269 000.00	88 677 100.00	41 463 300.00
管理费用	720 655 000.00	2 522 350 000.00	520 396 000.00	333 739 000.00	169 710 000.00
财务费用	409 377 000.00	1 180 030 000.00	549 126 000.00	396 456 000.00	145 653 000.00

报表日期	2010—3—31	2009—12—31	2009—9—30	2009—6—30	2009—3—31
资产减值损失		−7 719 720.00	−8 258 240.00	−8 258 240.00	
公允价值变动收益					
投资收益	9 608 750.00	189 126 000.00	43 491 500.00	30 856 600.00	11 613 600.00
其中:对联营企业和合营企业的投资收益	7 302 580.00	114 834 000.00	40 008 700.00	27 201 500.00	9 565 810.00
三、营业利润	555 897 000.00	1 169 650 000.00	404 576 000.00	111 472 000.00	85 160 900.00
营业外收入	2 764 270.00	88 166 500.00	67 694 000.00	31 530 000.00	7 976 170.00
营业外支出	1 228 240.00	150 828 000.00	8 049 930.00	5 212 050.00	2 623 230.00
非流动资产处置损失		146 673 000.00			
利润总额	557 433 000.00	1 106 980 000.00	464 220 000.00	137 790 000.00	90 513 900.00
所得税费用	143 183 000.00	102 712 000.00	129 559 000.00	57 469 200.00	14 180 700.00
未确认投资损失					
四、净利润	414 251 000.00	1 004 270 000.00	334 661 000.00	80 320 700.00	76 333 200.00
归属于母公司所有者的净利润	405 371 000.00	944 202 000.00	321 687 000.00	95 619 000.00	83 664 300.00
少数股东损益	8 879 580.00	60 070 100.00	12 974 400.00	−15 298 300.00	−7 331 160.00

案例使用说明

一、教学目的与用途

1. 本案例主要适用于 MBA 的《公司理财》和普通研究生的《财务管理理论与方法》等课程。

2. 本案例的教学目的在于使大家了解中国大型国有企业并购重组的过程，并对其中非市场化行为（即政府促成的企业并购）进行研究；使管理者了解如何对并购中的目标企业进行价值评估以及如何分析并购后的效应。

二、启发思考题

1. 讨论唐钢股份、邯郸钢铁、承德钒钛进行合并重组的动机（与之前后其他钢铁企业整合的动机有什么不同，即该并购重组的动机特殊性）。

2. 评论唐钢股份换股吸收重并邯郸钢铁、承德钒钛过程中的非市场化行为。

3. 评论唐钢股份换股吸并邯郸钢铁、承德钒钛的换股比例，即邯郸钢铁与唐钢股份的换股比例为 1：0.775；承德钒钛与唐钢股份的换股比例为 1：1.089。（唐钢股份 5.29 元/股；邯郸钢铁 4.10 元/股；承德钒钛 5.76 元/股。）

4. 唐钢股份、邯郸钢铁、承德钒钛合并重整前后的市场反应如何？

5. 讨论唐钢股份、邯郸钢铁、承德钒钛进行合并重组的协同效应。

6. 分析唐钢股份、邯郸钢铁、承德钒钛合并重整后是否达到了其预期的效应。

三、分析思路

1. 在纯粹市场经济国家，企业的并购应该是市场行为；而在我国有计划的市场经济环境下，国有企业的并购存在非市场化的因素。

2. 企业的并购行为都是有其动因的，但不同企业的并购动因又多少有所不同。按照该并购案所涉及的行业、市场环境等方面分析其并购整合的动因。

3. 唐钢并购邯郸钢铁和承德钒钛采取的是股票收购，即换股并购。换股并购的关键点在于确定换股比例。唐钢并购邯钢和承德钒钛时确定换股比例采取的估值基础就是资本市场的股票价格。这种方法确定的换股比例是否合适取决于股票的市场价格是否能够反映股票的价值。除了直接使用股票市场价格，还可以考虑采用一定的估值技术、同时考虑并购整合后的协同效应来估计并购所涉及到的股票的价值，然后在此基础上确定换股比例。

4. 整合动因的分析是在回答为什么要并购的问题；整合后的效应分析是回答是否解决了为什么要并购的问题。对于该并购整合要从公司当初并购规划中所设计的并购动因出发，结合并购的预期，从经营数据和财务数据分析其整合的效应。

四、理论依据与分析

本案例分析涉及到的理论主要包括：

1. 并购动因理论；

2. 并购协同效应理论；

3. 企业估值理论：贴现现金流量法和相对价值法等；

4. 协同价值的评估方法：内部计算模型、外部计算模型和直接回归模型等。

五、关键要点

该案例分析中的关键点是换股比例的计算和并购后协同效应的分析；关键知识点是企业价值的评估方法的应用。

六、建议课堂计划

1. 本案例可以作为专门的案例讨论课来进行。如下是按照时间进度提供的课堂计划建议，仅供参考。

2. 整个案例课的课堂时间控制在100分钟以内。

3. 课前计划：围绕"启发思考题"，请学员在课前分小组完成阅读和初步思考。

4. 课中计划：教师提出该案例课堂讨论的主题并告知发言要求；

各小组代表汇报各组讨论的结果，小组成员进行补充；

引导各小组针对汇报有争论的焦点问题进行讨论；

教师进行归纳总结，提出对案例分析报告的修改要求。

军工 A 集团重组并购 B 集团①

摘要：随着我国军事战略方针的调整和国民经济体制的转型，尤其是实施军转民的行业调整政策后，我国军工企业应适应市场经济的发展，进行经济结构调整，优化产业组织结构，增强企业核心竞争力。军工企业转型既是企业生存的内在要求，也是市场经济条件下竞争机制发挥作用的必然结果。

本案例通过对军工 A 集团重组并购 B 集团案例的阐述，分析转型时期，军工企业如何通过重组并购活动，调整自身经营规模和方式，以适应复杂的国内国际环境；探讨作为长期由国家指令性计划主导的军工企业，如何转变观念，运用现代管理手段、金融工具通过重组并购来实现自身跨越式发展。案例对军工 A 集团重组并购原因、背景及产生的效果进行了剖析，期望对其他军工企业的重组并购提供启示和借鉴。

关键词：军工企业；军转民；重组并购

【案例正文】

0　引言

2006 年 3 月 10 日，辽宁省政府与军工 A 集团在北京举行与地方 B 集团改制重组合作协议签字仪式。此次合作对于双方都具有重大战略意义。军工 A 集团通过现金出资方式取得 B 集团 60％ 的股权，成为 B 集团第一大股东。通过重组并购，军工 A 集团的海外石油资源优势将因为产业链的延伸，从而形成资源与最终产品的一体化优势，建立起自己的石化产业基地，促进军品与民品的互动。通过重组并购，地方集团将由国有独资公司转变为国有股份

① 本案例由北京理工大学管理与经济学院和河北钢铁股份有限公司的郑莉撰写，著作权归北京理工大学管理与经济学院所有。未经允许，本案例的所有部分都不能以任何方式与手段擅自复制或传播。由于企业保密的要求，在本案例中对有关名称、数据等做了必要的掩饰性处理。本案例只供课堂讨论之用，并无意暗示或说明某种管理行为是否有效。调研过程中，得到了企业的大力支持，在此一并致谢！当然，文责自负。

制企业，实现体制和机制创新。军工 A 集团对地方 B 集团的改制重组，是中央企业参与地方企业改制改组的范例。

1 背景

1.1 公司介绍

1.1.1 军工 A 集团

军工 A 集团于 1999 年 7 月在原总公司所属部分企事业单位基础上改组成立，并由中央直接掌控的特大型国有重要骨干企业，是国家应对挑战和危机的战略性团队，集中了某军工行业的骨干研制和生产能力，代表着某军工行业的发展方向和水平，在我国国防现代化建设中发挥着基础性的战略地位和作用，该军工行业是中国国防工业的摇篮，它的发展为中国国防工业建设和国民经济建设做出了重要贡献。A 集团组建以来，特别是通过"十五"期间的发展，初步建立起了以高科技军品、高新技术民品、战略资源为核心的产业发展新构架，实现了由求生存向求发展、由传统军工工业向高科技军工工业的历史性跨越转变。A 集团拥有研发、贸易和生产企业××多家，并在全球数十多个国家和地区建立了近百家海外分支机构。总资产超过××亿元，销售收入××亿元，员工××余万人，具有雄厚的资金实力和经营管理大型企业的丰富经验，市场影响力和原材料供应能力很强，在国内具有独特的竞争优势地位，在国际上也有重要影响。

1.1.2 地方 B 集团

B 集团是辽宁省最大的地方国有独资化工企业，中国 500 强企业之一，以生产和销售化肥、聚烯烃树脂等产品为主业，其产品和技术在行业内具有一定优势，特别是经过近几年的技术改造和对外并购扩张，表现出了良好的当期经营业绩和较强的发展潜力，是一个正处于良性发展状态中的优势企业，是跨地区经营的大型化工企业。公司总部位于辽宁省某市，全国拥有三个生产基地，控股辽宁某化工上市公司 D，该上市公司又拥有下属子公司 10 余家，是中国 500 强企业和中国石化百强企业之一。公司现有总资产近百亿元，职工 1 万余人。

B 集团是在辽宁某化肥厂的基础上发展起来的。该化肥厂拥有 20 世纪 70 年代我国首批引进的 13 套大化肥装置之一，1976 年投产以来，在抓好装置达产和企业升级的同时，依托该厂建成了辽宁省最大的自筹资金项目—盘锦乙烯工程，兴办了复合肥厂、塑料制品厂、热电厂等项目，并于 1994 年底组建企业集团；20 世纪 90 年代后期，实施资本运营战略，以化肥厂的全部经营性资产为股本，发起成立了上市公司 D，收购锦西天然气化工厂，组成了一个百万吨级的化肥控股上市子公司；完成了对盘锦乙烯的整体收购并实现了"债转股"，拓展了聚烯烃生产经营领域，并成为省属最大化工企业。

1.2 重组并购背景及动因

1.2.1 A集团重组并购背景及动因

随着经济的全球化，企业将面临全球竞争，军工企业如何保持和提高竞争优势迫在眉睫。在国家"军转民"政策的号召下，国家尝试按照"军民结合，寓军于民"的发展模式，对军工企业进行体制改革。许多国防军工企业都开始部分或全部参与民品的研发与生产，并在机械、电子、轻工、化工等行业和领域发展迅速。重组并购是现代企业实现快速发展、优化资源配置的良好途径，甚至被认为代表着一种提高劳动生产率的新兴产业力量。国有军工企业要根据市场竞争的需要，以及行业的特点，对相关企、事业单位进行重组并购整合，发挥专业优势、资源优势，加大投资力度，使得军工企业不仅在军品生产方面保持竞争力，也需要在民品生产方面努力提升市场竞争力。

A集团公司面临严峻的市场竞争，坚持以科技创新和改革调整为动力，抓住机遇，实施"精干军品主体、放开民品经营、发展高新技术、培育核心业务"的战略方针，紧紧围绕建设高科技国际化军工事业和打造有抱负、负责任、受尊重的军工团队的任务，大力度培育和发展军工高科技、海外战略资源开发和军民结合高新技术产业，大力度推进和实施改革脱困与专业化重组调整，在改革发展上实现"四大跨越"：

一是军品发展实现了由传统兵器向高科技军工的跨越。

二是民品发展实现了由无行无业到重点打造重型装备与车辆、特种化工与石油化工、光电器件及新能源新材料等军民结合的高新技术产业的跨越。

三是国际化经营实现了由传统进出口贸易到国际化经营的跨越，形成有全球竞争力的国际化经营产业链。

四是集团公司实现了由扭亏脱困向持续发展、科学发展的跨越。因此，A集团在精干军品主业同时、放开民品经营、发展高新技术、培育核心业务同等，A集团旗下目前拥有10多家上市公司，上市公司作为A集团的产业发展平台和融资平台，将成为带动A集团实现跨越式发展的重要力量。

近年来，A集团公司发挥整体资源优势，特别是充分利用军贸资源，在全面实施国际化战略方面取得了重大突破。集团除实施了一大批具有国际影响的重大军贸项目外，还充分发挥军贸资源的溢出效应，投资开发了海外众多油田、（金）铜钴矿、铬铁矿等一批战略资源项目。同时，在A集团快速发展的背景下，相关企业充分发挥火炸药技术的延伸应用优势，开发了一系列特种化工民品，形成了一定的经营规模，并具备了较强的竞争能力和发展潜力，成为了 A 集团重点发展的主导民用产品之一。

石油是当今世界化学工业最重要的原材料，石油化工是化学工业的基础，国内外诸多大型化学工业集团大都是石油化工领域的佼佼者，具备较强的资源垄断优势，代表着化学工业技术水平的发展方向。随着化工产业领域竞争的日趋激烈，实施集成产品供应方案提高自身竞争优势和盈利能力，实施有限相关多元化延伸产业链提高抗风险能力，已成为化学工业发展的重要趋势。A 集团拥有丰富的海外石油资源，但旗下没有石油化工企业，海外份额油只能低价卖给国内其他石化企业。同时，A 集团化工企业又只能向其他石化企业高价采购原材料，甚至出现了下游化工产品亏损而上游石化产品却大幅度盈利的现象，而且，一旦石化企业向下延伸产业链，A 集团化工产品将面临巨大的生存威胁。

因此，重组并购有一定基础的石油化工企业，打通石油、石化、化工产业链，将化工产业突破到基础产业领域，丰富产品体系，延伸产业链，全面提高整体产业的盈利能力、竞争优势、发展潜力和抗风险能力，实现由经营产品向经营产业链的转变，已成为 A 集团公司化工产业发展的必然选择。

国内石化产业属于寡头垄断格局，大多数石化企业大都为中石油、中石化、中海油三大石油企业控制，此外，还存在一定数量的地方石化企业，主要分布在山东、东北等地区。由于当前石油供给体制的限制，有炼油能力的企业大都原油供应不足，没有炼油能力的只能高价购买石脑油用于乙烯生产，企业具有寻找油源具有保障、有实力的大企业合作的强烈愿望。中海油、中国化工两个化工集团凭借自身的实力和油源优势，也在积极寻找地方炼油企业进行并购。基于以上分析，A 集团认为需要充分发挥公司的资源优势和影响力，实施对地方石化企业重组并购，打通石油、石化、特化产业链具备一定的可行性。随后，A 集团聘请产业咨询机构，经过对地方炼油企业的拉网式筛选，对重点企业进行了综合评估后，选中了具有比较优势且正在实施改制的 B 集团作为并购对象。

1.2.2　B 集团重组并购背景及动因

为贯彻落实中央关于实施振兴东北地区等老工业基地的战略决策和辽宁省委九届八次全会精神，加快全省国有经济的战略性调整，确保国有企业改革的顺利实施，辽宁省政府出台了《关于深化国有企业改革的政策意见》。《政策意见》在放开国有企业股权比例限制，完善社会保障及职工安置政策，放宽改制企业的注册登记政策等多方面，为加快推进国有企业改革提供了政策导向创造了良好条件。而推进体制机制创新是振兴辽宁老工业基地的关键和前提，为推动经济体制改革，加快省属企业发展，辽宁省政府拟对 B 集团进行改制，希望引入外部战略投资者。20 世纪末期，随着市场经济的不断深入，国企改革、改造、改制工作步伐逐渐加快、市场竞争更加激烈，地方B集团在市场竞争中显得势单力薄。虽然B集团是我国最早引进的化肥企业之一，有着30多年的历史，一度成为我国化肥行业中的龙头企业，但是，随着新企业的不断增多、老企业的并购重组、同类企业规模逐步扩大，B集团的优势荡然无存。相反，资本金不足、产品单一、装置规模小、技术落后等弱势突出显现。因此，B集团在"三改一加强"的基础上，必须迈向资本扩张、扩大规模、增强市场核心竞争力的轨道，踏上并购重组、资本运营这班快车。这是实现B集团发展战略的必然选择。

2 重组并购实施过程

中海油、中国化工两个化工集团凭借自身的实力和油源优势，一直在积极寻找地方炼油企业进行重组并购。因此，中海油、中国化工成为军工A集团主要的强有力的竞争对手。面对严峻局面，A集团必须做出抉择。东北地区是A集团核心企业和化工产业较为集中的地区，与地方政府形成了长期互利共赢的合作关系，重组并购东北区域的企业有较好的实施基础，且一旦成功并购B集团可以就近实施配套，充分发挥协同效应。A集团认为重组并购B集团对A集团化工产业发展的影响极其深远，必须举全集团之力，以确保成功。同时，A集团公司在对竞争对手进行认真评估后认为：中海油、中石化资源优势明显，中国化工产业实力雄厚，但A集团公司同时也具备一定的资源优势和较强的影响力，只要应对得当，措施有力，完全可能赢得并购，关键是要从支持企业发展、促进地方经济、税收、就业等方面找准切入点。重组并购切入点明确后，A集团公司有关部门通力协作，结合特种化工"十一五"规划发展情况，统筹考虑B集团未来发展，提出了建设公司化工东北基地的战略举措，双方高层坚持合作共赢、共谋发展的理念，进行了深入沟通协调，达成了全面促进省部合作、推动国防经济与国民经济的有机融合的一致意见，为最终成功重组并购奠定了基础。

2005年12月，辽宁省原则同意由A集团公司出资控股B集团，B集团重组并购工作进入了实施阶段。A集团公司组织财务顾问、会计师、律师、石油化工产业咨询机构组成专门团队，对B集团进行了尽职调查、财务审计和资产评估，了解企业资源状况，防范或有风险，明确企业估值，为重组并购过程中报价和定价谈判以及重组并购后实施产业整合提供决策依据。随后，集团公司与辽宁省政府就有关问题进行了深入磋商，基本达成一致。B集团净资产以重置成本法评估为××亿元，以收益现值法评估为××亿元，经过双方协商，最后确定A集团公司以现金出资××亿元控股B集团60%股份。2006年3月10日，双方签署合作协议，标志着重组并购阶段的结束。

3　重组并购之后

3.1　实施再融资，为重大项目筹措资金

A 集团重组并购 B 集团完成后，A 集团公司高度重视 B 集团与公司化工产业的衔接整合工作，将石油化工纳入了 A 集团主导民品发展行列，给予重点关注和支持；提出了以 B 集团为核心，打造石油化工产业平台的思路；规划并实施了 400 万吨炼油和 45 万吨乙烯项目建设工作，并将逐步开展炼油二期、乙烯二期、ABS 项目建设以及一系列配套化工项目建设，为 B 集团的持续发展奠定基础。B 集团的重组并购在有关部委、媒体舆论和资本市场等层面产生了强烈反响。国务院国资委认为"突出主业，合理延伸化工产品产业链"，"加强中央企业和地方国有企业之间的股份制合作，符合国有企业改革方向"；国防科工委认为此举符合"军民结合、跨越发展"的国防科技工业发展方针；中国证监会表示，A 集团控股 B 集团，虽然导致了上市公司 D 的实际控制人发生变化，按规定须对其他流通股股东持有的 D 的股票进行要约收购，但考虑到该项目属于省部合作项目，有利于上市公司的长远发展，同意豁免 A 集团的要约收购义务。

B 集团项目总投资预计近 200 亿元，全部建成后预计总经济规模超过 300 亿元。其中，一期乙烯及其配套原料油项目总投资超过 100 亿元，预计形成销售收入超过 150 亿元。为满足项目建设资金需求，推动 A 集团公司石化战略落实，经过深入研究分析，抓住股权分置改革后资本市场蓬勃发展的战略机遇，故决定对上市公司 D 实施再融资，融资总额超过 30 亿元。

D 公司是 B 集团绝对控股的上市公司，公司于 1997 年在深圳证券交易所上市交易，是深圳成分指数的指标股之一。公司主要从事合成氨和尿素的生产和销售，是国内最大的化肥生产企业。公司股本总额 6.6 亿股，其中，B 集团持有约 4 亿股，持股比例约为 60％。

同时，为配合 D 公司的非公开发行股票实施工作，推动相关产业整合，D 公司收购了 B 集团的乙烯下游产品 ABS 生产线，提高了公司经营业绩，为 D 公司业务拓展、利用募集资金建设乙烯生产线奠定了产业基础。

由于国内发行上市监管严格，实施周期较长，为加快项目建设进度，确保项目及早建成、及早产生收益，缩短公司每股收益被摊薄的时间，为再次实施再融资提前预留空间，在实施 D 公司非公开发行股票的同时，A 集团还利用不同资本运作的实施周期不同特点，先期实施了 D 公司 6 亿短期融资和 9 亿企业债券的发行工作，利用融得的资金提前开展项目前期建设工作。经过该项运作，D 公司乙烯及其原料油项目建设得以提前半年启动，实现了产业整合拉动。

2007 年 6 月，D 公司以增发价 7 元/股，非公开发行 53728.12 股，共募集资金 30 多亿元，用于 45 万吨乙烯及附属项目。

石油化工是规模经济效益明显的行业，规模较大企业的成本控制和市场运作能力相对较强，市场竞争优势也相对明显。与当前正在规划实施的乙烯项目建设相比，D 公司乙烯及炼油项目规模相对较小，为提高公司的相对竞争优势，必须从产业链方面入手，发展产品深加工，延伸石化产业链，打造产业集群，提高产业链的经济效益和抗风险能力。

国内乙烯市场需求空间相对较大，且随着中国经济的强劲增长，对乙烯的需求越来越大；随着世界经济结构的调整和国外环保法规的日趋严格，世界化学工业有向中国转移的趋势，国外乙烯工业发展缓慢，因此，乙烯长期发展空间巨大。目前，国内乙烯生产能力供略小于求，但"十一五"期间将有一批百万吨级乙烯投产，预计中期乙烯可能会有产能过剩的现象出现。但是，由于中国目前的石油化工体制的制约，乙烯下游产品生产能力不足，存在大量的产品进口。因此，发展乙烯下游产品符合产业发展的趋势。

为贯彻落实 A 集团公司由经营产品向经营产业链转变的战略要求，全面提高 A 集团公司石油化工产业的竞争能力，发挥石化、特化产业协同优势和 B 集团对 A 集团公司化工产业的拉动作用，推动 B 集团重组并购后的相关产业整合，配合 B 集团乙烯及炼油项目建设实施，A 集团公司对石化副产品深加工项目的生产能力、技术路径、投资总额、建设周期、投资效益等进行了深入规划分析，组织 A 集团公司全部化工企业和部分有投资意愿的其他企业，对石化副产品深加工项目的建设实施进行了推介。采用市场和行政手段相结合的方式，鼓励相关企业单独或联合其他投资者，对上述项目进行投资，进一步引导新增投资投向主导产业，逐步将成员单位主营业务纳入主导产品发展体系，精干主导产业，优化产业结构，提高产业集中度，构建产业协作体系，增强集团公司资源运用和控制能力，强化 A 集团公司控制力。

3.2 并购 C 集团，进一步完成产业链

B 集团作为中国石油化工百强企业，虽然石油化工产业技术基础较好，职工队伍素质较高，在行业内具有相对竞争优势，但公司无炼油业务，乙烯生产所需原料油需要高价向石化企业购买，发展炼油业务缺乏相关产业基础，且受国家宏观经济调控的影响，新建炼油项目的审批受到限制，影响了集团公司石化产业战略的实施。在此条件下，响应国家宏观调控的号召，并购合适的炼油企业，对其进行技术改造和产业升级，并以此为基础，推动 A 集团公司石化产业的发展，也是确保 A 集团公司战略贯彻落实的重要途径。

国内炼油企业主要为中石油、中石化控制，除此之外，还有部分地方炼

油企业，主要分布在山东、东北等地区。经过对地方炼油企业的筛选和综合评估，拟选定辽宁某生产沥青的 C 公司作为并购对象。

C 公司是交通部为适应我国高等级公路建设、实现优质重交沥青产品国产化，从而代替进口产品、平抑国内沥青市场价格需要而最早出资设立的一家股份制企业。属于辽宁省 100 家重点工业企业之一，连续四年列为辽宁省纳税百强企业（2006 年排列第 33 位）。年销售收入近 20 亿元，利润 1 亿元以上。公司股本总额 1.56 亿，总资产近 10 亿元。

C 公司炼油业务具备一定的竞争优势，产业技术基础较好，能够与 B 集团相关产业形成有益补充，对 A 集团公司石化战略的实施有较强的促进作用。公司与 B 集团同处一地，与 B 集团有较强的地域协同优势；公司主营业务盈利能力较强，经营规模适度，成长性较高，历史包袱不大，符合并购目标遴选的基本要求；公司净资产规模相对较小，有利于发挥资本的杠杆效应，以较小的投入控制较大的资产总量；公司部分股份为市政府持有，与集团公司的战略意图高度契合，具备实施并购、实现权属转移的基础和条件。

为确保 C 公司并购，A 集团对重组并购工作进行了认真分析：C 公司股权结构相对分散，最大股东持股比例 35%，无绝对控股股东，可以从单个股东的股权转让谈判入手，逐步受让其他股东的股权，最终实现对 C 公司的绝对控股。C 公司现股东中，除前三大股东（招商局、市政府、辽宁省高速公路管理局）外，其他股东股权比例较小，股权转让对是否控股 C 公司的影响不大；其他小股东中部分为民营企业，由于 C 公司盈利能力较强，退出的意愿不是很强烈，实施重组并购的难度很大，故将重组并购目标锁定在招商局、市政府、辽宁省高速公路管理局三个股东持有的股权上面。三大股东中，市政府与 A 集团公司战略意图高度契合，B 集团的发展对地方经济增长、财税收入和职工就业都有较大的促进作用，市政府对 B 集团石化项目建设的支持力度较大，可以采用无偿划转的方式；辽宁省政府对 B 集团石化项目的建设也给予了较大的关注和支持，辽宁省高速公路管理局持有的股权可以采用有偿转让的方式；招商局持有的 C 公司股权是在国有企业体制改革过程中重组进入招商局的，沥青不是招商局的主业，其股权转让退出有一定的可能性。

2006 年 9 月，在有效开展前期工作的基础上，B 集团与招商局华建中心签署了《股权转让意向书》。同时，市政府决定将威德石化有限责任公司持有的 C 公司××的股权无偿划转给 A 集团公司的某化工全资子公司，同年 11 月得到辽宁省国资委同意。市政府持有的 C 公司股权无偿划转和辽宁省高速公路管理局持有的 C 公司股权有偿转让后，A 集团公司已实际持有 C 公司 40% 的股权，成为 C 公司的最大股东，基本达到了 A 集团公司重组并购的目的。

按照国有资产处置的有关规定，招商局持有的 C 公司股权转让需要进场交易，2007 年 4 月 8 日，该股权在北京产权交易所正式公开挂牌转让。为确保并购工作顺利进行，A 集团公司组织专人对股权转让工作进行了跟踪，并就 A 集团公司已经实际控制 C 公司的情况与相关石化企业进行了深入沟通。第一轮挂牌时间 20 个交易日结束后，除 B 集团外，还有 1 家小型地方国有企业 E 参与竞标，产权转让工作有可能进入竞标阶段，A 集团公司并购成本有可能因此而大幅度上升。

经过对竞争对手进行了解和分析，A 集团认为竞标对手的资格存在疑问。北京产权交易所针对 E 企业是否符合受让条件进行了深入调研和认真研究，于 6 月 8 日北交所对意向受让 E 企业出具了《北京产权交易所产权受让申请不受理通知书》。经过认真磋商，6 月 15 日 B 集团与招商华建中心在北京正式签订了《产权交易合同》。7 月底，召开了 C 公司股东会、董事会，调整了公司治理结构，标志着 A 集团公司成功实现了对 C 公司的并购。

3.3 强强联合，实现双赢

随着市场经济改革的不断深化，许多军工企业在"军转民，军民结合"的发展过程中会出现许多困难和问题。由于军工企业与地方政府之间不存在相互隶属关系，在一般情形下，双方的选择都会以追求各自利益为主，追求风险占优的策略，难以寻找到实现双方共同受益的目标。

然而，军工 A 集团与地方 B 集团的重组并购，调动了军企与地方政府两方面的积极性，充分利用了军工企业与地区的资源优势、产业优势和环境优势。并建立了一种合作互惠、协调发展的有效机制。军地双方企业的重组不应单纯地致力于如何维系企业的经营，而更应该关注什么样的制度安排能够降低企业运行的内部、外部交易成本，能够为企业在市场环境下的可持续发展提供长期稳定的制度保证，将军工企业与地方企业推向新的发展阶段。

B 集团 46 万吨乙烯项目于 2005 年 8 月 2 日获得国家发改委核准批复，并被列入东北地区等老工业基地调整改造工业专项。2006 年 4 月，军工 A 集团和辽宁省人民政府对地方 B 实施重组，A 集团以 15 亿元资金控股 B 集团，并为乙烯扩建项目提供贷款担保的支持，落实了乙烯项目的资金来源。军工 A 集团充分利用海外原油资源，规划了 500 万吨油化工程，为乙烯扩建项目提供裂解原料。46 万吨乙烯改扩建工程，按照综合利用资源、拉长产品链的原则，以加线改造方式，由高密度聚乙烯、共聚丙烯以及环氧乙烷—乙二醇、本体 ABS、丁二烯和芳烃抽提等 10 套装置联合组成。各装置均采用了国际和国内的先进技术，投产后，其综合能耗、运行效率和系列产品可达到当代水平，聚烯烃等各类主产品的总产量将由现在的年 30 万吨，增加到 110 万吨，项目于 2007 年 4 月开工，2009 年 3 月竣工，总工期为 21 个月。

500 万吨油化扩建工程以军工 A 集团的海外原油资源为原料，采用重油轻质化、油化一体的工艺路线，以加氢裂化与延迟焦化相结合的全氢方式，实现以生产乙烯原料为主的化工型原油加工目的。装置投产后，将为乙烯生产提供石脑油、加氢尾油等优质裂解原料近 200 万吨/年，大大降低乙烯项目的原料风险，同时解决现有装置的原料问题。项目由 9 套装置和储运工程组成，除连续重整采用 UOP 技术外，其余全部采用国内技术，油化工程计划 2007 年 7 月开工，2009 年初竣工，总工期为 19 个月。

5 万吨 TDI 工程，也是军工 A 集团和 B 集团共同组建的辽宁北方锦化聚氨酯有限公司的重点项目。项目于 2003 年 1 月获国家发改委批准，工程分两期建设，一期工程 5 万吨/年，二期工程达到 10 万吨/年。项目建设由 2007 年 4 月 15 日起，为期 18 个月完成。

军工 A 集团在辽宁三大军民结合的化工项目——46 万吨乙烯、500 万吨油化工程和 5 万吨 TDI 项目，不但是中央振兴东北老工业基地和国防科技工业军民两用产业规划的重点项目，而且是全面落实军工集团与辽宁省政府战略框架合作协议和重组 B 集团的重要举措。这三大项目的建设，不仅为国防科技工业军民两用产业实现跨越式发展，而且为辽宁老工业基地振兴和辽宁省属的几个市的"五点一线"经济发展战略的实现起到积极的促进作用。46 万吨乙烯、500 万吨油化工程总投资约为 1150 亿元。项目建成后，作为军工 A 集团成员单位的 B 集团化工销售收入将达到 300 亿元、利税 50 亿元的经营规模，极大地拉动了地方经济的发展。同时，B 集团以优良的经营业绩，已成长为中国五百强企业。在 B 集团"十一五"重点工程全线投产的强力拉动下，该市工业增加值增幅达 45.7%。B 集团由此站在了由求生存到大转折，实现跨越式发展的新起点，拉开了壮大企业实力、求得可持续发展的伟大工程的序幕，揭开了该市发展接续产业，实现资源型城市可持续发展的新篇章。B 集团为当地地方经济社会发展做出的突出贡献，已载入该地方政府改革开放和现代化建设的史册。军工 A 集团公司与辽宁省全面合作的示范工程，为地方经济又好又快发展、为东北老工业基地的振兴、为带动区域经济建设、为国防科技工业军民结合高科技产业的跨越发展做出新的贡献。

4　重组并购完成后的效益分析

A 集团对 B 集团的重组并购，体现了资本运作的杠杆效应，即以 15 亿元的现金投入控制了 100 亿元资产，获得了 120 万吨合成氨、160 万吨尿素和 28 万吨聚烯烃生产技术和能力，增加了近 100 亿元的经济总量，融合了一支优秀的经营团队和能打硬仗的职工队伍，控制了一家列入深圳成分指数的优良上市公司，为推动 A 集团公司相关资源整合，利用社会资本推动产业发展奠定了基础；同时，B集团规模也实现跨越式扩张，有望进入全国300强行列。

在A集团对C公司的并购案中，A集团在出资没有增加的基础上，无偿受让了6000万元的股东权益，控制了10亿元资产，获得了100万吨的炼油能力和相关的产业技术基础以及熟练的员工队伍，增加了近20亿元的销售收入和1亿元的利润；D上市公司再融资的顺利实施，再次发挥A集团公司投入的15亿元现金的杠杆作用，增持了D公司约2亿股本，吸引了近30亿元的社会资本，不仅获得了产业发展所需的资源，还实现了国有资产的上市流通和保值增值；石化副产品深加工项目建设的逐步推进，还将进一步吸引社会资源，做大相关产业。C公司炼油项目的重组并购，优化了A集团公司石化产品结构，增加了沥青建材等相关品种，沥青生产过程中副产品的深加工，将从其他产业支链上延伸石化产业链，构建产业集群；同时，20万吨配套润滑油项目建设，将为A集团公司直接增加销售收入近10亿元，再度形成石化产业新的发展方向。

全面提高了集团化、立体化资本运作水平。对B集团重组并购及其后续的资本运作，是集团公司第一次发挥整体资源优势，在A集团层面策划、实施的，综合运用现金并购、股权协议转让、挂牌交易、无偿划转、上市公司再融资、发行企业债、发行短期融资等多种资本运作手段，创新民品发展模式，获取产业发展资源，构建产业协作机制，引导内部投资方向，推动产业结构调整和资源整合的有益探索。其复杂程度高、涉及面广、对深度和精度的控制要求较高。

A集团通过对B集团重组并购及后续资本运作，为A集团公司"十一五"三大产业之一的特种化工和石油化工产业上规模、产业化打造了发展平台，为A集团构建经营规模超过100亿元的产业集团奠定了坚实的基础，也为A集团公司"建设高科技现代化军品工业和有国际竞争力大公司"三步走发展战略提供了有力支撑。

A集团形成了以海外石油资源为基础，包括石油炼制、石化产品、精细化工等上下游一体紧密结合的石化产业链，提高了产业的盈利能力和抗风险能力；加强了A集团内部相关企业的核心竞争力，形成了新的经济增长点，提高了公司化工产业的竞争优势和发展潜力，为公司化工产业的持续快速发展奠定基础。成为继中石油、中石化、中海油三大集团之外的又一上规模的石油石化产业中央企业集团。同时，又有效拉动地方经济，实现了军民结合、互动支持的良性发展。

5 结语

军工 A 集团对地方 B 集团重组并购，加强了中央企业和地方国有企业之间的合作，利用中央企业优势，融入地方发展规划，与地方政府形成长期互利共赢的合作关系，充分发挥了协同效应，并在自身发展的同时，拉动地方经济发展。

A 集团通过对 B 集团重组并购，实施有限相关多元化，延伸石化产业链，打造产业集群，提高产业链的经济效益和抗风险能力，实现由经营产品向经营产业链的转变，对并购企业进行技术改造和产业升级及产业结构转型，推动集团公司石化产业的发展。

A 集团重组并购 B 集团，体现了"军民结合，寓军于民"的发展思路，并充分利用自身军贸资源的溢出效应，发挥整体资源优势，全面实施国际化战略，同时，为国家能源发展战略服务。

通过实施对并购企业控股的上市公司再融资，充分发挥上市公司的融资平台和产业整合平台作用，并运用多种资本运作手段如现金并购、股权协议转让、挂牌交易、无偿划转、上市公司再融资、发行企业债、发行短期融资券等，创新民品发展模式，推动集团内部企业结构调整和产业资源整合，优化资源配置。

实施产业整合拉动，采用市场和行政手段相结合的方式，精干主导产业，优化产业结构，提高产业集中度，构建产业协作体系，增强集团公司资源运用和控制能力，强化集团公司控制力。

案例使用说明

一、教学目的与用途

1. 本案例主要适用于经济与管理专业、金融学相关课程的案例讨论。

2. 本案例的教学目的在于系统总结军工企业资本运作经验，介入、参与、指导未来的军工企业资本运作；培养熟悉、掌握军工企业资本运作的创新型、实践性人才，为军工企业发展服务。

二、启发思考题

1. 军工 A 集团和地方 B 集团各自的并购动因是什么？

2. 军工 A 集团重组并购 B 集团面临的风险有哪些？

3. 如果你是军工 A 集团的决策者，面临这种局面你将如何抉择？

4. 军工 A 集团在重组并购案中运用了哪些资本运作手段？你如何看待军工 A 集团重组并购 B 集团实施方案？

5. 军工 A 集团重组并购 B 集团，政府起了什么作用？

三、分析思路

教师可以根据自己的教学目标（目的）来灵活使用本案例。这里提出的本案例的分析思路，仅供参考。

1. 第一条线索可以围绕军工 A 集团为什么要重组并购地方 B 集团展开。首先引导学员分析军工企业目前面临的国际形势。随着国际形势的缓和，中国军事战略方针的调整和国民经济体制的转型，军工企业转型成为企业生存的内在要求。在我国经济体制转型的平稳推进下，经济建设的重心转移到推进经济结构战略性调整、产业组织结构优化和增强企业竞争力等领域。国内外的经济发展实践证明，相对传统的内部积累方式，重组这种外延式扩张在经济转型中占重要地位，随着资本市场的成熟，这种趋势还将得到进一步强化。企业重组既是社会化大生产和规模经济的内在要求，又是市场经济条件下竞争机制发挥作用的必然结果，它是加速产业组织结构调整、优化资源配置、增强企业核心竞争力、实现规模经济效应的有效途径。我国经济正处于转型时期，占据重要地位的军工企业需要通过重组促使存量资源调整，实现企业资源的优化配置，对促进国防经济运行效率的提高，具有重大战略意义。军工企业重组改制后，将大量引进各类社会资本，从而改变军工企业过去只靠国家投入的融资模式，将会有更多的军工企业借助资本市场进行融资和发展。军工企业如何转变观念，利用现代管理手段、金融工具通过重组并购活动发展经济，利用自身优势与地方企业加强合作、优势互补、以民养军、军民融合来实现自身跨越式发展，并将军工与地方企业推向新的发展阶段。

2. 第二条线索可以围绕如何打通石化产业链展开，现代企业竞争的重要特征之一是围绕打造产业链展开。通常情况下，企业要抢占产业链中附加值高的部分。但是石化产业链由于原材料的相对稀缺、国内行业垄断、产业链很长等特点，要提高石化企业竞争力必须掌握比较完整的产业链。本案例中的军工 A 集团拥有产业链上游的海外石油资源以及产业链下游的精细化工产业，通过一系列大手笔重组并购，成功控制炼油、乙烯加工等产业链中端关联企业，从而使石化产业链得以贯通，即上游的海外石油资源得以深加工提高附加值，下游的精细化工企业获得了充足的价格适中的原材料，企业整体竞争力及盈利能力发生了质的飞跃。

3. 第三条线索可以围绕资金的筹集和使用展开。纵观本案，尽管使用资金在 200 亿以上，但有三个特点：①资金主要用在新建项目上，如扩建炼油、乙烯加工装置等，仅有很少资金用于股权收购；②以增量带存量，仅投资 15 亿，撬动资产 300 亿；③充分利用资本市场，先后以增发股票、发行企业债等各种方式融资 50 亿以上。企业的发展既需要有筹集资金的本领，也需要有使用资金的智慧。本案例中资金的筹集和使用方面颇有借鉴价值。

四、理论依据及分析

1. 垂直整合理论
2. 规模经济论
3. 协同效益理论
4. 多元化理论
5. 效率理论
6. 利益相关者理论

五、关键要点

1. 军工企业的海外资源优势及雄厚人才技术实力与地方企业强烈的发展愿望、完善的配套设施相结合，体现优势互补，强强联合。

2. 地方政府的支持态度是重组成功的关键因素之一。俗话说强扭的瓜不甜，水到渠成。本案正是因为地方政府的大力支持，军工 A 集团才避免花巨额资金收购股权，从而把钱用在刀刃上，即新建项目上。在中国，得到政府的支持是搞好企业的必要条件，应该是一条规律。

3. 娴熟地利用各种资本运作手段筹措资金。资本市场并不缺钱，关键是企业要有好的投资项目及合理的投资回报，才能通过资本市场运用各种金融工具募集所需资金。

4. 产业链的竞争是高层次的竞争。围绕产业链优化配置资源，事半功倍。

六、建议课堂计划

本案例可以作为专门的案例讨论课来进行，以下是按照时间进度提供的课堂计划建议，仅供参考。

整个案例课的课堂时间控制在 80～90 分钟。

课前计划：提出启发性思考题，请学员在课前完成阅读和初步思考。

课中计划：简要的课堂发言，明确主题（3～5 分钟）；

分组讨论，告之发言要求（30 分钟）；

小组发言（每组 5 分钟，控制在 30 分钟之内）；

引导全班进一步讨论，并进行归纳总结（15～20 分钟）。

课后计划：请学员分组就有关问题的讨论进行分析和总结并写出书面报告。

资源整合决定成败[①]

摘要：在市场竞争日渐激烈的背景下，如何创造和保持可持续发展的核心竞争力，构建自己的产业链和价值链，不断拓展成长空间，从而推动企业健康快速发展，是中小企业面临的管理难题。本案例详细介绍了翼中市卧龙咨询公司通过引进"高级企业风险管理师认证培训项目"，对自身内外资源进行深入挖掘，高效整合、再造的过程。希望启发其他中小企业以资源整合的方式构造新的价值链、产业链，实现企业跨越式、多元化发展。

关键词：资源整合；价值链；跨越式发展

【案例正文】

0 引言

当今市场竞争日益激烈，商机稍纵即逝。企业发展的快慢，规模的大小，实力的高低，不仅与企业的财力、管理水平、核心技术等因素有关系，更与企业的创新思维和资源整合能力密切相关。企业只有结合自身情况，通过高效的资源整合，增强市场竞争力，才能实现多、快、好、省的跨越式发展。

1 案例背景

随着中国经济的迅速发展，对人才也提出了更高的要求。人们通过不同方式来提高自身的专业水平，满足社会经济的变化，适应日益激烈的职场竞争。在众多方式中，职业资格认证与学历教育一道受到职场的青睐。正是因为看到这个行业蓬勃、迅速发展所蕴含的商机，2008年初，翼中卧龙咨询公

① 本案例由北京理工大学管理与经济学院和河北钢铁股份有限公司的易瑾超撰写，著作权归北京理工大学管理与经济学院所有。未经允许，本案例的所有部分都不能以任何方式与手段擅自复制或传播。由于企业保密的要求，在本案例中对有关名称、数据等做了必要的掩饰性处理。本案例只供课堂讨论之用，并无意暗示或说明某种管理行为是否有效。调研过程中，得到了企业的大力支持，在此一并致谢！当然，文责自负。

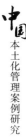

司引进"高级企业风险管理师认证培训项目",负责该项目在河北省的推广工作。

卧龙咨询公司是翼中当地著名的广告咨询公司。该公司通过十余年的努力,从一个专门从事广告艺术设计的工作室,逐步发展成为涵盖广告宣传、景观设计、活动策划的知名企业。近年来分别与翼中电视台、翼中日报一起策划了一系列大型户外宣传活动,在当地的知名度进一步提高。但是,由于从事广告业务的公司越来越多,竞争日益激烈,该公司业务发展逐渐放慢,投资人也在积极寻找能给公司带来新发展的商机。

2 项目背景

进入 21 世纪,世界经济的空前繁荣却催化了另一种恶劣的造假行为。一些著名大公司接连发生财务丑闻,这些财务丑闻使得股东利益蒙受了巨大损失。而且,其手段之恶劣令人瞠目结舌,使得公众对企业财务和股市交易产生了严重的信任危机。以美国为例:2001 年美国安然公司的财务造假案、2002 年美国环球电讯公司财务欺诈案、2005 年通用汽车信用评级被降低,受影响债务达到 2800 亿美元等一系列震惊世界的公司造假事件,给相关企业和地区经济发展带来巨大的损失。为了挽回投资者信心,规范企业行为,同时更好地提高企业经济效益,增强企业风险管理能力,COSO 在《内部控制——整合框架》的理论基础上推出了《企业风险管理——整合框架》。其他国家和地区也颁布了风险管理相关报告,用以提高企业的风险管理能力。例如:2004 年 11 月香港联合交易所颁布了《企业管制常规守则》和《企业管制报告》,2003 年 7 月欧洲会计师联合会发布了关于强化风险管理的报告。

从国内来看,为了让国内企业在 WTO 环境下能更好、更快地发展,全国工商联发布了《关于指导民营企业加强危机管理工作的若干意见》,国务院国资委在 2006 年 6 月出台了《中央企业全面风险管理指引》,以加强国企和民企的风险意识,推动建立风险管理体系,让企业能平稳、迅速地发展。

上述一系列事件的发生,在短时间内使得社会、政府、企业、民众对风险高度关注。一时间"风险"成为曝光率最高的词汇,风险管理被摆在重要位置,社会也开始青睐风险管理的培训和职业资格认证。在这样的背景下,卧龙咨询公司在河北省率先引进企业风险管理师职业认证项目。

3　项目推广过程

3.1　市场调研

卧龙咨询公司项目推广团队首先对市场做了一系列的调研，从中发现一些特点：

第一，作为从国际引进的职业资格考试项目，其费用较高，风险管理师费用在 28880 元，高级风险管理师费用在 36880 元左右，虽然承办方利润可观，但是高价位将在一定程度上限制客户的数量；

第二，作为一个国际的职业资格考试项目，在一线城市比较容易推广开，因为这些地区企业间的竞争水平高，大量人才汇集，企业和员工都非常注重自己的培训、提高，对新理念、新知识有较快的认知和接受。而河北在市场容量、市场成熟度上远远不及北京、上海这类城市。如何因地制宜、扬长避短是最大的挑战。

第三，市场上存在的职业资格认证多达 1000 余种。众多代理机构常以降低价格为主要竞争手段，后续服务可以说一片空白。在行业内，许多职业资格认证代理项目能否成功关键在于以下几个方面：谁能掌握渠道的主导权？谁的认证更具权威性？谁在市场上更具垄断性？谁在代理中能够实时把握主动，在资源上具备不可替代性？

3.2　企业资源梳理

经过审慎思考，项目推广团队决定先对卧龙咨询公司现有资源进行梳理。不管是显性的还是隐性的，有利的还是不利的，都一一整理备案。

首先，卧龙咨询公司是一家广告咨询公司，主要从事广告宣传和各种大型活动的承办。与当地媒体有过良好的合作并建立了长期良好的工作关系。另外翼中大学经济管理系一直长期聘请卧龙咨询公司投资人为营销学的客座教授，在和翼中大学院领导的多次接触中，校方也表现了对风险管理职业认证项目的高度认同和合作愿望。

其次，就外部环境而言：第一，河北省国资委是中国风险者联谊会唯一一家省级理事单位，也是第一家具有示范意义的省级国资委；第二，河北省国资委的两家大型国有企业均为翼中当地的国有企业，而且在这两家大型国有企业中已经有部分中高层管理人员参加了在北京举办的企业全面风险管理师的职业资格认证，对这种新的管理理念有所了解，在推广中更容易就其重要性、紧迫性建立共识；第三，翼中市是山西、山东、河北、河南四省的交界地，每年都会在翼中举办旨在加强中原城市间交流和促进经济共同发展的"中原城市市长联席会议"，该会是中原地区一年一届的盛会，会议期间各省主要领导均有参加，吸引了大量的媒体报道。

3.3 具体推广策略

接下来，项目推广团队对每个资源的价值、功能、可行性等与项目的特点、经营环境相结合进行系统的综合分析与最佳排序，以便找到成本最小化，利益最大化的实现途经。经过反复思考、比较，选择如下推广策略：

3.3.1 软文宣传铺垫，引发关注

首先，利用投资人与当地媒体良好的工作关系，在当地主要报纸上转载中央级媒体发表的关于加强风险管理重要性、紧迫性、事件分析的文章。以连载的方式，选摘那些属于当地支柱性产业所面临风险的文章，尤其是中央有关部委出台的有关文件，详细加以解读，使企业能够真正认识风险管理的意义和作用。在地方媒体刊载的文章全部为曾在国家级媒体上发表的文章，并在文章后面附专版探讨本地企业应该从中学到什么，借鉴什么。文章以连载的方式刊登在当地主要的党政机关报和商报，引起当地政府和当地各类企业的广泛关注。然后集中焦点报道我市已经从国际上引进了省内第一家企业全面风险管理职业资格认证，帮助企业系统学习风险管理知识，有效提高风险管理能力。

3.3.2 校企合作办学，互助共赢

接下来工作重点是进一步降低项目本身的商业性，加强权威性和学术性。"众人拾柴火焰高"，一人力量有限，要想考试类的项目能够得到迅速发展，就要尽量与院校合作。这样做不仅有强大的师资力量支持考前的培训，日后这些师资组合还能承接当地企业和政府的培训，承接风险管理方向的课题研究。课题研究的成果反过来一方面可以帮助当地政府、企业解决现实的风险问题，另一方面公司可借助产学研的方式在风险管理研究舞台里找到自己的位置，脱离一个单纯的考试认证机构。这种在学术上牢牢结合本地实际情况的研究，更加贴近实际。与实践的紧密结合可以避免市场上"叫好不叫座"的现象发生，同时有助于加强公司对项目的控制力，而且还能为日后开展培训、咨询积累一定的研究成果。总之，将先进的知识普及化，将研究课题本地化，实现学校、政府、企业的互利共赢。

这个项目起步较早的山西和山东两省开展得非常好。山西省的承办机构是山西财经大学，山东省的承办机构是山东省劳动厅职业技能鉴定中心。这两个省的高级企业风险管理师认证培训项目有着较高知名度，取得了非常好的经济效益。山东省一家公司还创办了自己的风险管理咨询公司，山西财经大学还组织了自己的联谊会。借鉴别人的成功经验，卧龙公司准备与翼中大学经济管理学院合作成立翼中大学风险管理研究机构，依靠专业的师资力量，利用翼中大学在中原地区的影响力开展合作办学。研究机构将立足本地区的

社会经济状况，研究本地区支柱型产业和企业所面临的风险，为当地的政府和企业出谋划策，帮助其提高风险管理能力，建立全面的风险管理体系。

3.3.3 伺机借势而为，树立典型。

从地缘上看市场，冀中与山西、山东的南部城市都属于中原地区，每年的"中原城市市长联席会议"，三省中原城市之间互有交流。完全可以借助山西、山东两省现有的市场宣传优势，通过"中原城市市长联席会议"这样一个交流机制，三家省级风险管理承办机构联手创建一个关于风险管理的论坛，让在座的官员和企业家一起与专家讨论未来发展中的风险管理问题。同时以城市间工商联工作互访建立另一个风险管理交流平台，使河北省的项目能迅速、有效地推广开来。

国资委 2006 年 6 月出台的《中央企业全面风险管理指引》极大地加快了中央企业建设企业全面风险管理的体系速度。此举也将迫使中央企业最终建立起系统化、整体化和标准化的全面风险管理体系。另外，河北省国资委作为协会的唯一省级国资委理事单位是国务院国资委设立具有示范意义的省级国资委。下属的两家大型国有企业均有中高层管理人员获得企业全面风险管理师的职业资格认证，先从其开展风险管理职业资格认证的培训更加容易。参加风险管理考试认证，既能提高国企的风险管理水平又符合国务院国资委对中央企业的要求。公司从中既能获得一份大合同，而且合同对方是两家大型的重点国企，这无疑在未来的项目推广中更具说服力。总之，通过合作，企业学习了解并熟练掌握风险管理的评估、识别方法，增强自身风险管理能力，提高了经济效益；政府能有稳定的税收，企业的发展还能促进就业；与院校成立的风险管理研究机构以课题研究的方式为政府在经济发展中提供有关城市经济发展中的风险咨询。企业的需求，政府的重视产生市场需求，企业、学校合作，最终实现互助共赢。

3.3.4 完善后续服务、拓展商机

公司借助企业全面风险管理考试认证项目打响第一枪，使风险管理职业认证项目的推广进入稳定发展阶段。接下来将把做好后续服务和拓展商机作为工作重点。例如：对客户资料进行详细备案，与客户建立良好互动关系，做好后续客户回访工作。这既是项目推广团队对前段工作效果的反馈和总结，也为下一步开辟更多的业务内容搜集信息。通过认真分析自身环境和资源发生的变化，为进一步整合资源，拓展商机奠定基础。

在推广风险管理职业资格认证的过程中，项目推广团队始终坚持以风险管理职业资格认证为主，带动相关业务发展，密切注意对新资源价值和功能的分析，注意不同阶段工作重点的调整和衔接。

首先，在项目进行的同时，积极与本地院校以课题组的形式开展针对本地区支柱性产业和龙头企业的风险研究工作，同时加强与政府部门沟通，力求获得相关部门支持。对研究的阶段性成果要在公司成立的风险管理者联谊会上与会员一起交流、分享。并对会议过程中会员提出的问题详细记录，从中发现本地企业关心的共性问题。并将其纳入到课题组研究的方向。参加联谊会人员基本为企业的中高层管理者，可以较为容易地了解到对不同人才的需求。通过搜集整理建立一套实时档案，成立人力资源公司开展职业介绍业务。

其次，有步骤、有条件的逐步引进其他的职业资格考试认证，借助已有的社会影响力、权威性开展以国有大中型企业为主要目标的企业培训和职业资格认证，并先后与几家大中型国营、民营企业签订包含企业风险管理职业资格认证在内的培训协议；利用联谊会的平台积极展开广告业务合作；在"中原城市市长联席会议"中定期开辟风险管理论坛，邀请有关政府官员、专家、企业家一起讨论如何做好政府、企业的风险管理。

4 尾声

卧龙咨询公司通过上述努力逐步从一个单纯的广告咨询公司转型为以职业资格培训业务为主要盈利点，同时覆盖广告、商务考察、职业中介等新型业务在内的综合性公司，实现了企业发展的新飞跃！

企业的发展离不开各种资源，对于资源的认识要避免局限性，充分挖掘身边的资源，且要对资源价值、功能有着深刻、全面的认识，才能实现资源整合中资源效用的最大化。它就像一个魔方，不同资源间的搭配组合，会影响到项目发展的好坏、速度的快慢和项目的稳定性、可控性和收益性。

案例使用说明

一、教学目的与用途

本案例的教学用途是培养学员的资源整合意识，从思维上改变对资源认识的局限性，通过对案例的学习和讨论认识到企业经营者应该充分挖掘、整合、再造企业的内外资源，以便帮助企业在未来的商场上适时把握先机，创造发展机会，拓展成长空间。

本案例主要适用于本科、MBA、普通硕士、EMBA 的战略管理、市场营销、商务策划等课程相关章节的案例讨论。它也可用于创业管理方面的专业培训。

二、启发思考题

1. 谈谈企业资源在创造企业核心竞争力中的作用？

2. 卧龙咨询公司通过努力逐步从一个单纯的广告咨询公司转型为综合性公司，其成功之路带给我们什么启示？

3. 结合本案例分析企业对自身内外资源进行挖掘、整合、再造的关键策略有哪些？

三、分析思路

教师可根据教学目标灵活使用本案例，以下思路仅供参考。

1. 结合卧龙咨询公司案例，引导学生了解企业承接项目前如何进行深入的市场调研和环境分析。

2. 引导学生思考：企业如何结合自身情况，深入挖掘、整合、再造企业内外资源，发现、掌握、创造商机。

3. 引导学生思考：企业在实现跨越式发展和多元化经营的过程中关键把握好哪些步骤。

四、理论依据与分析

企业资源是一个集合概念，针对不同背景的企业有不同的内涵，对企业资源的理解要强调突破和创新。要将企业资源有效整合对培养企业核心竞争力的深远影响提高到战略思想的高度。

五、建议课堂计划

本案例可以作为专门的案例讨论课来进行，以下是按照时间进度提供的课堂计划建议，仅供参考。

整个案例课的课堂时间控制在80～90分钟。

课前计划：提出启发性思考题，请学员在课前完成阅读和初步思考。

课中计划：简要的课堂发言，明确主题（3～5分钟）；

分组讨论，告之发言要求（30分钟）；

小组发言（每组5分钟，控制在30分钟之内）；

引导全班进一步讨论，并进行归纳总结（15～20分钟）。

课后计划：请学员分组就有关问题的讨论进行分析和总结，写出书面报告。

<<< **栏目3 生产与运作管理**

汽车公司的"西柏坡会议"①

摘要：本案例描述了 A 汽车股份有限公司转型为按订单生产的过程，利用翔实的数据从纵向（策略层到操作层）和横向（企业、供应商和顾客）以及时间三个维度呈现了企业的订单履行流程（包括订单接入、销售管理、研发、计划排产、供应采购、生产组织，整车下线调试和交车），并重点阐述了各职能部门的处境。本案例可从运作战略的多个角度进行分析，包括推式生产与拉式生产的比较、价值流分析以及制造策略与其他职能策略的协调等方面，还可以进一步思考顾客在定制生产中的作用。

关键词：推式生产；拉式生产；价值流；顾客参与；运作战略

【案例正文】

0 引言

刘仁是 A 汽车股份有限公司的总经理，工科科班出身，而且技术突出，几乎经历过公司内部所有的重大技术改造项目，被同事们戏称为"无所不能的牛人"。刘总正召集一次集团高层的战略部署会议，不过他的眉头却紧锁着。还有什么事情能难住这位无所不能的技术"牛人"呢？原来近几年汽车行业快速发展，但公司销售增长率却低于行业平均水平，利润率仅略高于保本点；公司产品品种虽多，竞争优势却不明显；库存成品车持续增加，却总有不少顾客抱怨买不到称心如意的车。刘总深知，这些问题并非单凭技术就能解决。

为此，刘总带着集团多名关键部门的领导没少外出取经，先后走访了国外多家行业领先的企业，并咨询了国内著名高校运作管理领域的教授。在走

---

① 本案例根据企业调研资料，由北京理工大学管理与经济学院张祥副教授撰写，著作权归北京理工大学管理与经济学院所有。为适合教育和教学目的，在案例材料的遣词造句方面进行了适当修改。出于保密需要，本案例涉及的有关单位及人员姓名均作了处理。本案例版权及所有权属于案例编写人，任何人及单位未经案例编写人书面同意，均不得以任何形式散布和传播本案例材料。调研过程中，得到了企业的大力支持，在此一并致谢！当然，文责自负。

访中，刘总被国外企业实施定制生产所带来的巨大竞争优势以及学者们描绘的美好前景所深深吸引。他很想在自己企业推行这种新的战略，以带领企业彻底走出疲软的阴影。这次会议就是有关实施定制生产重大战略转型的决策会议，因此这次会议被员工们戏称为公司内部的"西柏坡会议"。

1 企业背景

A汽车股份有限集团公司（以下简称"A汽车"）是采用公开募集方式于1999年创立的股份有限公司，是上海证券交易所上市企业。A汽车主要从事系列轻型商用车的开发、设计、制造和销售业务，是国家火炬计划重点高新技术企业，以拥有完全自主知识产权、总体性能在国内处于领先地位的多个系列轻型商用车为主导产品。目前已实现了轻型商用车系列化。从产品型谱来看，有A、B、C、D、E等几大品牌，各品牌适用范围明确，例如A系列载重1～1.5吨，B系列载重2～3吨等；从产品定位来看，包含了从低档车、中档车到高档车的全系列，涵盖了3～15万元的各个价位。另外，公司还涉足皮卡、乘用车和改装车等多个市场，以适应市场多层面的需求。

A汽车先后通过了ISO9000：2000质量体系、GB/T24001环境管理体系和GB/T28001职业健康安全管理体系第三方认证，是中国汽车行业首批获ISO9000：2000质量体系第三方认证的企业，还是行业中首批通过中国强制性产品认证（China Compulsory Certification，简称"3C"）的企业。公司先后被评为省十佳企业，全国千家高新技术企业20强，沪市上市公司50强。曾入选美国《财富》杂志旗下的贝恩公司所评的中国持续盈利增长性的8家上市公司之一。同时，"A汽车"连续多年入选中国上市公司100强，并被选为180指标股，是中国最具影响力的上市公司之一。A汽车的全国市场占有率一直名列前茅，前几年销售甚至呈现过井喷式增长，同比增长一度曾达到130%，销售收入近百亿元。

A汽车现有职工5000余人。A汽车股东大会是日常企业经营决策的最高权力机构，股东大会下设董事会和监事会，由总经理负责日常企业运作。A汽车按照职能划分各个部门，并通过参股和控股的形式参与多个经济实体的经营决策和经济利益的分配。

2 决策会议

凭借自己多年的实践经验，刘总深知这种运作战略的转型是相当复杂的，不仅牵涉到技术能力，还牵涉到运作能力、内外部资源和人员、供应链各环节以及管理理念等诸多综合因素，其中有很多目标很难协调甚至相互冲突。这不，会议刚开始就争论得异常激烈。

生产计划部李部长首先发言："公司的轻型车制造是最主要的业务，大约占到总业务量的80％，约占销售额的50％，而目前主要是基于销售预测制定生产计划，采用大量生产方式。如果转型为按订单生产，那生产计划如何制定？"

汽车分公司的方厂长听罢笑着说道："你们的计划不制定也罢！每个月计划准确率只有40％左右。你们说，我抛个硬币也有50％的把握吧。现在车间里到处都是做了一半因计划修改而搁置起来的在制品。我们每月在制品库存控制指标都完不成，生产准备工作也很难做……"

采购部苏部长抢着说："是呀，李部长，你经常考核我们的服务水平。可你要知道虽然生产线有60％的影响是物流造成，但其中由于计划变动造成供应商交货不及时就占了30％～40％，供应商几乎个个都叫苦不迭，说我们的计划变动太频繁了，他们怎么可能提高服务水平呢。如果还要提高服务水平，个别供应商甚至表达了不得不退出的意思。这是以前从没出现过的现象。"

李部长委屈地回答："那哪能都怪我们呢。我们是根据销售预测来制定各级计划的呀，销售公司那么多人专门做都预测不准，我们根据销售公司的意见，能准吗？再说制定计划时你们不也派人参加了吗？"

销售公司王部长见战火烧到自己门口了，也不能回避了，忙拿出职业精神，笑容可掬地说："哎呀，这个……诸位又不是不知道，现在形势不同往年了，前几年只要是个车就有人要。可现在，我们的产品品种虽多，但做出来的标准产品没多少人要，而人家要的产品我们又没货。我一直在为居高不下的库存车和日益降低的顾客忠诚度发愁！现在咱们公司的个人用户占最终购买群体的比例达到95％，人家购买的主要目的是用于发家致富，当然会精挑细选。但说白了，还是咱提供市场的标准产品没有什么竞争优势！顾客都会货比三家，忠诚度很低。但定制产品就不一样，价格好，顾客忠诚度还高。我是为咱公司市场占有率考虑，虽说有15％，但相比之下咱们主要竞争对手的市场占有率一个是20％，一个是10％，我们一点也不敢掉以轻心呀。你们说，对咱们的这些产品，顾客只是对交车时间有个要求，咱哪能不调整计划呢。咱们不调整，顾客就把咱们给调整了，人家会转向其他品牌。计划、计划，赶不上变化嘛……"王部长常年工作在销售一线，说起话来总是一套套的。

集团刘总经理插话道："机会损失大吗？有没有个数据？"

王部长说："我们部门认为只有在经销商预付了定金，到期不能交货而不得不退还定金时，才算产生机会损失，因此没有对缺货从机会损失方面进行统计。但实施定制生产应该能满足大部分这类缺货。"

刘总回应了一句："这么高的私人用户比例，仅靠标准产品怎能行！缺货率还得进行统计。"刘总看了看刚才被大家群起而攻的李部长，示意他再谈点看法。

李部长见状，拿出一页纸，"我们曾会同销售公司和汽车分公司做过一个小范围的调查，发现用户订购定制车辆时一般可以忍受的平均等待时间是 8～10 天。世界领先企业的响应速度是 6.5 天，而我们则长达 20 天。如果实施快速定制生产，我们有一定的技术限制，例如冲压生产线采用轮番生产形式，生产柔性较低，使生产时间几乎无法压缩；这也使得焊接分装工作量很大；而工艺批量也是一个问题，例如油漆工序一般需要有 30 辆份的经济批量。还有一个问题是虽然产品系列之内零部件通用性较大，但各产品系列之间通用性较低。这些可以通过设备和工艺改造等途径解决。不过更多的问题可能还是在管理方面。我总结了一下，包括这么几个方面：① 订单履行环节中不增值的活动太多，订单处理时间过长。例如，销售公司订单处理需要 4 天，整车物流平均也需要 4 天。② 设备可靠性较低，目前仅 60%。③ 供应可靠性较低。④ 预测订单很难，计划扰动很大。这是我统计的最近计划变动及库存状况。以 1.5 吨轻卡为例，这个月计划生产 4758 辆，到实际排产时计划总数变为 5279 台，而实际生产了 5480 台。基于目前的运作情况，库存平均达到 30 天以上。"

李部长发言后，各部门分别结合自身的情况，围绕实施定制生产方式的战略转型纷纷发言。这次会上集团总裁刘总没有立即表态。会后不久集团公司下发了"关于逐步分阶段实施按订单生产战略转型"的通知，并希望各部门密切关注实施按订单生产以后的各种新变化。

3 销售公司

王部长所在的销售公司是一个集市场调研、营销策划、营销管理、整车销售、技术服务、备件供应等多项职能于一体的专业化营销管理公司，拥有员工 400 余人，其中驻外销售人员 50 人，销售公司下设营销部、市场部、直销中心、客户服务部、备件部、综合部、海外集团客户部、检查储运部等 8 个部门。

销售实行区域代理制。A 汽车将全国划分为不同的销售区域，一个区域设立一家一级或二级代理商，控制和管理区域销售，有效地避免了同一品牌在同一区域多家代理商之间的恶性竞争局面，提高了营销网络对市场的渗透能力。销售公司业务网点遍布全国 31 个省、市、自治区、直辖市。销售公司主要与一级经销商打交道，全国共有一级网点 210 家，直销网点 14 家。此外还有 400 多家二级代理商，使 A 汽车轻卡的销售网络日益健全。具备 4S（销售、服务、维修、信息四位一体店）功能的经销单位已达 110 多家。

王部长在营销工作中贯彻"顾客导向"，推行"顾客驱动"的方针。另外，公司还建立了以"辆份工资费用含量包干"的目标考核体系，将销售人员的工资收入与销售、回收货款、售后服务直接挂钩，极大地调动了销售人员的积极性。

4 订单履行流程

销售公司根据前三个月的销售情况，将公司产品进行 A、B、C 分类，品种分类不固定。A 类属于销售量大、预测需求量也大的产品，B 类次之，C 类为已经确定的订单。A 类和部分 B 类按照备货方式组织生产，C 类按照订货方式组织生产，订货备货生产相结合。A、B、C 三种产品类别每三个月调整一次。排产计划也是按照 A、B、C 分类。

目前的订单履行流程如图 8-1 所示。

销售公司收到经销商订货需求后进行整理，并编制和调整月度滚动经营计划，然后检查经销商预付定金到账情况。此阶段所需时间依据银行转账情况而不尽相同，同行之间转账可瞬时到账，异地跨行转账有时需要 2～3 天时间。如果没有到账，销售公司需要提示经销商付款。如果已经付款，则检查成品车库存状况，如果库存能够满足顾客需求，则开出提车单下到成品库。如果成品库不能满足需求，则通知生产计划部安排排产计划。

生产计划部会同销售公司、汽车分公司、采购部以及其他有关部门进行平衡，将计划结果反馈各部门，并据此调整月计划（一般一个月调整四次）。

生产计划部排产，进行生产、装配、整车检验和路试。

品质部进行外观检验。

整车检验合格后入销售公司成品车库，进入仓储发运环节。仓库根据开出的提车单（包括车型和颜色等）向物流公司发出车辆，之后办理临时牌照、保险、交养路费，并领取随车工具、说明书、保修手册等。

整车物流：物流公司接车后进行发运前准备。交车主要采用两种形式："零公里"专用车运输和人工送车。公路配送的"零公里"专用车一般装 5～6 辆。从办证到交车给经销商或顾客，平均运输时间为 4 天，新车每日行驶里程不大于 500 公里。人工送车则是由企业安排司机并根据顾客要求确定配送时间和数量。

经销商/顾客根据验车标准进行新车验收，并在运单上签字确认收到货物，交送货司机带回销售公司，完成交货。

销售公司根据签字的运单办理银行结算手续，根据协议，到期收回货款，销售完成。

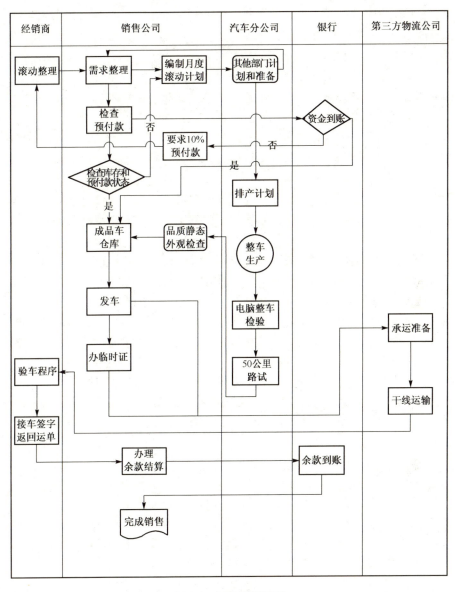

图 8-1　订单履行流程

5　计划制定

月度经营计划的确定需要考虑几个方面的因素。第一，分销商预测。分销商和销售公司之间每年签订一次代理协议，确定总量指标。每月经销商提交包括下个月在内的三个月滚动需求预测，需求波动较大。第二，当期的整

车库存状况。第三，前三个月的销售历史数据。第四，季节指数。每年春节过后以及3、4、9、10月属于销售旺季，这主要与一些政策有关，如银行贷款；此外在年末经销商还会观望A汽车下一年的新政策，此时会减少购买量，而最终用户在年末也会由于运费政策和节日等因素减少购买量。第五，国家政策变动对销售预测也会产生很大影响。销售公司根据以上五个方面预测出下个月的需求，报给生产计划部门。

生产计划分为月度计划、周计划和日计划三级，由A汽车生产计划部制定。计划制定周期是3～5天。计划制定是依据订单、库存、生产节奏、产能、技术能力、供应商能力等方面综合平衡。月计划逐月滚动，周计划中包含日计划。计划编制由软件生成，由生产计划部生产科负责完成。每月定期召开平衡会，参加的部门包括销售公司、采购部、汽车分公司生产科、品质部、研发技术中心、物流公司等，根据平衡会来编制生产月计划。

日计划由汽车分公司制定，然后向生产部确认，每天调整，5日滚动，计划修改提前期需要两天。汽车分公司编制生产作业计划时，采用期量标准，以计划任务书的形式传递。期量标准根据生产平衡会确定，每日根据资源和能力进行滚动平衡和调整，确定次日作业计划。作业排序依靠经验积累，需要考虑的方面包括每日作业计划（根据下一工序的工期要求来确定）、自身的产能、月计划区间、供应商库存能力和生产能力，要货紧急程度排序、运输能力、经验等。通过产能和生产节拍来确定资源需求和零部件交货期。汽车分公司作业计划主要依靠手工制定，使用Ms Excel软件，也建有内部局域网，有一个物料管理系统可使用部分ERP功能，但批条子签字等计划修改方式还非常多见。

6 供应物流

目前公司产品的自制件所占比例比较小，主要是车架和车身，按价值估算还不到整车售价的20%。大量零部件需要外购和外协。外协件和供应商依据三级计划准备，利用通用件和库存来应对需求波动。每台车近千个零部件，一个不到位就会造成汽车总装配线停产。

A汽车目前有350家供应商，绝大多数零部件有两个以上的供应商，有的甚至达到七、八家。零部件厂家分布在全国各地，大部分在湖北省、浙江省和江苏省。生产供货方式采取计划订货和看板拉动两种方式。计划供货主要为较小的、价值较低的零部件，订货保证的库存数量为三天。看板拉动的零部件主要是车桥、发动机、变速箱和动力总成，在装配线需要前0.5～1小时内配送到装配线上。

零部件采购提前期不尽相同。进口件订货提前期很长，一般需要提前3

个月，且常采取成组供货的方式以节约运输成本，进口地点主要来自美国；订货时间最长的国产件是通用件，需提前 7 天，新产品则需提前 35 天订货。

以前与供应商的沟通形式主要是传真，目前已经建立了一套供应链管理（SCM）系统，涵盖了企业采购过程的各个层面，同时预留了与企业 MRPII、ERP 系统的接口。A 汽车 SCM 信息管理系统所产生的业务过程数据，或从其他系统通过接口获得的业务数据，可通过 WEB 方式向系统特定权限的用户进行发布。供应商可以通过 Internet 进入系统。系统功能包括供应商查询、发货确认、订单查询、生产计划查询、库存报表输入、询价单查询、报价单建立等。数据查询可进行基础资料查询、作业进度计划查询、采购订单查询和库存管理。尽管如此，仍有一部分企业与供应商之间的采购工作采用传真、电话和电子邮件等传统方式。

目前零部件库存平均为 550 万元/月，最大为 800 万元/月；每月到货缺陷率为 1392.45PPM，供应商生产能力的制约环节主要是生产技术问题、工艺质量问题和资金问题，而零部件运输方面的限制环节主要是生产计划调整过于频繁以及看板计划管理不善，导致压货情况严重。

7　汽车生产工序

整车装配需要经过四大工序，即冲压、焊接、油漆和总装。如图 2 所示。

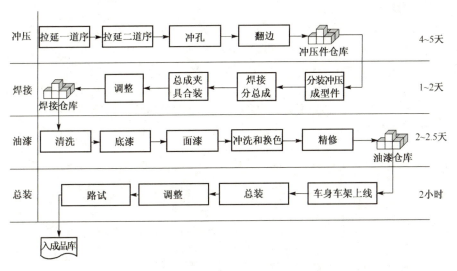

图 8-2　四大工序

（1）冲压。冲压车间有 5 条生产线，每条线 4～5 台冲压设备，设备根据不同载重吨位的零件尺寸大小进行布置。零件冲压成形需要经过 4～5 道工序

（拉延一道序、拉延二道序、冲孔、翻边等），冲压频率 7～8 次/分钟，工序和工序之间依靠皮带输送机输送，一般冲压件 230～240 件/车，整车冲压件全部完成平均需要 4～5 天。换模时间为 1 小时/套（包括设备调整时间）。冲压车间设立有冲压件仓库，存放在制品，一般最低储备 3 天～1 周的在制品，受焊装作业计划看板拉动。车身、车架并行作业，装配完成时间平均约需 1.5 小时/辆。

（2）焊接。焊接车间制定作业计划是根据油漆作业计划倒排作业时间，包括外构件和自制件，根据收集到的信息滚动调整日计划。该工序具有不同的生产节拍。生产工序首先要根据作业计划对冲压成形件进行分装（大约 1 天/辆份）；然后焊接为分总成（生产节拍 3～5 件/分钟，累计时间 0.5 天/车）；固定点焊单独作业；总成夹具合装（生产节拍为 5.5 分钟）；白车身调整（生产节拍为 5.5 分钟）后进入下道工序。

（3）油漆。油漆工序一般需 2～2.5 天。生产节拍为 2 分钟/车身，另外还有换色及等待时间。批量最好是 30 辆份，最小批量在试制车中也做过 3 台。

（4）总装。内饰、车身、车架同步到总装线。总装线实行混流生产，看板拉动，总装节拍平均为 3.5 分钟，要经过 24 个工位。批量一般为 6 辆份/组装单元。

整车装配完成后还需经过：

（1）调整。调整内容包括：调整灯光、刹车等。

（2）路试。新车下线后进行 50 公里路试，时间大约 20～30 分钟。

（3）产能情况。总装线设备连续工作极限是 18 小时/天，目前总装线日产量为 250～270 台，基本上 17 台/小时，换算大约为 15 小时/天（两班）。油漆一班的生产就可以保证总装的两班生产（节拍 3.5 分钟，日产量 270 辆份，换算工作量 16 小时/天）。焊接是两班生产，节拍 5 分钟/辆份，日产量 220 辆份，换算大约是 18 小时/天。

8 半年后

仍然是在集团会议室，刘总做了个简短的开场白，接着让大家谈谈半年来实施订单生产的情况。

汽车分公司方厂长说："订单车的合同变化太频繁了，都达到 50% 以上了。怎么在合同签订后还让顾客修改呢？还有，现在每天来生产现场参观的顾客越来越多，我们都没办法应付了。不过，这些顾客还真不白来，车间的工人们现在终于明白了'下道工序是顾客'的真正含义，他们知道，如果做不好，顾客真的会指着他们的鼻子骂。只是以前可以背着顾客做些修补的事现在没法做了。"

销售公司王部长赶紧说："这叫顾客参与，现在很时髦的一种企业与顾客共同创造价值的战略。不仅如此，我们发现那些参与到公司运作和研发环节的顾客更为忠诚，因此我们还打算鼓励更多顾客的参与呢，就权当给你们多派几个质量监督员吧，哈哈。"说着，王部长还拿出一份报告，上面记载着这样一件事情。东南亚一位经销商定制了 6 台 B 型轻卡。该经销商委派了一名业务人员进驻公司深入生产车间跟踪、监制这 6 台车的整个加工过程和工艺质量。经销商说："这是我们第一次向中国生产商订货，我们要对我们的用户负责，所以过来追踪生产过程。尽管我们相信贵公司的信誉和实力，不过我们在现场能让工人们更好地了解我们用户的偏好，这样做出来的车才更完美，我们以及我们的顾客也会更满意。"

研发技术中心的赵主任接过话头："顾客参与确实有效果。顾客带来了大量以前我们不知道的需求信息，我们综合考虑后推出了 B 系列一种新的改进型，结果大受市场欢迎。"

方厂长急了："顾客参与哪都那么好！你们至少也得引导顾客恰当地参与呀，要不然就会干扰生产了。你看，上次有个顾客看见别的订单配置的发动机好，就非要修改合同换发动机，这哪成呀！"

刘总接过话头："老方，实施按订单生产后，我们与顾客的联系本来就会更频繁，顾客参与既然有益处，那就值得好好研究。你看能不能考虑将订单履行流程对顾客开放？以什么形式开放？对了，现在计划扰动还大吗？怎么交车准时率只有 50%？"

方厂长说："刘总，你这是全民动员吸引客户呀。不过，没准开放订单履行流程还真能成为吸引顾客的一个特色。至于计划扰动频率，老实讲这种统计是事后记录，而对于生产没有意义，我们本来就人手不够，再去统计这个只会增加工作量，因此没怎么统计。不过，我心里大致有个数，排产计划的变动频率为 2~3 台/天。"方厂长接着说："我了解到的影响准时交车的主要原因有：第一，顾客提出修改；第二，供应延迟；第三，生产调整；第四，研发设计中心的工艺图纸错误太多，一次正确率还不到 50%。"

说到这，研发设计中心的赵主任坐不住了："我们也不容易呀。要知道销售公司的业务员对于产品设计不是很在行，这样给顾客提供的信息容易出现偏差，为合同生效后顾客又进行修改埋下了隐患。另外，部分客户指定零部件供应商，一般来说，这些供应商都是知名度高的厂商，客大欺主，对他们难以进行管理，所以零部件的工艺设计常常也会延期。还有，以前的设计资料和产品数据库很多都不完善，但订单合同很多又需要进行二次开发，这些工艺修改少则半天，多则一周。我们初步统计了一下，一年的修改量就达到 4000 多条。我们人手不够，还得抽人手从事新产品的研发，不能完全只做生产辅助开发呀。"

采购部苏部长接着说："我们更难呀！"苏部长在这些企业内部强势部门前说话总是很低调，"订单生产的品种数量很难事先确定，特别是选用进口件和指定零部件（例如发动机）的合同，使得零部件采购管理更难，如同抓药方。为了保障按订单生产，我们加大了零部件的安全库存，可这样一来我们每月考核都超标。唉，我们是舍己为人呀……"

生产计划部李部长也说："目前销售公司对所有订单都接，形成批量生产的品种只占10%，大部分没有形成批量生产。我们正准备和研发技术中心合作设计一个流程对订单进行技术过滤。不过，由于技术中心人手不够，一时半会恐怕还难以实现。"

销售公司王部长又是笑容可掬，他说："你们说的基本上都是大客户，这些大客户愿意出钱，而且我们不敢得罪；不过，我们也不是什么都没做，这不，我们刚上了一套订单评审系统，往后可能这类现象会好些。至于业务人员对产品了解少的问题，我们正想邀请研发技术中心的工程师们对销售人员进行内部培训呢。"

赵主任赶紧说："你饶了我吧，本来就人手紧张，方厂长还硬抢了几个骨干说参加什么'消防大队'去了，哪里还有人去做培训？"

刘总听到这话，带着疑惑的眼光看了方厂长一眼。方厂长解释道："为了应对生产方式的战略转型，我自己想了个办法，就是效仿应急消防大队的模式，从各部门抽调一两个精英在全公司范围内处理各种疑难杂症。目前效果还不错，就是太累了。顺便说一句，我是大队长。"

一直都在听的财务部秦部长此时说："这半年来，公司的成品车库存显著降低，流动资金周转加快，但同时零部件库存上升，零部件库存周转变慢。"

听着会上各部门实施按订单生产半年以来的种种问题，刘总陷入了沉思，实施按订单生产怎么和预想的不一样呢？到底前景如何？

9　订单评审

实施按订单生产以后，销售公司新上了一套订单评审系统，该系统和Ａ汽车整个公司的管理信息系统连在一起，即使只有单台车订单，也鼓励经销商及时将订单信息传递到销售公司或驻外业务员。销售公司的订单车主要靠业务员和经销商以"抓市场"的方式获取，具有不确定性，一般来说车型配置越高端，客户忠诚度越高；车型配置越简单、价格越低，客户忠诚度越低，因此Ａ汽车采取跟踪每个顾客，并定期拜访关键顾客的销售方法。

新的订单评审流程分为五大部分：合同评审、预付定金和订单提交、销售合同变更、支付全款和接待用户、用户提车。在所有销售合同中，紧急订单比例大约占到20%，生产调整是通过对普通订单预留２天的缓冲生产时间进行。所谓紧急订单是指以下五种情况：第一，交货期比正常时间短的订单；第二，物料没有及时到达或预期不能及时到达的订单；第三，部分招投标项目；第四，顾客营运证快要到期的订单；第五，消费信贷批准时间较晚的订单。

9.1　合同评审

合同评审的目的，一是保证在合同签订前正确理解并确认顾客的要求；二是确保公司有能力满足顾客的要求。合同评审的范围包括产品要求的确定与《汽车产品销售合同》的评审。合同评审程序是从发现顾客意向到合同签订或放弃合同的整个阶段。此过程由销售公司负责，由销售计划员负责收集和分析有关信息。

具体工作步骤包括：第一，确定产品要求。这需要首先确定顾客明确提出的要求。然后确定顾客虽没有明确提出、但预计会提出，或规定用途所必需的要求。其次是确定与产品有关的法律法规的要求。再次是确定 A 汽车对顾客附加的责任。第二，搜集分析并确认顾客要求后交给计划员进行合同评审。第三，按车型分类规则进行分类，记录到《合同登记表》中。第四，录入到订单管理系统，相关部门进行评审。第五，根据评审结果与客户进行沟通。第六，如果评审结果为可行，且顾客同意，则执行《汽车产品销售合同》。第七，如果评审结果为不可行，则再次与客户沟通看能否更改要求。第八，如果客户同意更改，则再次确认顾客更改后的要求，重新回到第三步。第九，如果客户不同意更改，则在《合同登记表》中登记为不执行并归档。第十，如果生产中途顾客要求更改配置（选装件），则在订单管理系统中新建订单更改见（销售合同变更），并经相关部门审批及通知生产部门。

合同评审过程一般情况下需要大约 1 天时间，涉及研发技术中心、采购部、生产部、财务部等，但具体情况可能因为车型配置和需求不同而又有很大区别。研发技术中心对合同中有关技术方面的问题把关，而由财务部对合同价格进行审核。技术中心首先对合同技术配置作出技术认可，财务部对合同定价和成本估算作出认可（主要是确认资金到账和价格核算）。销售公司据此下达排产计划，下发生产部门，计划修改提前期一般不固定，以满足顾客个性化要求为主。

9.2　销售合同变更

由于汽车行业的顾客群体主要是私人或各长途货运公司的承包司机，因此购买行为经常受各种因素影响，这种影响反映在顾客对已生效合同的修改上。对于这种修改，销售公司原则上会尽量满足，前提条件是合同修改在技术、生产、采购和价格上可行。合同修改的流程基本上和合同评审流程相似，

由顾客提出具体要求，销售公司组织合同评审，评审通过则由生产计划部调整相应的排产计划，并反馈顾客；若合同修改评审未能通过，则将结果反馈顾客，或者会劝说顾客保持不变，或者会取消合同，返还定金。

合同修改会对企业的正常生产运作造成不同程度的影响，因此需要尽量减少修改量和修改程度。目前 A 汽车是将合同修改作为考核指标的一部分，规定销售业务员手中的合同更改比率尽量不大于 20%，计算公式是：

$$合同更改比率 = \frac{合同更改次数}{合同数}$$

10　按订单生产的供应物流

A 汽车目前主要运用安全库存策略来应对订单生产，并通过和国内其他汽车制造企业进行协调来调剂多余或不足的物料。A 汽车要求供应商适应汽车装配生产的需要，目前没有对供应商进行辅导，和供应商的关系仍然是传统的甲乙方或买卖关系。另外，A 汽车在处理大型供应商以及顾客指定供应商方面也感到比较棘手。和供应商的结算一般每月进行一次，结合供应商评价结果，按一定比例支付上月货款的一部分，如此循环进行。对于供货缺陷和违规操作，采购部会做出相应经济处罚。

零部件库存周转情况，原来是 14 天周转一次。实施按订单生产后，相关零部件库存变为 16 天周转 1 次，随着订单范围的扩大，零部件周转速度逐渐降低，变为 23 天周转 1 次。近来零部件平均库存量保持在高水平，其中进口件库存为 2000 万元。库存量如此之大的主要原因如下：① 进口件较多；② 汽车型号多，从而导致零部件品种数多；③ 由于推出的新产品使零部件品种发生变化，会引入新的供应商，部分供应商提前 1～2 天将所需零部件送到，从而形成 A 汽车的库存；④ 每年有 80 万元长期不用的待处理零部件（呆滞件）；⑤ 生产能力大幅提升导致零部件的数量增加；⑥ 产品族之间的零部件通用性比较低。

案例使用说明

一、教学目的与用途

本案例适用于《运作管理》、《物流与供应链管理》及相关课程的案例讨论。本案例提供了一个制造型企业进行运作战略转型的翔实样本，目的在于帮助学员能够通过对该案例的学习和讨论加深对推式生产和拉式生产两种不同运作战略的理解和实际应用，进一步明确运作战略理论的一般原则和适用范围，有效地掌握不同生产方式的设计、运行和维护的基本思想及要求。

二、启发思考题

1. 运作战略除涉及运作职能之外，还涉及到哪些方面？A汽车实施运作战略转型是否具备必要的条件和资源？各部门的言论哪些可取，哪些不可取？

2. 前一次会议中还有哪些方面被A汽车几乎所有人都忽略了？在后来实施按订单生产过程中，这些被忽略的方面产生了什么结果？前后两次会议分别反映出A汽车在运作战略转型方面的什么问题？

3. 精益生产的思想如何在按订单生产方式中体现？按订单生产过程的价值流如何分析？实施按订单生产有哪些独特的指标？

4. 顾客在定制生产中是什么角色？如何看待定制生产中的顾客参与？订单履行过程能否向顾客开放？

5. 按订单生产是否仍有必要进行预测与计划编制？如果有必要，如何才能让这种预测与计划编制更加准确？

6. 这个案例对您的管理实践有何启示？

三、分析思路

教师可以根据自己的教学目标来灵活使用本案例。这里提出的本案例的分析思路仅供参考。

1. 第一条思路可以围绕着推式和拉式两种不同的运作战略来展开。这两种不同的战略具有不同的适用条件。两种战略截然不同，各有所长。一般来说，推式生产容易获得规模经济效应，但产品标准化程度较高，缺乏对顾客个性化的反映；而拉式生产容易消除产成品库存，且能够尽可能地满足顾客个性化需求，但会使响应速度和运作成本上升。推式生产适用于采取以低成本为主要竞争武器的企业；拉式生产适用于采取柔性竞争策略的企业。如何取两者之长？其实，这两种运作方式并非不可调和，很多情况下可以采用推拉结合的生产方式，而这其中推拉结合的程度，即订货备货分离点（CODP点）优化位置的确定，值得深入思考。

2. 第二条思路可以围绕价值流在不同生产方式中的不同体现形式来分析。随着生产方式的变化，相应的价值表现形式会随之变化，各相关指标和所需资源也有所不同。例如，在原来的大量生产方式下，价值体现在产品不断装配和完成的过程中，只要多装一个零部件，就为产品增加了相应的价值；在按订单生产方式下，只有对那些确定了顾客订单的产品进行装配，才是真正在增加价值。因此，这里可以引导学员从精益生产所定义的价值出发，分析上述问题，并进一步采用价值流分析的范式，画出 A 汽车的现状图，然后根据案例描述推测其未来图，并将企业的实际做法和所推的未来图进行比较，从中发现异同，进而深入讨论。

3. 第三条思路可以围绕运作战略和其他职能战略的关系来展开，引起学员的思考。本案例中提供的相关数据可供分析运作策略和营销策略、研发策略、供应链策略等不同职能策略之间的关系。随着市场竞争的变化，企业的运作策略以及其他各种职能策略也需要作出相应调整。然而这种调整并非各自为政，而是需要相互协同，即各职能策略需要服从企业总体战略，并与如何满足市场需求、如何进行产品定位以及如何与工艺技术相匹配，以取得更大的竞争优势。

4. 第四条思路也可以围绕顾客参与定制生产来展开。在大量生产方式中，企业所生产的标准化产品并不体现顾客个性化需求，顾客作为生产系统外部的干扰因素应该和生产系统隔离，以保证生产的顺利和稳定，因而顾客不与企业生产过程进行交互。实施定制生产不一样，顾客定制的产品本身就承载着其个性化需求特征，因此顾客偏好了解得越清楚，才能对需求满足得越准确，这使顾客与企业的交互更为频繁。这种差异是伴随着定制生产方式的产生而产生的。A 汽车现有运作模式中已初步体现出这种现象，例如，各种信息系统都能查看特定产品的生产进度和工艺过程。是否能进一步通过设置权限等方法，实现顾客远程的可视化定制功能，满足顾客参与并亲眼看到自己产品得以完成的体验需求？从实践角度需要考虑的是顾客参与的具体形式、途径以及如何更好引导和利用顾客参与这一形式来获得更大竞争优势。

四、理论依据及分析

1. 按订单生产及大量定制有关理论
2. 价值流管理理论

3. 运作策略和职能策略的协同理论

4. 顾客参与共创价值理论

五、关键要点

1. 对于不同的运作策略，需要能够正确识别关键推动因素及其相关特征指标。

2. 要善于抓住不同策略间的差异之处，深入分析。例如，定制生产中的顾客参与现象与大量生产非常不同，这一差异到底给企业带来什么影响可做进一步分析。

3. 注意传统运作管理理论在新市场环境、社会环境下与企业真实实践的不同之处。国外管理理论的发展比较完善，但这不等于国内企业就可以照搬国外经验，而现有理论与实践的差异正是建立适合我国企业和国情的管理理论的一个重要途径。

4. 企业在考虑实施某种职能策略时往往过于关注局部利益的获取，而不是职能策略之间的协同效应。这是一个普遍存在的问题，需要引起足够的重视。

六、建议课堂计划

以下是按照时间进度提供的本案例课堂计划建议，仅供参考。

整个案例课的课堂时间控制在 80～90 分钟。

课前计划：请学员在课前完成案例阅读和初步思考，提出启发性思考题，并阅读和案例有关的理论文献。

课堂计划：教师做必要铺陈（2～3 分钟）；

　　　　　简要的课堂发言，明确主题（3 分钟）；

　　　　　分组讨论，并告诉学员发言要求（30 分钟）；

　　　　　小组发言（每组 6～7 分钟，控制在 30 分钟之内）；

　　　　　引导全班进一步讨论，并进行归纳总结（15～20 分钟）。

课后计划：请学员分组就有关问题的讨论进行分析和总结，写出书面报告。

七、深入阅读

为帮助学员更好地理解相关的理论基础，推荐阅读下列文献：

［1］　Hayes R H，Wheelwright，S C. 1979. Link manufacturing process and product life cycles. Harvard Business Review. 57（1）：133—140.

［2］　Hines P，Rich N. 1979. The seven value stream mapping tools. International Journal of Operations and Production Management. 17（1）：46—64.

［3］　Holweg M，Pil. F K. 2001. Successful build—to—order strategies start with the customer. MIT Sloan Management Review. 43 (1)：74—83.

［4］　Krajewski L，Wei，J C，Tang L L. 2005. Responding to schedule changes in build—to—order supply chains. Journal of Operations Management. 23 (5)：452—469.

［5］　Prahalad C K，Ramaswamy V. 2004. Co—creating unique value with customers. Strategy & Leadership. 32 (3)：4—9.

［6］　Safizadeh M H，Ritzman L P，Sharma D，Wood C. 1996. An empirical analysis of the product process matrix. Management Science. 42 (11)：1576—1591.

［7］　Silveira G D，Borenstein D，Fogliatto F S. 2001. Mass customization：Literature review and research directions. International Journal of Production Economics. 72 (1)：1—13.

［8］　Spearman M L，Zazanis M A. 1992. Push and pull production systems：issues and comparisons. Operations Research. 40 (3)：521—532.

［9］　Wernerfelt B. 1994. A resource—based view of the firm. Strategic Management Journal. 5 (2)：171—180.

［10］　Zhang X，Chen R Q. 2008. Examining the mechanism of the value co—creation with customers. International Journal of Production Economics. 116 (2)：242—250.

［11］　Zhang X，Chen R Q. Forecast—driven or customer—order—driven? An empirical analysis of the Chinese automotive industry. International Journal of Operations and Production Management. 26 (6)：668—688.

<<< **栏目4 商业模式与市场营销**

LCU 公司渠道运行中零—供关系管理①

摘要： 在经历了 30 年（1960～1990）的历练后，连锁超市已成为占主导地位的零售业态。通过坚持不懈地推广连锁经营，零售商不断冲破地域限制形成了规模经济，从而可越过批发商直接从供应商进货。原来的产销矛盾开始演化为供—零矛盾。在市场大供应链终端的零售业本身渠道运行效率提高的同时，供—零矛盾的出现对营销带来了新的挑战。本案例选择 LCU 连锁零售公司（以下简称 LCU），深入研究 LCU 对供应商的分类、选择、建立业务关系和奖罚等行为。在布局上，首先，简要介绍案例企业背景和 LCU 的概况及其货物采购；其次，深入研究 LCU 与供应商业务的建立、维护和发展；最后，详细分析 LCU 对供应商的管理行为（包括奖罚等），以便进一步实例论述渠道运作中零售商与供应商的关系管理。

关键词： 渠道运行；零售商；供应商；关系管理；LCU 公司

【案例正文】

0 引言

零售商与供应商是营销渠道和供应链中的两个十分重要的环节。自 20 世纪 70 年代初以来，随着所谓"零售革命"的兴起，萨姆·沃尔顿（Sam Walton）为新新移动一族带来了 20 世纪版本的购物模式，② 连锁超市发展成为占主导地位的零售业态。通过连锁经营，零售商持续不断地突破地域限制，形成规模经济，从而可以跳过批发商环节直接从供应商进货。与过去相比，零

---

① 本案例由北京理工大学管理与经济学院倪跃峰副教授和杨楠楠共同撰写，版权归北京理工大学管理与经济学院所有。未经允许，本案例的所有部分都不能以任何方式与手段擅自复制或传播。由于企业保密的要求，在本案例中对有关名称、数据等做了必要的掩饰性处理。本案例只供课堂讨论之用，并无意暗示或说明某种管理行为是否有效。调研过程中，得到了企业的大力支持，在此一并致谢！当然，文责自负。

② （法）朱迪斯·克斯迪恩斯，马塞尔·克斯迪恩斯. 2005. 决胜零售. 管新潮，姚奕译. 北京：华夏出版社. 94～96

售商与供应商的接触从未像现在这样频繁和密切。这一变革使流通渠道大为缩短，流通效率也大大提高。然而，在流通渠道变化的同时也引发了新的问题。原来的产销矛盾开始演化为零售商与供应商的矛盾，而且这种矛盾有愈演愈烈的趋势，致使一些零售商与供应商的关系不时陷入危机。随着中国由供不应求的卖方市场转变为供过于求的买方市场，生产与流通的关系也逐渐发生变化。原来处于生产商附属地位的零售业开始占据主导地位。零售商逐渐掌握销售终端的优势变成强势，供—零关系发生了巨大变化。现代零售业给供应商带来的冲击，绝不仅仅表现在运作层面上，或是仅仅在营销领域。零售商和供应商的关系管理构成本文要探讨的主要问题。

LCU 具有完整的供应商管理体系，这保证了 LCU 商品供应链的畅通，进而在一定程度上也保障了资金链的顺畅和 LCU 的盈利得以实现。所以，挖掘、研究和分析 LCU 与其供应商的关系，从案例角度看，对工商管理界了解当前的供—零关系发展，折射营销渠道运行的改变有很大的实践意义。

1　理论综述概要

对于世纪之交商品流通环境的变化，哥乔斯、玛瑞恩和韦斯特评论道，"经销商的环境在过去五年中的变化，要比此前 50 年来还要大，启动这个重大变化的包括技术、社会和经济因素"。[①] 现代零售业革新了传统零售业，越来越占据工商关系发展和渠道运行的主导地位，并随之带来了三个市场上的变化：第一，独立的大型零售商已经构成了一个市场势力；第二，少量现代零售商的经营管理水平得到了大幅度的提高，甚至高于大型供应商；第三，零售商开始主导整个供应链。

于是，基于发达国家渠道发展的状况，惠勒和赫什得出结论："在各个行业中，对消费者购买行为能够产生影响的力量，已从商业流程的上游（生产者）的手中，转移到下游（各种不同的渠道）的手里"。[②] 正是以上三个市场变化，才迫使整个营销渠道和方法也必须跟随之着发生改变。

在分析了现代制造商、供应商与经销商的不同后，哥乔斯、玛瑞恩和韦斯特指出"制造商与经销商的关系必须重新考虑，以应对变革"[③]。无论是卡尔·马克思的剩余价值学说及其流通理论还是当代许多管理思想家都认为：

---

① （美）琳达·哥乔斯，爱德华·马瑞恩，查克·韦斯特. 2005. 渠道管理的第一本书. 北京：中国财经出版社，131—137

（美）史蒂文·惠勒，伊万·赫什. 2004. 渠道冠军. 逸文译. 北京：中国财经出版社. 29

② （美）琳达·哥乔斯，爱德华·马瑞恩，查克·韦斯特. 2005. 渠道管理的第一本书. 陈瑜清，林宜萱译. 北京：中国财经出版社. 131，137.

③ 同注①

供应商生产产品创造价值，但是实现价值必须有零售商的参与、作用和贡献，这样才完成价值链的形成过程。这样，罗森布罗姆认为"在过去30年里，零售商取得了很大的发展，规模也越来越大型化，经济集中程度也越来越高了"。[①] 对生产制造企业经营效益来说，零售商的影响越来越大。要想胜过竞争对手，归根到底取决于什么样的高效率的零售商能与供应商合作更默契，高效率地把产品投放市场。从零售商来看，对于供应商的管理作为超市的增长点之一备受关注。

当产品、品牌、服务对象、合作伙伴达到一定的数量时，对其进行分类管理是实现有效管理的重要手段和途径之一。分类管理不仅强调针对性还有专门性，而专门化的管理可以提升管理效率。分类管理的理念早已存在。譬如，在教育管理中，强调"因材施教"。这实际上就是一种分类管理在教育实践中的应用。在企业的客户关系管理中，把客户区分为几个大类进行个别管理，如大客户管理、高增长客户管理等。有学者把分离管理视为零售商经营管理的核心部分和基本的管理模式。这符合分工精细化的发展要求。正因为分工的深入开展，才不断创造出可观的经济效益。不过，分类管理要和技术一经济关系的发展相适应，而非一味追求为"分类而分类"。

2　研究方法的选择

为了深入探讨与较为详细地研究 LCU 商业渠道运作中零售商与供应商的关系管理，在认真讨论和反复思考的基础上，作者认为，通过研究设计一个特别的调查问题纲要，对 LCU 主管供应商的副总监杨先生进行单独深入访谈是合适的。通过它是可以找到涉及所要研究的问题的许多一手信息和数据的。因为从方法论上讲，在这样的问题探索性研究中使用经过特别设计的提纲访谈法是比较适宜的、也是比较可靠的。

于是，基于上述认识和准备，作者在 2007 年末，为进行本项研究专门设计和凝练了调查纲要中的问题。实地深入访谈式调查是于 2008 年上半年在北京地区实施的。因为有特别的、比较资深的业内人士强力推荐，案例研究中的实地调查与访谈进行得比较顺利。这样的深入访谈内容得到有效的记录、整理和分析。

3　杨总其人

杨总到 LCU 供职已经近 10 年了。他从基层岗位做起，经中层经理到高

---

① （美）伯特·罗森布洛姆. 2004. 营销渠道. 李乃和，奚俊芳等译. 北京：机械工业出版社. 61

级职位已经有四年了。杨总的工作作风很干练。决策前会十分认真地与团队成员一起做尽可能周密的市场调研、仔细分析、深入讨论，并比较广泛地听取不同意见与建议。决策时，能较充分地考虑到可能由决策引致的结果。

4　LCU 公司概况

1）LCU 的历史

1988 年创立的 LCU 公司是现代化大生产条件下"大卖场"业态的跟进者之一，目前是中国较大的零售商。现拥有近 1200 家营运零售店，业务范围遍及 20 多个省和地区，LCU 有"大卖场"、会员店、折扣店、便利店等销售业态。LCU 的"大卖场"的销售份额占到了其总销售额的 59％，超市占 17％，会员店加便利店合计占 15％，"折扣店"占 9％。其中，在中国 LCU 开设的门店都是"大卖场"。

1995 年，LCU 开设了当时中国规模最大的超级购物广场之一。LCU 对于消费者产生了深远的影响。其新型的经营理念成功地被消费者所接受；其声誉卓著的专业管理技术和迅速盈利的业绩得到了其大股东的首肯；其"一站式购物"等理念得到了消费者的广泛认可。

2）近五年来 LCU 的发展状况

从 LCU 首先进入华北地区到现在有 13 年的历史了。根据 LCU 接受调查的一位高层管理者估计，2008 年末它在中国的"大卖场"会增加到 1200 多个门店（业务已经扩展到了包括深圳、广州、福州、杭州、无锡、青岛、南京、大连、沈阳、哈尔滨、昆明、重庆、成都和乌鲁木齐等在内的 20 多个大中城市）。

3）LCU 的采购部门概况

LCU 公司分为华东、华北、华南、华中、西南、西北和东北七个大区，每个大区下又设若干个小区。LCU 自建区域性物流中心，相对集中采购，并密集建店，以便利用区域采购（一些区域性产品采购放在大区）和配送管理的优势来降低成本，提高其物流效率。

5　LCU 公司对供应商的管理问题

5.1　LCU 对供应商管理的内容

与 LCU 建立业务关系的供应商有数千家，其中 90％都是当地的供应商，只有 10％为进口供应商。由于消费品市场千变万化，其中一些供应商的变动比较频繁。因此，这种业务关系不是十分稳定的。其商务发展实际情况需要 LCU 对供应商强化管理，即充分利用分类管理理论。该零售商对供应商管理的内容主要有以下六个方面：

（1）对供应商进行分类与编号。分类的方法一般可按商品来划分，如蔬菜类、主副食品类、熟食类、一般食品类、文具类、家用电器类、针编织品类、衬衣类、烟酒类、玩具类和日用百货杂品类等十几个大类。为方便管理，在与供应商供应的商品分类相一致的分类号码下，各 LCU "大卖场" 和超市都会给每个供应商设定编号。常用的编码是六位数，前两位为商品类别代码，后四位为厂商代码。

（2）建立分门别类的供应商基本资料档案备用。LCU 给每一个供应商建立一个专门档案。其内容主要是与供应商有关的公司名称、电话、地址、注册资本额、负责人姓名、营业证件号、营业资料等。

（3）对各类供应商进行业务关系评价。按供应商与 LCU 关系的密切程度，将其划分为：很密切、密切和一般三个类别（即不够密切）的供应商，并实施分类管理。这构成了其对供应商进行有效管理的核心内容。

（4）建立不同供应商的商品 "台账" 制度。为每一种商品以及相应的供应商建立专门的 "台账"，以明晰商品的存与销的情况。其 "台账" 内容包括：供应商代码、商品代码、商品序号、商品名称、规格、进货量（如又分不同时期的进货量及累计进货量）、计量单位、进价、售价、销售额（如不同时期的销售额）、累计销售额和毛利率 12 项。分别对单位时间内（如一个月）每一供应商所提供的商品数量、销售金额进行统计，并编制同类厂商销售数量排列表，并以此作为在下一批次进货时议价谈判的依据。

（5）分门别类地管理采购合同。采购人员根据 LCU 事先制订的一份规范合约书，制订合约管理细则。该管理细则包括合约签订、登记、审核、检查、处理等内容。LCU 配备专职或兼职采购合同管理人员，并随时掌握采购合约是否履行和注销等情况，统一负责采购合约的造册登记和存档。

（6）建立服务及商品检查制度。采购人员应随时对分类供应商所提供的商品的品质、销售状况、厂商服务状况等进行抽查，向上一级及时汇报，与供应商及时沟通，并对出现的问题要求其供应商在规定的时间内改进完毕。

5.2 LCU 对供应商的分类管理

LCU 的 "大卖场" 会将其数千家供应商分为 A、B、C 三类，呈橄榄形，比例分别为 20％、50％和 30％（见图 9-1）。占 20％的称为主力和重要供应商（A 级，即业务关系很密切），比例 50％的称为较重要供应商（B 级，即比较密切），另外 30％的供应商成为可选择性供应商（C 级，为一般供应商）。

重要和非重要供应商的区分，意味着其获得的待遇和政策是不一样的。对于重要供应商，LCU 政策的倾斜主要表现在四个方面：

（1）新商品的申报政策。重点供应商在申报新品时对其能否为 LCU 所接受的担心要少一些。非重要供应商通常会为申报新品煞费苦心，往往要付出比 A 级供应商更多的努力却不一定能够如愿以偿。

（2）优先付款政策。在大多数情况下 LCU 不会无缘无故地拖欠供应商的账款，但总会有一些特殊情况发生，此时 LCU 最先考虑的必定是重要供应商，保证其货款及时支付。因为他们是 LCU 的主要利润贡献者。虽然发生频率不高，但货款拖欠事例不时会落到 C 级供应商的头上。

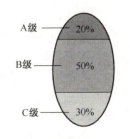

图 9-1　LCU 对供应商
的橄榄形分级

（3）陈列方式与陈列位置。主要指正常的货架陈列，LCU 在按分类管理原则摆放商品的时候，还会考虑到品牌和畅销品的陈列位置。"大卖场"中随处可见重要供应商的商品多是按照消费者"易得见、易接触"的标准来陈列的，例如广州宝洁公司的专柜陈列。但对于其他供应商（包括 B 级），则很难做到这一点。

（4）促销安排上的倾斜。LCU 会有一些促销区，面积不太大，大约占整个"卖场"面积的十分之一，但是它可以创造整个"卖场"30％以上的销售业绩。因此，能否在促销区陈列也是各个供应商除了正常货架之外要争抢的重要地盘。作为各个"大卖场"，也有自己的计划，最好的陈列位置一定要给最能创造业绩的商品，而这些商品通常也是那些重要供应商提供的。B、C 级供应商通常难以竞争到最好的陈列位置。

5.3　实施分类管理的原因分析

对 LCU 而言，将供应商进行等级划分是其优化盈利模式的一个管理过程和方法，而实施这种方法的核心依据是"供应商贡献度"。"大卖场"是基于自身的盈利需求而进行各项资源的调配管理的，其中供应商是"大卖场"利润得以实现的重要资源之一。二八定律自然法则，LCU 把它应用在供应商管理中也是非常有效的。为"卖场"提供了 80％的利润的那 20％的厂商，自然就是"卖场"的主要供应商，他们是"卖场"生存和发展的保障性条件。对供应商的级别分类将有助于实现"卖场"资源的最有效利用，也能获得最大化的利益组合。在具体分类的时候，LCU 考虑的指标参考值主要包括：

（1）产品品牌分类及其组合。这是最基本的条件之一，包括产品的品牌、销售毛利或者是否属于具有当地特色的产品类别，而且在代理规模上是地区内比较大的、在代理级别上是比较高的。一般来讲，拥有高品牌知名度的供应商都有较强的资金实力，对于这一点，LCU 公司也是非常清楚的。LCU 倾向于接受有较高品牌知名度的供应商的产品。

（2）按利润贡献大小分类。做商业的目的是赚钱，LCU 理所当然地将供应商对其利润的贡献看得很重要。利润贡献不仅仅是"销售毛利"，它包括一切可以创造收益的因素：费用投入、利润返回（俗称"返利"）、促销支持、合同条款等。如果销售毛利低了，但只要费用投入多，"返利点"高，综合毛利达到"卖场"要求的指标，同样也能成为重要供应商。

（3）特别指标。除了以上两个基本衡量尺度，"卖场"还会根据特定地域或特殊产品等具体情况而设立特别指标。比如，针对必须出售的那些商品（譬如鲜花等）或者由于目前国内标准化管理尚不健全（如目前的有机绿色和环保性产品系列）而产生的中国式人情待遇，通常会享受非同一般的礼遇。

6　LCU 与供应商业务关系管理

6.1　LCU 与供应商的三种业务关系

LCU 获取利润的方式与供应商之间的合作形式密切相关。供—零合作形式主要包括经销、代销和柜台租赁三种。在不同的合作形式下零售商的利润创造机制差别很大。

1）经销模式

它是一种真正的供应商关系，即供应商将产品按照一定的双方达成的协议价格销售给零售商，零售商按照实际进货量支付供应商产品购买金额，即买断。零售商再根据市场行情及自身的利润目标确定该产品零售价格后销售。零售价和其采购价格与零售成本两者之和间的差额为零售商的销售毛利。销售人员成本和"大卖场"投资分期折旧及其运营成本（水、电和气等）由 LCU 承担，商品零售价完全由 LCU 决定，与供应商无关。

2）代销模式

LCU 与供应商之间形成"扣点关系"，在它们之间不存在真正的买和卖，而是由供应商向零售商支付库存费并提供推销人员，在商品按照供应商主导价格销售后，按照实际销售额和双方事先确定的扣率扣除一定金额；或者，零售收入按一定比例分配扣除，如每 100 元里面扣除 20 元等。这部分便成为零售商的利润。在正常的情况下，LCU 出售商品，一批货物上架一定时间（如一个月）后卖不出去而剩下的商品可以退给供应商，以减缓零售商的库存压力。

3）柜台租赁模式

它是一种纯粹的租赁关系，从某种意义上说，这并非真正的零售而更多偏向于商业地产模式。即 LCU 提供一定面积的场地给供应商，并向供应商收取一定的租金及日常管理费用（如"大卖场"出口之前的长廊或通道两侧的茶叶店和小吃店等），这也被融入零售商的利润。

在供—零合作的三种形式中，LCU 的业务发展主要依赖经销和代销两种模式。在这两种主要模式中，LCU 对于供应商及其产品都实行严格的比较有效的分类管理。在供—零双方充分商谈的前提下，三种供—零合作的模式是可以互相转换的。在渠道管理实践中，LCU 对于有效消费需求比较旺盛且比较稳定的成熟产品总是倾向于选择经销模式（见图 9-2）；而对于需求变动大、品牌知名度不高的产品让它们走入代销模式（销量与利润关系和经销模式相似，为保持简洁起见在图 9-2 中省略）。

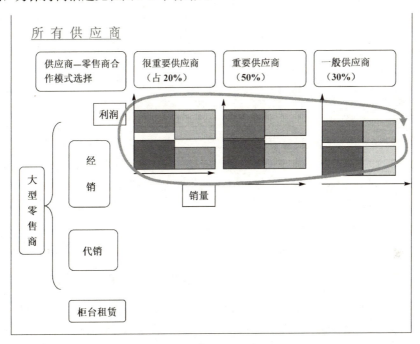

图 9-2　三种商业合作模式下供应商—零售商关系框架示意

6.2　商品的定价

从零售商的角度考虑，商品定价时首先要考虑的是销售商品这个环节的利润。但是随着零售企业规模的上升、市场竞争程度的提高，消费者关注的不仅仅是要求商品物美价廉，更多的是关注商品自身的品质保证和服务。这也就迫使零售商在厂商供货时还要提出更多的要求。

因此，原本零售商只是关注商品的价格和所能获取的利润，如今除了选择商品的三个基本标准（在可比商品类别中有竞争力的价格、达到基本质量要求和标准、按时交货）之外，零售企业在采购中的做法发生了一些改变，它考虑的因素远超出上述三个标准。其中，突出的一点就是要求增加附加值（包括质量稳定，良好的售后服务、送货、安装调试，还有质量保证和维修等）。

为了配合价格政策的执行，LCU 选择了在其体系内部下放营运权利，也就是给各个门店以比较大的权利，比如订货、陈列、小规模和短期的促销谈判、定价等，而总部商品部只负责新商品进店的谈判、年度合同谈判和大型促销活动的谈判。执行这种价格政策的结果是同时间同样的商品在不同的 LCU "大卖场"，其价格很可能就有差别。

6.3　商品的促销

随着消费品市场竞争激烈程度的不断提高，无论是供应商还是零售店，商品促销活动不可不做。促销活动也有多种形式：

1）联合促销

如果 LCU 的某类商品的一个供应商根据其所在市场的发展态势需要发起促销，它要跟 LCU 协调，并由 LCU 为其事先统一做出计划安排。在通常情况下，对于 LCU 而言，促销商品的价格要适当调低。LCU 与供应商共同举办的促销活动需要供应商提供促销活动经费，包括促销建台费用、店内促销海报赞助金和牌面赞助金（建立促销牌）等。LCU 有规定：每年的经销限制在 20 天时间内，供应商可以提供一些免费商品进行促销，也可提供一定价值的赠品或者一定的售价折扣。

2）LCU 决定的促销由其自身和行业竞争态势来决定

在经销类商品中，LCU 各个门店的经理可以通过手里的定价和促销权利，根据自己门店的情况灵活运作，以及进行促销谈判和选择促销商品。比如，当面临其附近或者旁边某个规模超市激烈的价格竞争时，LCU 各个门店经理可以快速做出反应：挑选商品减价，直至获得更多的价格优势。而一旦发现自己已经获得足够价格优势时，那么门店经理们马上可以调整价格，以获得更多的毛利。又比如，在每个月末，零售商都有一项工作要做，那就是 LCU 采购小组成员会对所有商品的销售情况进行检查，根据分类商品的销售量和销售额排名，对排名在最后面的几个商品进行处理，可能采取的行动包括特价促销。

7　LCU 对供应商管理具体问题的分析

7.1　LCU 如何选择商品和供应商

第一个问题是 LCU 引进什么样的商品？LCU 每年都会委托第三方专业调查机构对其每家门店及竞争对手做几次细致的顾客调查研究（如每年 3～4

次），其中的商品形象调查选择几十个基本或关键类别。比如，主食类、食用油、菜蔬类、水果、肉类、牛奶类、啤酒类、男士衬衫、洗衣粉、洗发水、文具、玩具和脚踏车等。每次 LCU 都会就这些分类商品的价格、可选择性、品质、时尚性等调查顾客的想法和意见。当然，在连续不断的调研中，其上一次的调查结果自然会成为各"大卖场"的店长们和商品部在接下来的阶段引进商品和改进分类商品结构的重要依据。

主要地根据 LCU 的渠道运行实践，它在选择供货商之前，通常会从以下三个方面来考虑问题：

1）对方的分销系统能否覆盖其所有的门店

在今日中国，LCU 门店的发展几乎已经覆盖全国：南起广州，北到哈尔滨，西至成都、重庆和乌鲁木齐。但是 LCU 是不建大型仓库的，所有的产品都要通过商务合作公司（供应商）的分销商或第三方物流公司来送达。这是发达国家新兴的物流发展趋势之一，叫 VMI（Vendor－managed Inventory），译作"供应商管理仓储"。其含义是：供应商把所供分类商品储存在第三方物流公司，并在商业客户提出需要的时候由专业物流公司按照要求将所需分类商品数量按照约定时间运输到指定地点。如果合作公司的部分地区分销商不能满足 LCU 对送货的要求，或者如果合作公司的分销商实力很弱，分销和物流管理能力不足（要有足够的证据），就会在很大程度上影响 LCU 的商业利益的稳定增长。

2）供应方的产品是否适合在其所有门店销售

有些时候，即使 LCU 的供应商的分销系统有能力覆盖到其所有门店，但还要考虑其产品是否适合在该地区的门店进行销售。例如，乌鲁木齐分店是否适合销售产自华东的米酒？又譬如，在哈尔滨分店是否销售在广州人用来煲汤的陶瓷锅等。

3）"费用"条件

在杨总的主持下，LCU 对供应商收取一系列的高额进场费（Slotting allowances）。以它与某国内炒货企业签署的《促销服务协议》为例，它收取的费用有 10 项之多，包括店内的旺铺位置优先进入费、节（假）日费、特色促销费。据初步测算，它向该企业收取的各项进场费的总计达到其在 LCU 卖场所实现销售额的 36％。虽然叫"促销服务协议"，但该炒货公司对此非常不满意。它完全是勉为其难，被强迫签署的。

7.2　供应商选择 LCU

LCU 对供应商的吸引力首先表现在其超大经营规模上。它的大规模主要体现在：

（1）店堂面积大。在中国市场，从东到西、自南往北，LCU 几乎都是清一色的"大卖场",常常是超市加日用品"卖场"。以其华北某店为例,一层为日用品"卖场",地下一层为大型超市。

(2)停车场大。按照LCU创办人立下的规矩,每50平方米营业面积就要设立10个车位,它是LCU为前来其"大卖场"购物的顾客预备的。

(3)收款出口多。为了减少顾客排队等候付款的时间,在LCU,每400平方米营业面积就设置两个收款台。由于其各店客流量大,最近许多LCU连锁店又把原先的一个收款出口用"斜叠方式"变成三个。

(4)服务范围大。LCU坚持其长期努力为顾客提供"一揽子"或"一站式"服务,其"卖场"通常有16000多种商品。走进LCU"卖场",除了能买到满意的商品外,只要愿意,顾客可以在店内或者上下左右范围内用餐和理发,甚至还可以参加某些娱乐活动。另外,LCU店内还提供信用卡支付和银行取、存款等服务。在好些个LCU"卖场",即使是带小孩的顾客也不用发愁,购物时,你可以将孩子临时委托在店内的临时托儿所里玩耍。

(5)其主业的发展空间不断扩大。零售业激烈的竞争促使LCU不断地将其触角伸向全国各个角落,以寻求新的增长点。近10年来,其业务增长非常迅速,大大超过其主要竞争对手。

(6)LCU乐意按照当地实际消费需求来引进分类供应商和商品,满足客户的有效消费需求的增长。

(7)LCU总部倾向于由当地经理人出任店长,因为他们比外来者更接近和了解当地消费者的需求。

LCU的超大规模经营给供应商带来的好处十分明显:①品牌知名度很高,LCU强势的品牌效应让供应商蜂拥而至。②客流量比较大。②商品周转速度快。④信誉好,LCU会在合同中详细规定,如果到期不付款会受到什么样的惩罚。⑤LCU已经是业内领头羊。进入LCU有利于其供应商开拓市场,给它们自己带动销售和业务成长。

供应商进入LCU的情况大多是慕名而来。首先供应商要确定自己的产品属于哪个门类,开始接触、初步建立联系、提供产品的相关手续、证件和报价单。LCU核对产品品质及其市场需求等,然后进行合作条件的谈判、合同条款确认。下一步就是供应商与LCU商品部签订供货合同,把供应商信息输入零售商的电脑系统,各商店提出订单汇总并递送供应商,收到订单后供应商就可按照合同安排生产和送货了。

7.3 如何与供应商建立和维持良好合作关系

和供应商建立、保持和发展良好合作关系不能不说是LCU获得商业成功的又一重要条件。成功的长期商业合作伙伴关系有四块基石,它们分别是互相信任、共同目标、公开交流和可靠承诺。其中，互相信任是基础。它是一方会相信对方在相互关系的框架内完成其义务。LCU 与其供应商的密切合作也表现在价格弹性上。任何供应商提供的商品价格在 LCU "卖场" 和超市里都能进行弹性浮动，凡涉及对方利益的事情一律都经过协商过程以便最终达成一致。例如：某产品出厂价为人民币 10 元，在经过渠道各个环节时，常见的情况是批发商加 25％ 的毛利，零售商再加价 25％，到消费者手中其零售价为 15.62 元。LCU 会要求供应商提供出厂价（即进货价），并建议供应商将毛利定在出厂价之上的 10％，LCU 把自己的毛利也定在 10％ 以彰显 "三公原则"（即公平、公正和公开）。于是，该商品 12.1 元的零售价便脱颖而出了。这样，各自在利益上让步的好处是更多的商品被消费者买走。

与此同时，供应商也为 LCU 提供了源源不断的周转资金。在 LCU 与其供应商的合同中是这样对供应商提出要求的：供应商必须遵守合同中协商一致的运货期，由 LCU 的采购人员记录供应商的交货天数、库存天数和生产或进口天数（如果是进口供应商的话）。LCU 会按合同规定与供应商定期结算货款。如果不能按期结款，LCU 愿意支付每天货款（即欠款）总额 0.5％ 的罚金。采购商品的价格按合同中的规定计算。对于新商品价格，由供应商向 LCU 提出申请，在 LCU 同意后一个月内生效。每次到货都必须附有发票，否则拒绝收货，并要求在发票上要详细注明进价（不含税）、增值税以及进价（含税）。而对于合同中有争议的地方，双方通过谈判与协商来达成一致。

依照合同，每月供应商向 LCU 提供商品货款总额的 3％ 会被扣留作为产品质量与售后服务押金。在合同中也对商品作了细致的规定，供应商在报价及商品陈述时必须列明所供应的货物可否退换、最小订货量、运费是否包括在内，并列明报价是否含税。供应商在商品介绍时必须说明附带的服务，比如，是否带衣架（服装）、打好标签、维修/安装（家电），或者特别安装等。LCU 给供应商的付款条件是到货（确认）后按合同中的规定天数付款，结算期为 60 天。

在商业合同中，LCU 写明自己的义务和责任，并准备好了违约处罚办法。合同一经签订，供货商的业务员根本无需天天跑商场，LCU 要货时会立即发送传真，内容包括所需的品名、数量、交货时间等，供应商业务员开出送货单连同增值税发票一同送去，当面验收完毕，这样一个过程既简单又方便。

7.4　LCU 对各类供应商的管理和引导

LCU 对供应商的定位管理相对简单，它把所有的供应商分为四个类型，分别将它们置于由销售量和毛利率构成的矩阵中（如图 9-3）。比如：第一类是销量比较差但是毛利率表现良好的供应商（图 9-3 中的右上矩形）；第二类是销量表现优异、毛利率良好的供应商（图 9-3 中的左上矩形）；第三类是销量大、市场份额高但毛利率偏低的供应商（图 9-3 中的左下矩形）；最后一类是销量表现差、毛利表现也差的供应商（图 9-3 中的右下矩形）。如果某个供应商所处的位置是在低销售量和高毛利率区间，那么，显然 LCU 会认为此供应商的产品在销售中存在问题，因此会采取各种可能的措施以促使供应商提升销量。显然，提升销量最好的办法是促销。那么 LCU 就会

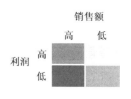

图 9-3　LCU 对供应商的定位管理

在合作中要求此商品的供应商增加举办各种类型的促销活动。

7.5　LCU 对供应商的考核

LCU 对供应商的考核是通过比较完善的供应商评价体系来完成的。通过对所有分类供应商进行客观和定量评价，并可以结合人工灵活评价的数据与信息，从而形成 LCU 独特的对分类供应商的综合评价分析系统。定期或不定期地对分类供应商进行考核是帮助其"大卖场"制定与供应商关系发展策略的重要手段。考核供应商是 LCU 对供应商进行分类管理的一个基本方面。

供应商考核的主要内容包括：商品名类、商品价格、在"卖场"内的陈列、商品促销以及供应商派出促销人员的素质等，同时还包括产品订单及送货与退货、换货是否及时、合同谈判以及每一季度末（每年 3、6、9 和 12 月）的季度回顾。这些都是 LCU 对其分类供应商考核的主要内容，一旦发现有实质性纰漏，LCU 将立即结束与其供货合作关系。

因为考核范围广，考核方法会因分类供应商的不同而不完全相同。具体考核项目举例如下：

（1）商品名类考核。LCU 的新品进场分为"全国新品"和"区域新品"两种。新品进场涉及"新供应商开户费"和"新品进场费"等，其基本费用较高。但是由于品牌、商誉、客流量和一系列严格程序及其严格执行的保证，新品进场后的销售能够得到保障，收益也会比较高。相比之下，区域新品比全国新品的费用水平要低，但是操作程序不一定简单、容易。

（2）商品价格考核。LCU 报价建议原则上走"高报价"路线，以便有足够空间实现费用支付和展开促销活动。迫于股东要求实现目标盈利水平和外部竞争的压力，在促销预设时间段过后，LCU 门店将零售价回归到促销前的正常水平。

除此之外，对于供应商，LCU 还有诸如商品陈列、商品促销、商品订单、送货、退货与换货、借款（对于著名第三方市场调研机构提供确有旺盛市场需求的分类商品供应商，LCU 可以经过申请、批准的程序获得借款）、合同谈判、季度回顾等方面或项目的全过程的考核。

8　尾声：小结与讨论

在现代市场经济与商业全球化的不断发展中，供—零关系在双方不断博弈中需要建立、维护和完善。根据供应商对于零售商业务发展的不同贡献度的分析，LCU 有理有据地进行了对于前者的有效的分类管理（区分为重要与非重要，A、B、C 三个等级）。还有按照销售量和利润率高低两个维度进行的分类分析与管理。这些都是精细管理方式、方法，是 LCU 重要经验和富有创意的零售政策与措施。这些方法与措施的认真贯彻实施，使得 LCU 的盈利率保持在佼佼者的地位，近年来时常出现年营业额两位数的增长率。这也是它在以往 20 多年中在全国零售业里的影响与地位不断上升的重要原因和关键支持。还有，依据三种不同的业务关系（经销、代销和柜台租赁）模式，在对于分类供应商的商品定价、促销等渠道环节和供应商考核方面，LCU 所贯彻的基本原则可以概括为"分明别类，精益管理"。这样的分类管理可以视为零售商自身经营管理发展的新趋势，也是其管理的升级。中国的其他零售商应当学习和实践对供应商及其产品的分类管理，这样做可以有效提升其经营效益。LCU 公司探索出来的这种对于供应商的分类管理的模式与实践，具有比较长远的商业应用意义和理论价值。

但是，由于在现代化分工与协作的体系中，自己天然地接近消费者，与供应商相比，零售商确实占据了更优势的地位。而且，经验丰富的零售商不仅意识到了自己所拥有的优势地位，而且已经开始比较充分地利用这种优势地位来为自己谋取更多的利益。然而，有的零售商有可能过分地使用了自己比供应商更接近消费者的位置（又称"滥用零售优势地位"），常常有不公正地对待供应商的事件发生（比如，国美成都分公司对格力电器公司的系列空调产品在根本没有经过与后者协商的情况下就大幅度减价促销，以至于损害了格力的品牌、声誉，最终导致供—零关系彻底破裂）。国美上海公司曾把日立空调器清出其 11 家门店。相比之下，作为知名品牌零售商，LCU 对待供应商基本上是公平、公正和正当的。另一方面，本探索性研究结果表明，LCU 对于供应商的各种收费的综合水平是比较高的，如进一步发展下去，可能导致"滥用零售优势地位"，值得警示。

供应商要想提升自身对零售商的博弈能力，研究 LCU 和其他各类零售商对供应商的分类管理行为和制度，了解相关规则和零售商最重视的方面和价值，了解零售商对供应商的分类管理机制的运行及其流程、操作手法与策略，是十分必要的。这样做，可以不断提升供应商自身的实力，才有可能在供—零关系发展中为供应商一方赢得应有的权益和商业利润空间。

案例使用说明

一、教学目的与用途

1. 本案例主要适用于本科、MBA、普通硕士、EMBA 和 EDP 培养计划《市场营销管理》课程中的"营销渠道管理"章节之后的讨论。

2. 它也可用于本科、MBA、普通硕士、EMBA 和 EDP 培养计划《渠道管理》课程中的"零售商与供应商关系管理"等章节之后的讨论。

3. 本案例的教学目的是使得学生通过此公司了解与体会营销渠道问题及其原因和如何分析、寻找对策。

二、启发思考题

1. 杨总监如何分析该公司的渠道管理问题？

2. 你怎么看待 LCU 零售公司业务成长与其和供应商的相互关系？

3. 为什么杨总监的公司与管理团队要强调对于供应商的"分类管理"？

4. 假如你是新聘的供应商管理总监，面临公司与供应商关系发展上的问题你将怎样决策？

三、理论依据及分析

1. 供应商分类管理理论

2. 二八理论原则

3. 零售商向供应商收取进场费的理论依据

4. 进场费的理论局限性

四、建议课堂计划及其实施

本案例可以用于专门的案例讨论课。如下是按照时间进度提供的课堂讨论计划建议，供参考。

整个案例课的课堂时间可控制在 100 分钟之内。

1. 课前阅读计划：提出启发性的思考题，请学生在课前完成全文阅读，并建议进行初步思考。

2. 课中讨论计划：简要的课堂前言，明确主题以便讨论（2～? 分钟）
   分组讨论（40～45 分钟之内），提出发言规范与要求
   小组发言（每组 5～8 分钟）
   引导全班进一步讨论，并进行归纳与总结（15～20 分钟）

3. 课后报告计划：如果有必要，可以请学生采用书面报告的形式给出更加具体的解决方案，包括具体措施与团队成员分工职责，以便为课程的后续章节内容做好衔接与准备。

北方国际公司的海外工程市场开发创新模式[①]

摘要： 北方国际公司是国有控股的以国际工程总承包为主营业务的国际化工程公司，曾先后在亚洲、非洲、欧洲等十几个国家和地区，通过国际竞标，总承包了数十个大型国际工程项目，工程涉及铁路、公路桥梁、电信、电站和各类工业厂房及生产线等业务领域，带动了大量的成套机电设备出口。

伊朗作为石油输出国组织的重要成员，在中国对外经济合作与能源战略中占有比较重要的地位。随着伊朗经济的发展，其加大了对国内轨道交通等基础设施的建设投入，伊朗成为了北方国际公司的国际工程承包业务重点市场。但是，随着伊朗的轨道交通等工程承包市场的对外开放，一方面市场竞争日益激烈，另一方面，伊朗政府为了提高本国企业生产与技术水平，在国际采购中，积极推动"进口技术，当地制造"的政策措施，更多地希望从过去完全的产品进口转向引进国外技术与产品相结合。在这种市场环境下，北方国际公司如何进一步巩固在伊朗市场的竞争优势，实现对伊朗轨道交通市场的深入开发，是北方国际公司必须面对和解决的难题。

北方国际公司经过深入研究伊朗市场的竞争环境和政策环境，充分运用中国政府"走出去"战略下的各项政策支持，通过在伊朗建立合资公司，进一步巩固了公司在伊朗轨道交通工程市场的竞争优势。北方国际公司这种以资本链接方式开拓海外国际市场的模式不仅为北方国际公司获得了伊朗的轨道工程市场，带动了国内机电设备出口，而且创立了承包商、供应商和业主多赢的国际工程市场开发和盈利模式。

关键词： 国际工程承包；市场开发；合资企业；战略

【案例正文】

0 引言

中国与伊朗两国都是亚洲的文明古国，历史上就曾有过密切的经济与贸易往来，两国于 1971 年建立大使级外交关系。数据显示，中国与伊朗的双边

---

① 本案例由北京理工大学管理与经济学院李京副教授撰写。未经作者同意，本案例的所有部分都不能以任何方式与手段擅自复制或传播。由于企业保密的要求，在本案例中对有关名称和数据等做了必要的掩饰性处理。本案例只供课堂讨论之用，并无意暗示或说明某种管理行为是否有效。调研过程中，得到了企业的大力支持，在此一并致谢！当然，文责自负。

贸易额已经由 1995 年不到 4 亿美元到 2009 年的 212 亿美元，目前，中国不仅是伊朗最大的贸易伙伴而且也是伊朗最主要的海外投资供应国，与此同时，中国 14％左右的石油进口来自于伊朗，伊朗在中国的外交与能源战略中也发挥着比较重要的作用。

在近年来伊朗的基础设施建设中，轨道交通项目一直是伊朗政府优先发展和投资的领域，伊朗除首都德黑兰外，其他城市还没有地铁，轨道交通建设市场在伊朗未来发展潜力巨大。其中，首都德黑兰作为中亚第一大城市，拥有 1600 多万人口，其交通拥堵现象一直非常严重。为了缓解日趋恶化的交通和环境，伊朗政府计划建设德黑兰地铁路网及城际间轨道交通网，并拟把地铁作为德黑兰城市交通的主要模式，以解决城市的交通拥堵问题，减少城市污染，提高公共办公效率。同时，伊朗政府在本国的轨道交通等基础设施建设过程中，希望从过去完全的产品进口转向技术引进与产品进口相结合，以逐步实现"进口技术，当地制造"，并颁布了相关的政策以期提高国内的制造业水平和能力。

北方国际公司进入伊朗轨道交通市场较早，其在伊朗的第一个国际工程项目是德黑兰地铁 5 号线项目。该项目在 1999 年 2 月 1 日建成开通，在伊朗国内外产生了轰动性的影响，得到了伊朗政府、业主和社会公众的广泛赞誉。在此基础上，北方国际公司在激烈的市场竞争中又成功中标签约伊朗德黑兰地铁 4 号线项目，同时北方国际公司积极响应伊朗政府的政策，积极推动与伊朗德黑兰城铁公司（TUSRC 公司）的合作，合资建立了轨道车辆制造公司，为北方国际公司实现在伊朗轨道交通市场的跨越式发展打下了较好的基础。

1 北方国际公司及其主营业务

1.1 公司简介

1）北方国际公司

北方国际公司是一家以国际工程总承包业务为主营业务的国有控股公司。历经数年的发展，北方国际公司已经成为了集项目开发功能、项目管理功能、项目投融资功能和一定的跨国经营功能为一体的国际化工程公司。多年来，北方国际公司积极响应国家"走出去"的战略号召，在国际工程市场积极探索，并取得突出的成效。公司曾先后在亚洲、非洲、欧洲等十几个国家和地区，通过国际竞标，总承包了几十个大型国际工程项目，工程涉及铁路、公路桥梁、电信、电站和各类工业厂房及生产线等行业领域，带动了大量的中国成套机电设备出口。

2）伊朗德黑兰城铁公司（TUSRC）

TUSRC是伊朗国有控股公司，公司隶属于德黑兰市政府，公司主要负责德黑兰市轨道交通网络的建设、运营和维护，是伊朗最大的轨道建设企业。该公司是伊朗唯一具有地铁运营资质的公司，是北方国际公司在伊朗德黑兰承建的所有轨道交通国际工程项目的业主。

3）长客公司（CRC）

CRC是我国最大的轨道客车生产企业，具备铁路客车、轨道车辆和客车修理三大生产系统，具备较强的生产技术和生产能力。CRC公司长期以来一直是北方国际公司在外承建的国际轨道工程项目的车辆主要供应商，双方建立了长期的战略合作关系。

1.2 国际工程承包业务

1.2.1 国际工程承包业务特点

国际工程承包是国际承包商（公司）以提供自己的技术、资本、劳务、管理、设备材料、许可权等方式，按国外工程业主（发包人）的要求，为其营造工程项目或从事其他有关经济活动，并按事先商定的合同条件收取费用的一种国际经济技术合作方式。国际工程承包业务涉及的利益相关者主要包括项目的所有人，即项目业主和项目总承包商、分包商。国际工程承包作为一种更为合理、有效的贸易方式，是货物贸易、技术贸易、劳务贸易出口的综合载体，其主要特点包括：

首先，国际工程交易内容和程序复杂。国际工程承包涉及的面比较广，程序复杂，是国际经济合作中最复杂的一种双边贸易行为，比一般商品贸易和一般经济合作的要求高得多。就其具体内容而言大致包括以下几个方面：工程设计、涉及工程所需的技术转让、设备的生产和安装、原材料和能源的采购、工程施工、人员培训和技术指导等，包括了商品贸易、信贷融资、技术转让、项目管理等诸多交易行为。现在的国际工程项目一方面越来越向大型化和复杂化方向发展，另一方面，业主为了节约开支、缩短项目建设工期和尽量减少承包中的中间环节，越来越倾向于将工程项目所需要的设备、物资和材料采购及施工管理由承包商统一负责，EPC、PMC等总承包的 Turnkey 模式和 BOO、BOT 方式在工程项目中广为运用。同时，在一些外汇储备不足的发展中国家，经常需要出口国政府提供外汇信贷融资，融资已经成为了发展中国家大型基础设施项目国际招标的一个先决条件。

其次，国际工程时间长、金额大、影响大、风险大。一项国际工程承包项目，从项目跟踪、项目投标、合同签约到项目执行、竣工移交，一般要经过数年的时间。国际政治经济形势变化，特别是项目所在国的法规及政策的变化对项目的获取和执行有很大的影响，因此，国际工程项目从开发到执行都具有较大的不确定性。同时，国际工程项目金额一般在几百万美元以上，有的甚至高达几十亿美元。而且，国际工程项目中一些基础设施项目关系到国计民生，在大部分发展中国家，项目的投资基本由政府主导。

第三，国际工程承包业务具有连续性。国际工程承包业务具有渐进性和连续性。一方面，在国际工程承包中，业主对承包商的业绩和经验比较看重，承包商往往在一个市场成功地完成一个项目后，其在当地建立起来的信誉及市场渠道会为承包商争取后续的项目起到积极的作用。另一方面，大型国际工程项目建成后需要大量的后续投入，在项目实施过程中，包括了与该项目有关的一种技术和标准的出口和建立。例如，当中国公司完成了伊朗轨道项目的建设，则该项目往往采取的主要技术标准就可能是中国的技术标准，中国的技术标准与西方国家不同，而业主在后续的运营中需要采购大批的机车、配件以及维护服务就需要与现行的技术标准匹配，这种后续的需求市场巨大，甚至大于项目建设时的投入。

1.2.2　国际工程承包业务的主要经营模式

在当今国际工程承包市场，业主的不同需求决定了国际工程承包方式的多元化，目前国际上的工程承包方式主要有 EPC、PM、CM 和 BOT 等。目前，由总承包商提供设计—采购—施工一条龙服务的承包服务将愈来愈受欢迎。

EPC（Engineering Procurement Construction）即设计—采购—施工模式，是国际上最常见的工程承包方式。是指承包商与业主签约，承担从工程设计、建筑施工、设备采购与安装、人员培训直至试生产的全部责任，工程竣工验收合格交付业主后，业主即可运行使用。这是目前北方国际公司执行项目过程中经常采用的项目执行模式。

PM（Project Management）即项目管理模式，主要包括业主方的项目管理、设计方的项目管理和施工方的项目管理。业主方的项目管理是指一个工程管理公司受雇于业主对项目的投资建设周期和项目施工质量三大目标实施控制，并向业主提供合同管理、信息管理和组织协调等服务。项目管理公司既不参与设计，也不参与施工活动，其基本属性是向业主提供咨询，它受业主委托，代表业主的利益，是业主忠实的顾问。

CM（Construction Management）即施工管理模式。采取 CM 模式，业主不需要总承包商，而是聘雇一个有管理施工技能的公司对整个工程进行施工管理，将全部工程（包括设计）划分成几个独立的部分，分部分地选定承包商。每个部分工程的中标承包商，要进行该部分工程的详细设计，并与其他部分工程的承包商紧密联系。CM 方式的优点是将工程的核心任务交给一个管理公司，由其代表业主的利益，进行管理。

BOT（Build-Operate-Transfer）即建设—经营—转让，是指政府与某个项目公司签订特许经营合同，由该项目公司承担一个基础设施或公共工程项目的筹资、建造、运营、维修及转让。在项目的特许经营合同规定的特许经营期限内，项目公司对该项目拥有经营权，用于回收对项目的投资、偿还项目的债务并获取一定的利润。合同期满后，项目无偿转交给东道国政府。BOT 的合同期限通常是 15～30 年。

PMC（Project Management Contractor）即项目管理总承包公司，是业主委托一个（或几个）有资格的工程公司或咨询公司派出项目管理专家组成的公司，负责对项目的全过程实施管理。其工作除了通常的项目管理外，还包括项目资金筹措、替业主承担责任、分担风险等内容。与 EPC 方式相比，PMC 和 EPC 与业主之间的利益和风险分配关系不同，PMC 以业主的商业目的和最大利益为目的工作，PMC 公司的利润来自于其为业主增加价值和节约的费用。PMC 多用于规模庞大、技术内容复杂的超大型项目。

1.2.3 国际工程市场发展

国际工程承包业务作为一种综合性的国际经济合作方式，随着科学技术的进步、国际分工的深入、生产的国际化、各国经济的发展以及中东各个产油国石油收入的大幅度增加，国际工程承包业务得到了较大的发展，其在世界经济贸易市场上的地位日益突出。特别是针对关税和非关税贸易壁垒的增加，传统意义上的货物进出口受到越来越多的限制的情况下，为绕过关税壁垒，巩固传统市场，开辟新兴市场，以国际工程承包带动的设备材料出口成为日益重要的贸易方式。进入 20 世纪 90 年代以来，以机电产品特别是成套设备为交易内容的国际贸易成交方式，更加明显地由传统的进出口方式向以投资带动和以承包工程带动的方式转变。这种贸易方式的好处是直接占领国际市场且市场稳定，没有中间环节，由于综合性输出使价格竞争优势明显。对外工程承包作为一种更为合理、有效的贸易方式，是货物贸易、技术贸易、劳务贸易出口的综合载体。据国际权威机构统计，国际工程每年的全球市场总量一直维持在 3.2 万亿～3.6 万亿美元。特别是一些第三世界国家，随着国内经济形势的好转和国际环境的宽松与支持，加大了基础设施的建设力度，如伊朗地铁和铁路计划等都处在一个高峰期。

同时，随着我国经济的快速发展，工业化水平不断提高，自主创新能力增强，中国企业技术和成套设备制造方面的竞争力增强。在能源、交通运输、钢铁、水泥、民用航天、水利等领域竞争优势明显，在石油化工、电信和纺织等行业具备了一定的国际竞争力。随着这些行业国际化步伐的加快，中国企业在国际工程承包市场的市场份额快速增长。根据商务部的统计，2000 年和 2003 年中国公司在海外承包工程的营业总额分别为 83.8 亿元和 138.4 亿元，年均增长 21.7%；签约额分别为 117.2 亿元和 176.7 亿元，年均增长 16.9%。2004～2008 年，中国对外工程承包收入从 174.7 亿美元增加到 566.0 亿美元，增幅高达 224%。特别是 2008 年在美国金融危机引发连锁反应的国际经济形势比较恶劣的一年，中国对外工程承包市场业务总量仍逆势上扬，再攀新高：对外工程承包完成营业额达到 566.0 亿美元，同比增长 39.4%；新签合同 1046.0 亿美元，同比增长 34.8%。

1.3 中国的国际工程承包企业

1.3.1 我国国际工程承包企业的分类

根据我国排名前几十位的国际工程承包商情况，中国的国际工程公司大致可分为以下几类：

第一类是"设计类"单位改造而成，如中国天辰化学工程公司、中国环球化学工程公司等，其依靠自身在某专业方向的设计优势，通过培养提高国际商务能力和项目管理能力，逐渐向工程公司转变，有的依靠行业背景，形成了集团化的从设计到施工的能力和专业优势。

第二类是"综合类工程施工企业"，如中建总公司、中铁集团公司、中国水利建设集团等，这类公司得益于自身专业特点，项目拓展面比较宽，所遇到的行业风险较小，经过多年的市场锤炼和磨合，已经初步具备较好的项目总设计和综合管理能力，近几年发展比较稳定。

第三类是"外经型企业"，如中国机械进出口公司、中国技术进出口总公司、中工国际公司、北方国际公司等，这些公司一般是由产品进出口转向成套设备进出口，进而向工程项目领域拓展。这类公司进入国际市场较早，经验丰富，市场渠道较多，具有较强的国际市场开拓能力和市场资源整合能力，但同时，这类企业在项目设计、生产、施工和安装中都需要外包。

第四类是"生产型企业"，如中兴通讯、华为电子、哈电集团、中材国际等，这类企业依靠其专业技术和产品优势向国际市场拓展，但基本是在其所属的行业内通过参与工程承包，以带动其产品设备的出口销售。

1.3.2 中国的国际工程承包企业具备一定的国际比较优势

改革开放 30 多年来，随着经济结构调整和技术创新步伐的加快，我国综合国力和国际竞争力不断增强，许多行业拥有了比较先进和成熟的工业化技术，在建筑、石化、水利、电力、交通、铁路、冶金和通讯等行业中的应用技术和成套设备等不断进步，成为中国国际工程承包商在海外市场开发的重要依托，在国际工程市场竞争中，中国的产品与技术方面与大部分发展中国家的企业相比具有较强的成本优势，同时，与发达国家的一些跨国企业相比，中国公司在成本方面则具有较强的竞争优势。

同时，随着中国政府积极推动中国企业"走出去"政策的实施和中国国力的增强，中国从外交和金融等方面加强了对中国企业走出去的支持，为中国企业走出去提供了强大的政策和信贷支持，为中国企业开发海外市场特别是发展中国家的国际工程市场发挥了至关重要的作用。

2 伊朗轨道交通市场环境

2.1 伊朗自然环境

伊朗全称伊朗伊斯兰共和国，位于亚洲西南部，面积为 164.8 万平方公里。它北临里海、土库曼斯坦、阿塞拜疆和亚美尼亚，东临阿富汗和巴基斯坦，西与土耳其和伊拉克接壤。伊南部则濒临波斯湾和阿曼湾。全国边界长度 5170 公里，而水域疆界，包括北部和南部则共达 2510 公里。伊朗首都德黑兰位于伊朗北部，在伊朗高原上，海拔在 1000 多米。伊朗人口总数超过 6000 万人，其中有 3700 万的城镇人口，有约 2300 万的农民，另有少数的游牧民族。

伊朗的资源丰富，除了丰富的石油和天然气资源外，还有储量丰富的矿产资源。主要矿种有 2328 种，主要有煤、铁矿砂、铜、铅、锌、铝、磷酸盐和铬铁矿。其中，铜储量占世界总储量的 5.5%，锌的储量为世界第十位，矿产金属行业年产值达 45 亿美元左右。

2.2 伊朗经济环境

伊朗政府是伊斯兰共和制，实行政教合一的政体，神权高于一切。

伊朗经济从所有制来讲，分为：私人所有制、政府所有制和合作所有制三种。目前，在国家经济中合作所有制经济只占 2.5%，政府所有制和私人所有制占主导地位。根据伊朗官方的统计数字表明，国民生产总值有 50% 来自政府的垄断机构。伊朗的国内生产总值由四部分组成：农业、工矿业、服务业和石油业。伊朗的主要生产工业行业为：非金属矿业生产、金属工业以及电力和非电力企业。国家的预算收入的来源主要是出口石油和天然气，石油在国家经济中占有极为重要的地位，是国家外汇收入的主要来源。

伊朗法律比较完备。伊朗涉外及国际投资的法律文件包括《商业法正案》、《吸引和保护外国投资法》及《实施细则》、《伊朗伊斯兰共和国进出口法》，这些法律法规从不同方面规定了外国投资的进入和经营要求等情况。2001 年 5 月，伊朗议会批准了《吸引和保护外国投资法》，此法是伊朗自 1979 年伊斯兰革命以来出台的第一部外资法。该法 2002 年 5 月正式生效并出台了相关投资法实施细则，向改革方向迈进了重要一步。新的投资法拓宽了投资领域和方式，包括了除石油工业以外的所有工业领域，投资比例没有严格限制，投资的本金和利润可以自由汇出境外。

伊朗货币名称叫伊朗里亚尔，从 2002 年 3 月 21 日开始（伊历 1381 年 1 月 1 日），伊朗统一了兑换汇率，建立统一的浮动汇率体制。伊朗每年需以大量外汇进口生产资料、零配件和生活必需品，对外贸易占伊国内生产总值的 60％左右，对国民经济起着举足轻重的作用。由于美国制裁和伊朗石油收入的减少，造成了伊朗外汇紧缺。

2.3 伊朗轨道交通市场情况

伊朗经济在长达八年的两伊战争中遭到严重的破坏。从 1989 年开始伊朗政府实施战后重建计划，将建设重点放在石油、采矿、交通和能源等基础工业方面，其中交通领域主要是铁路、公路和城市轨道交通。

伊朗是中东第一个、世界第二十个拥有地铁的国家，其轨道交通装备制造产业基础较弱，目前只能生产档次较低、数量较少的铁路机车、客车和货车，其产品结构、生产能力和技术水平无法满足轨道交通发展的需要。为促进本国经济的发展，加速建立本国的轨道交通车辆制造和配套体系，并带动相关产业发展，伊朗政府加大了对城市轨道交通领域的投入力度，计划投资数十亿美元用于城市地铁网的扩建，建设计划几乎涉及到轨道交通的所有领域。如地铁、轻轨、高速铁路、机车车辆采购等。但是，由于伊朗外汇储备不足，伊朗的大型轨道交通项目的国际采购一般都需要承包商能够提供国际融资。

德黑兰作为中亚第一大城市，拥有 1600 多万人口，德黑兰的交通拥堵现象一直非常严重，交通环境恶劣是该城市污染的主要问题。为了解决城市的拥堵问题，同时又减少城市污染。伊朗政府计划大力发展德黑兰等城市的轨道交通网络，把地铁作为城市交通的主要模式，地铁项目被伊朗政府命名为"政府一号工程"。根据德黑兰的轨道建设规划，德黑兰的地铁路网规划共有 9 条线。1995 年，中国与伊朗签订了关于 1、2、5 号线建设的一揽子德黑兰轨道交通建设合同。

2.4 中国和伊朗经贸关系

中国与伊朗两国于 1971 年 8 月建立大使级外交关系。1985 年，中伊形成较为固定的经贸合作协调机制。中国和伊朗两国共签署了多项"双边协议"，其中涉及保护外国投资的双边协议是 2002 年 6 月 22 日签订的《中华人民共和国政府和伊朗伊斯兰共和国政府关于相互促进和保护投资协定》，协议中规定：缔约一方应对在其领土内投资的缔约另一方的投资者的投资给予充分的法律保护和公平待遇，该保护和待遇依照东道国缔约一方的法律和法规在可比较情况下应当不低于其给予本国投资者或任何第三国投资者投资的保护和待遇。

中伊双方都将发展经贸合作作为两国关系发展的重点，近年来合作领域不断拓宽，贸易增长速度迅速，两国领导人都认为两国的经贸合作在双边关系中具有重要意义，并仍富有潜力。从实际情况看，中伊经贸技术合作确实仍有巨大潜力可挖：中国与欧盟、日本等国相比，具有其无法比拟的政治优势；两国经济具有很强的互补性，特别是在能源、矿业、机械、水电、道路、轻工和农业等方面；伊朗长期遭受经济制裁，外汇储备不足，工业设备严重老化，技术落后，道路交通设施建设滞后，伊朗需要中国的资金、技术和设备，在基础设施项目建设方面，包括铁路、机场、港口建设等；虽然伊朗在很多项目上也有能力单独建设，但如果和中国合作，获得一些技术转让以及中国政府的金融援助，将大大提高项目的建设进度。伊朗希望在这些方面与中国加强合作和交流，伊朗的市场潜力很大，而同时，中国需要伊朗的石油等产品，目前中国进口石油的13％来自伊朗，而许多化工、化学、矿业产品、石材也是从伊朗进口。数据显示，中国与伊朗的双边贸易额近年来已经取得快速增长，已经由1995年不到4亿美元增长到2009年的212亿美元，未来两国的经贸关系还会得到进一步发展。

3 北方国际公司在德黑兰及伊朗其他城市地铁市场的拓展

3.1 北方国际公司的市场开发策略

北方国际公司作为一个以国际工程总承包为主营业务的国有企业，在多年的海外工程市场开发过程中，积累了较为丰富的市场开发经验和项目执行经验，形成了明确的市场开发策略。

首先，目标市场的选择要以能发挥中国公司所具备的比较优势的国家和地区为主，即技术与成本的相对优势。因此，具备较强支付能力的发展中国家成为北方国际公司的主要目标市场。同时，公司已经成功进入并建立了良好声誉和市场渠道的国家是公司深度开发的重点市场。

其次，由于国际工程项目金额大、影响大，发展中国家市场项目投资政府占主导，北方国际公司的市场开发策略必须密切关注市场国政府与中国政府的双边经贸关系及走向。因此，与中国政府保持长期良好外交关系并符合我国经贸与外交发展战略的国家将是北方国际公司重点开发的市场。

第三，由于大部分发展中国家外汇不足，大型国际工程项目经常需要承包商负责提供项目融资，中国国际工程公司的市场开发策略必须同中国政府对外援助的经济与金融措施结合起来。因此，在中国经贸关系中发挥重要作用、中国政府能够给予特别是重点金融支持的地区将是北方国际公司重点开发的市场。

基于以上各方面的分析，北方国际公司将伊朗轨道交通等市场确立为公司的重点目标市场。

3.2 北方国际公司在伊朗轨道交通市场的拓展

3.2.1 德黑兰地铁 5 号线项目

1995 年，作为首批参与伊朗轨道交通项目建设的中国公司，北方国际公司同业主 TUSRC 公司签订了德黑兰地铁 5 号线总承包合同，该项目合同金额 1 亿多美元，该项目线路总长 43 公里，共设 10 个车站和一个检修基地。北方国际公司作为总承包商采取 EPC 方式（设计—供货—调试）负责项目的建设，项目内容包括线路土建工程、供电、通讯、信号、电力机车、双层客车等的设计、供货、施工、安装、调试直至交付运营。1999 年，北方国际公司承建的德黑兰地铁 5 号线项目，用 6 个月时间就完成了合同规定工期 10 个月的施工、安装、调试工作，终于在 1999 年 2 月 1 日使该项目建成开通，完成了在绝大部分伊朗人、西方人看来不可能完成的任务，在伊朗国内外产生了轰动性的影响，得到了伊朗政府、业主和社会公众的广泛赞誉。在随后的几年中，该项目安全运送旅客约 1.2 亿人次，进一步赢得了业主的信任，为北方国际公司在伊朗开发后续轨道交通项目奠定了良好的基础。

3.2.2 德黑兰地铁 4 号线项目

鉴于北方国际公司在德黑兰地铁 5 号线上的优异表现，1999 年，伊朗德黑兰业主 TUSRC 公司主动邀请北方国际公司参加德黑兰地铁 4 号线项目的开发。德黑兰地铁 4 号线项目全线长 19.04 公里，是德黑兰城市地铁规划网中的第二条东西方向的主干线路，途径市区繁华地段，设车站 22 座，车辆段和综合维修基地 1 处，配套地铁车辆 20 列。项目内容也十分复杂。

北方国际公司一直希望借助其成功完成伊朗德黑兰 5 号线项目后在伊朗市场逐渐建立起来的业绩和良好信誉继续在伊朗轨道交通市场有所突破。德黑兰地铁 4 号线项目工程巨大，金额较大，对于北方国际公司海外工程主营业务的发展具有非常重要的战略意义。自 1999 年开始该项目的勘测，北方国际公司经过数年的艰苦努力和细致的工作，至 2002 年项目前期技术工作基本完成，具备了合同签约条件。但是，由于伊朗政府颁布新的法令，要求诸如德黑兰地铁 4 号线项目等大型政府投资采购项目需采取国际公开竞标方式，并要求承包商提供项目融资。这种政策的变化表面上看是伊朗新法规的要求，实际上也是国际工程市场激烈竞争的必然结果。

2002 年 11 月，伊朗业主 TUSRC 公司正式发售地铁 4 号线项目标书。除北方国际公司外，来自德国、法国、韩国、日本和伊朗当地公司等共计 18 家公司购买了该项目标书。其中包括西门子、阿尔司通、邦巴迪、大宇等国际

知名的跨国公司。面对激烈的市场竞争，北方国际公司充分发挥介入项目时间早，工作深入、扎实，以及相对于西方跨国公司我们所具备的成本比较优势和相对于伊朗当地公司我们所具备的技术与融资优势。2003 年 7 月，北方国际公司在中国国家有关政府部门和金融机构的支持下，通过艰苦的努力，一举在该项目的国际公开招标中成功中标和签约，合同金额累计 8.36 亿美元，这是迄今为止中国在国外以国际公开招标形式取得的最大单体工程项目。

随着北方国际公司完成了伊朗德黑兰 5 号线的建设，签订德黑兰地铁 4 号线项目合同，北方国际公司已经在伊朗逐步建立起良好的信誉，并同业主建立了良好的合作关系，为公司继续争取伊朗轨道交通市场项目合同打下较好的基础，公司也进一步明确了重点开发伊朗轨道交通市场的发展战略。

3.3　北方国际公司在伊朗轨道交通市场面临的机遇与挑战

3.3.1　巨大的市场机会

首先，伊朗轨道交通市场规模巨大。一方面，随着伊朗轨道交通项目的建成和投入运营，伊朗政府逐渐看到了项目建成后带来的巨大的经济效益和社会效益，对轨道交通的投入加大。在德黑兰之外的一些城市，轨道交通项目建设也提上了国家发展计划。另一方面，在德黑兰等城市地铁系统投入运营后，其后期运营中对轨道车辆包括铁路机车和客车的需求巨大，投入将远远超过项目建设期的投入。

其次，伊朗市场在国家的外交和能源战略中发挥着重要的作用，在中国政府"走出去"的大政策背景下，有关政府部门和金融机构对中国企业开发伊朗工程市场给予了积极的关注，在政策与信贷等方面将会给予支持。

第三，随着中国公司承建的伊朗轨道交通体系投入运营，中国轨道交通技术标准在伊朗特别是德黑兰的轨道交通体系顺利采用，技术水平得到了伊朗业主的充分认可，特别是中国技术和产品相对于西方跨国公司的产品具有一定的成本优势。

3.3.2　复杂的市场环境

首先，伊朗政府的国内大型基础设施建设项目在国际采购时开始采取国际公开招标的方式，在项目招标过程中，不仅涉及到企业实力之间的竞争，同时，由于项目金额巨大，也经常包括国际市场各方政治势力的角力，情况非常复杂。

其次，伊朗政府在政府采购中更多地倾向于伊朗当地企业（包括伊朗企业控股的企业），政府从本国企业采购经常可以不通过公开招标的方式进行。而由于其本国企业生产与技术水平不足，政府提出了"进口技术，当地制造"的政策，更多地希望从过去完全的产品进口向引进国外技术与产品相结合，并对包括轨道交通领域的轨道车辆采购提出了具体的国产化率水平的规定和要求，希望以此支持本国企业生产与技术水平的提高。

3.3.3 激烈的市场竞争

参与伊朗轨道车辆市场竞争的企业主要有三类，分别为伊朗的本土企业、中资企业和其他国家企业。

1）伊朗本土企业

伊朗工业基础薄弱，配套能力相对较弱，轨道交通类建筑企业在技术能力方面比较薄弱，当地为数不多的轨道交通车辆和维修企业规模不大，只是初步具备铁路车辆制造和修理能力，其生产能力和水平不能满足伊朗发展轨道交通的要求。以德黑兰 TUSRC 为例，其所拥有的车辆制造修理企业是伊朗最大的铁路车辆制造和生产企业，但是它的生产水平和技术能力均无法满足德黑兰轨道交通市场发展的需要，TUSRC 一直希望采取措施提高其下属企业的生产和技术水平。

2）中资企业

在伊轨道交通市场上，中国企业具有较强的竞争优势。一方面，我国企业经过改革开放多年的发展后，轨道交通技术水平已经得到了较快的发展，技术比较成熟。相对于伊朗等发展中国家，具有较强的技术优势。另一方面，中国企业与发达国家的跨国公司相比就有较强的成本竞争优势。在伊朗的中资公司主要分为两类，即以北方国际公司、中信建设公司为代表的外经型项目承包公司和以中国北车等为代表的生产型企业。

3）其他国家企业

1979 年伊斯兰革命胜利后，伊朗注意发展同发达国家、第三世界和伊斯兰国家的关系，目前主要的贸易伙伴是日本、意大利、中国、韩国、德国、阿联酋、法国和英国。其中日、德、法、意、韩等许多国家具备很强的技术能力，是伊朗轨道车辆市场强有力的竞争对手，特别是德国、韩国的一些跨国企业如庞巴迪、西门子、韩国大林等已经涉足伊朗市场。因此，未来的伊朗轨道交通市场竞争将会更加激烈。

4 合资公司的成立

4.1 合资公司成立的背景

北方国际公司在与伊朗德黑兰城铁公司（TUSRC）的长期合作中，北方国际公司了解到 TUSRC 希望通过引进国外技术和资金，在其现有的轨道机车生产能力的基础上合资建立轨道车辆组装企业，以提高其现有的机车生产及运营系统维护的技术水平和能力，以满足德黑兰轨道运营网络对轨道车辆和运营维护的需求。北方国际公司敏锐地判断出这是公司战略性拓展在伊朗轨道交通市场的一个重要机会，通过资本链接的方式不仅可以满足业主提高自身生产技术水平的目的，而且可以强化公司与业主的合作关系，更好地开拓当地市场，实现双赢。

北方国际公司对 TUSRC 公司的想法予以了积极的响应，并最终经过各方的努力、沟通和多次谈判，双方就成立合资企业达成协议，

4.2 成立合资企业的风险分析及应对措施

北方国际公司在与伊朗业主筹划成立合资企业的过程中，专门组织投资、技术、市场、管理等方面的专家对合资项目的投资环境、市场前景、经济效益特别是投资风险进行了比较详细的调研、分析和研究。

4.2.1 风险识别

通过调研与分析，北方国际公司认为在伊朗成立合资企业的风险主要体现在以下几个方面。

（1）国际政治风险。在伊朗伊斯兰革命后，伊朗长期处于美国等西方国家的经济制裁之中，特别是近年来伊朗核问题持续紧张，美欧等国一直对伊朗政府实施经济制裁。如果制裁不断升级，公司在伊朗的投资将存在较大风险。

（2）政策变动风险。尽管伊朗政府制定了一系列吸引和保护外国投资的法律法规，但由于其神权统治的国家体制，法律的公正性和稳定性有时会服务于宗教的需要，这些使得政策存在较大的不确定性。同时，伊朗《投资法》虽然规定"不得将外国投资没收或收归国有"，但允许"除非为了公共利益，按照法律条款，以非歧视性方式被没收或收归国有"。合资企业的轨道交通业务有一定的公益性。如果伊政府为了公共利益对合资公司实行接管，即使有所补偿，也将对中方投资者造成严重损害。

（3）外汇管制风险。伊朗是外汇管制的国家，虽然法律允许"资本本金、利润及派生的利益按照投资许可的规定以外汇形式转移"，但是"如遇国内外汇短缺，政府将限制外汇汇出"，即使"对投资者以出口规定商品予以补偿"，也会增加投资的风险。

（4）汇率风险。合资企业成立后，其日常运营涉及的采购、销售以及股东投资、分红涉及里亚尔、人民币、美元、欧元、日元等多种货币间的结算。伊朗货币里亚尔的汇率波动、人民币的汇率波动都会给投资产生不确定影响。

（5）企业运营中的文化融合风险和经营不善风险等。

4.2.2 风险分析与应对

经过分析，北方国际公司认为，国际政治风险、国有化风险、政策风险、

汇率风险和外汇转移风险属于系统性风险，一般难以控制，一旦发生，破坏性非常大。对于系统性风险，公司要在关注和分析伊朗的国际政治经济环境和对外政策的同时，面对可能出现的变化，做好充分的准备，并采取措施防范和降低风险。对于企业运营中的非系统风险，要根据合资项目本身的特点，在建立和健全合资企业规章制度，规范合资公司运作的基础上，通过合资各方的密切合作、优势互补等来尽量降低风险的发生。

1）合理的股东结构决定了合资企业未来的成功与发展

根据业主 TUSRC 公司的意见，该合资企业必须由伊方控股，经过双方协商，伊朗方最大股东 TUSRC 公司持股 31％，并联合其关联企业 GPIG（持股 20％）保持对合资企业 51％的控股地位。TUSRC 今后将会是合资企业主，要服务的业主负责合资企业的具体管理和运营，这样可以充分发挥其业主和本地化优势，更好地保证合资企业成立后的正常经营。同时，伊方控股的合资企业可以作为本地企业享受伊朗本地企业的各项优惠政策。长客公司（CRC）一直以来是北方国际公司在外承建的国际轨道工程项目的车辆提供商，持股 20％，并负责对合资企业的技术转让及技术支持，更好地发挥了其技术优势。北方国际公司作为国际化经营经验丰富的总承包商，持股 29％，在合资企业运营中充分发挥其在重大项目执行中的系统集成能力和融资能力。

通过以上的股权结构设计，合资企业的股东几乎包括了项目业主、项目总承包商和项目分包商等工程项目产业链上的所有利益相关者，并从市场、生产、技术和资金等方面对合资企业的未来发展提供了保障，奠定了合资企业成功运作的基础。

2）稳妥的投资策略最大限度地防范各方投资风险

北方国际公司经过认真研究，并与伊方就分阶段投资计划达成一致。按照伊朗现有法律的规定，合资企业的股东出资采取逐步分阶段投资的方式，以充分保障各方股东的合法权益和投资安全。

前期投资：合资公司以最小的投入注册成立，保证合资企业能以较快的速度正式依法设立。

根据伊朗法律规定，私营股份公司最低法定资本额为 100 万里亚尔（相当于 125 美元）。为了尽快将合资公司在伊注册为法律实体，合资公司以各方股东一次性小规模现金投入的方式，注册资本定为 1 亿里亚尔（相当于 12500 美元），合资企业注册于伊朗德黑兰，合资企业各方股东股权比例为：伊方占 51％，其中 TUSRC 占 31％，GPIG 占 20％；中方占 49％的股份，其中北方国际公司占 29％，长客公司占 20％。

合资企业的业务范围主要包括地铁车辆和双层客车的生产、组装、日常维护和修理，及其他与铁路车辆、地铁车辆及双层客车有关的生产与维修服务以及与地铁运营有关的业务。

合资企业成立后，2004 年合资企业享受本土企业的优惠政策，获得了股东伊朗德黑兰城铁公司（TUSRC）的机车车辆供货合同，合同金额 1 亿多美元。基于合资企业的生产与技术能力，这个合同的执行主要由合资企业通过向北方国际公司采购部分整车和车辆 SKD（Semi－KnockeuDown 半散件组装）散件完成。该合同的执行使合资企业在机车组装生产过程中提高了相关生产能力和技术水平，同时，给北方国际公司创造了较好的经济效益。

后期投资：前期投资的初见成效加强了合资公司各股东方的信任和信心。随着合资公司投入运营，为了满足合资企业运营中对资金的需要，2005 年和 2006 年，合资各方股东分两次对合资公司进行了增资，合资公司增资到了 1500 亿里亚尔（约 1630 万美元）。其中，北方国际公司以现金增资，伊方以生产设备和厂房等资产增资，长客以技术和现金增资，增资后各方在合资公司的持股比例不变。

4.2.3 发挥各方优势，保证合资企业的运营，实现合资各方的双赢

首先，合资企业成立后，根据合资企业的股权安排和合资协议的各方义务，中伊各方股东利用各自优势，分别选派了懂技术、会管理、善经营和作风正派、素质过硬的人才到合资企业担任重要职务。合资企业的日常运营主要由有经验的伊方管理者负责，北方国际公司和长客公司分别由兼职副董事长和专职技术总监参与合资企业的重大决策，并为合资企业的日常运营提供技术支持和保障，并在加强与伊方管理者沟通协作的基础上，维护中方股东的权益。

其次，由于伊朗当地生产资料和配套企业能力的不足，根据中伊双方股东在合资公司成立时达成的共识，德黑兰地铁系统运营所需要的车辆及维修服务原则上由业主股东－TUSRC 公司按照市场价格直接向合资企业进行采购，而合资企业生产车辆和提供服务所需要的车辆、散件及零配件则参照国际市场公允价格一揽子向北方国际公司采购，同时，北方国际负责解决项目执行中的融资问题。北方国际公司在合同执行中，其中的主要车辆、零部件和技术支持由长客公司向北方国际公司提供。这种交易结构的设计发挥了各方优势，为合资企业及各方股东带来了较好的收益，同时，也提高了合资企业的生产和技术水平。

4.3 合资公司成立后的经济效益评估

（1）合资企业成立后，合资公司作为德黑兰唯一的一家具备地铁车辆生

产和维护能力的公司，初步实现了伊朗政府和业主 TUSRC 希望轨道车辆的采购由过去的国外直接进口转变为产品与技术进口的目标，对当地生产与技术水平的提高具有重要意义，符合伊朗政府促进民族工业的发展政策方向。

（2）合资企业成立后，不仅获得了伊方股东 TUSRC 长期技术维修服务协议合同，每年有较稳定的技术维修服务收入，而且，获取的车辆项目合同金额近 10 亿美元，这些合同的执行为合资企业带来了较好的收益，提高了合资企业的生产和技术水平。同时，这些合同的执行给北方国际公司和长客公司创造了较好的经济效益。

（3）合资企业成立既符合中伊两国的产业政策，也符合投资各方的战略利益，不仅能有效地推动了伊朗轨道交通建设和轨道车辆制造的发展，而且能够促进我国轨道机车车辆工业的结构调整并带动了我国工程建设和机电产品项目的出口。

（4）北方国际公司、长客股份、TUSRC 通过德黑兰轨道交通项目的合作，建立和形成了互利互惠、彼此信任的良好关系。北方国际公司在伊朗轨道交通市场逐步建立了基于轨道交通工程项目业务价值链的竞争优势，进一步提升了公司在伊朗轨道市场的影响力，为公司争取伊朗其他城市的轨道交通项目创造了条件。目前，北方国际公司在伊朗的交通轨道工程市场占有较大的份额。

总之，合资公司的成立，是北方国际公司经过深入研究伊朗市场的竞争环境和政策分析，充分运用国家"走出去"战略下的各项政策支持，巩固伊朗市场竞争优势的重要战略举措。合资公司的成立达到了公司开拓伊朗市场、巩固重点市场竞争优势的战略目标和效益目标。合资公司的模式不仅为北方国际公司获得了伊朗的轨道工程市场，而且创立了国际工程项目所有利益相关者共赢的市场开发模式和项目盈利模式。

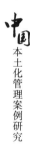
<h1 style="text-align:center">案例使用说明</h1>

一、教学目的与用途

1. 本案例适用于国际贸易课程，也适用于国际商务、国际经济合作课程。

随着国际市场竞争的加剧和市场进入壁垒的复杂多变，我国对外工程承包企业进行国际市场开拓的难度不断加大，如何积极应对国际市场的进入障碍和风险，充分运用国家经济与外交政策，采取灵活多元的市场开发模式开拓国际市场是中国企业"走出去"所面临的重要课题，也是当前国际贸易和经济合作领域案例教学和专业人才培养的必要内容。本案例适用于工商管理硕士专业的国际贸易、国际商务课程教学，教学对象为 MBA 学员，特别是来自国际工程承包和其他国际经济合作领域企业的学员。

2. 本案例的教学目的在于通过北方国际公司企业国际化发展中的市场开拓创新模式案例教学，描述企业面临国际商务环境、目标国市场的政策制度限制所进行的市场进入模式及具体的运作和盈利模式创新，以及在国际化开拓中充分运用国家的政策支持，用于培养学生、学员分析国际商务环境、提高国际化发展决策和市场开发模式创新的能力，同时掌握和了解国际贸易融资模式和风险应对策略。

本案例基于国际经济合作、国际市场营销、对外直接投资和战略管理等多学科的理论、方法，能够培养学员认识和分析国际商务环境对外贸企业的影响，通过组织理论和战略管理理论角度掌握企业国际市场进入模式的选择。

二、启发思考题

（1）北方国际公司在进入伊朗轨道交通工程承包市场中遇到的主要问题和挑战是什么？

（2）北方国际公司在伊朗轨道交通市场的竞争优势和劣势是什么？

（3）北方国际公司在伊朗成立合资企业的主要风险有哪些？

（4）北方国际公司成立合资企业的特点有哪些？

（5）北方国际公司在伊合资企业的成功具有哪些战略意义？可否作为其他公司效仿的范例？为什么？

三、分析思路

教师可以根据教学目标来灵活使用本案例。这里提出本案例的分析思路，仅供参考。

（1）从国际商务战略的角度思考，国际工程承包业务是国际经济合作领域较复杂的一种交易模式，它不同于一般的产品贸易和服务贸易，它金额大、执行时间长，市场开发受到国际政治经济形势、进口国与出口国双边经贸关系、进口国政治经济环境、出口国的发展水平等多方面的影响，这是出口国企业目标市场选择中需要考虑的重要战略因素。

（2）基于北方国际公司的主营业务、发展目标与既往业绩，继续开拓伊朗轨道交通市场对北方国际公司的发展具有重要的战略意义。

（3）北方国际公司等中国国际工程公司在一些发展中国家具备一定的技术与成本优势，然而，受到伊朗等地区市场政策环境的变化影响，北方国际公司将面临更大的市场竞争。

（4）在多重阻碍因素下，如何找到既能顺应东道国政府政策、又能巩固出口企业市场优势的这种实现双赢的市场开发模式，是北方国际公司等中国公司必须解决的问题。

（5）以投资带动出口的模式已经被越来越多的出口企业所采用，但是，采取何种投资方式要顺应市场的不同而调整。北方国际公司创新性地通过建立合资企业，将业主、承包商、供应商等国际工程业务价值链上的主要利益相关者以资本链接方式结合在了一起，实现了以投资促进承包商与供应商的销售、以投资促进业主技术和生产能力的提高的双赢模式。

（6）合资公司的建立与运营为北方国际公司创造了新的市场开发模式，最终提升了北方国际公司在伊朗轨道交通建设市场中的竞争优势。

（7）本案例的分析关键在于北方国际公司作为国际经济合作企业对国际市场进入模式的灵活运用以及基于国际工程承包项目角度的盈利模式的建立。

四、理论依据及分析

1. 合资企业模式

国际合资企业（international joint ventures）是指由两个或两个以上具有法律效力的实体建立一个共同拥有的独立实体并通过它进行一系列的投资和决策活动。国外投资者和东道国投资者为了共同经营一个投资项目，联合出资，根据东道国有关的法律在其境内建立的企业，其特点就是所有权分享。投资各方共同参与企业经营管理、共同承担企业的风险、共同享受经营成果。

随着世界商业环境的变化，合资企业模式被国际工程企业应用于开发新市场,特别是在发展中国家,政府鼓励外国工程公司与当地企业成立合资企业,以利用进入者的技术、管理、资金优势来提高当地工程企业的竞争力。

本案例中,北方国际公司在伊朗轨道交通市场具有历史上的成功经验,但是随着伊朗市场对外开放水平的提高,市场竞争日益激烈,伊朗政府的基础设施投资项目逐渐采取国际公开招标的方式。这主要是为了促进竞争,降低价格,同时也是为了要扶植本土企业,限制国外承包商。为了支持本地企业,伊朗政府提出了"进口技术,当地制造"的政策,在这种政策背景下,北方国际公司不得不面临来自于拥有较大技术优势的欧洲发达国家企业和具有成本优势的伊朗当地企业日益激烈的竞争。如何进一步巩固其在伊朗市场的竞争优势,实现对伊朗市场的深入开发,是北方国际公司必须面对和解决的问题。从北方国际公司对伊朗轨道交通市场的深入分析,与德黑兰城铁公司成立合资公司,成功获得了项目合同,进一步巩固了在伊朗市场的竞争优势。合资公司的成立是北方国际公司通过资本链接方式站稳伊朗城市交通市场的一次战略性尝试。合资公司的模式不仅为北方国际公司获得了伊朗的轨道工程市场,而且北方国际公司通过资本链接方式,在包括业主、总承包商、分包商等国际工程业务中的主要利益相关者之间建立了更加紧密的合作方式,实现多方在国际工程业务中的共赢。

2. 合资公司风险管理

从国际工程承包商的角度,通过与本地业主成立合资公司后的风险管理主要包含风险分析和风险应对两个方面。

风险分析包括国际政治风险、当地政府的国有化风险、政策变动风险、外汇转移风险、汇率风险以及企业运营风险等。对于系统性风险,公司要在关注和分析伊朗的国际政治经济环境和对外政策的同时,面对可能出现的变化,做好充分的准备,并采取措施防范,降低风险。对于企业运营中的非系统风险,要根据合资项目本身的特点,建立和健全公司各种规章制度,用科学合理的制度去规范未来公司的发展,以此来尽量降低风险的发生。

3. 合资企业的优势

合资企业的优势主要包括:

(1)可以利用合营方的销售网络,扩大市场。

(2)合营各方可以在资本、技术、管理等方面优势互补。

(3)获得税收减免等方面的优惠政策。

(4)有利于迅速扩大生产规模,克服本企业资金不足。

(5)分散或减少国际投资中的风险。

(6)适应当地环境条件,了解东道国的政治、经济、文化、社会情况。

(7)有当地资本的投入,可消除对某些经营领域的限制。

本案例中，北方国际公司、伊朗业主德黑兰城铁公司（TUSRC 公司）为主成立了合资企业，共同完成伊朗地铁项目的建设及配套车辆供应，合资企业的优势与积极影响体现在对各方当事人利益的保证和提高上。

对于伊朗业主德黑兰城铁公司，它既是合资企业的大股东，又是地铁项目的最终运营商，也是负责伊朗德黑兰地铁项目建设的企业。在合资项目中，它可以获得中方在资本、技术以及管理方面的便利，实现部分本地化的生产，迅速发展和提高自己的轨道机车生产与维护能力；同时，通过在合资企业参与经营管理，可以保证及时了解掌握项目的运营，并及时与中方沟通、磋商，以处理项目中的问题。

对于北方国际公司，通过合资模式，建立了具有本土企业身份的合资公司，在一定程度上降低了国际工程项目竞争的压力和伊朗当地政策的限制影响；有利于通过合资公司及时了解掌握市场需求，更好地获取项目。

对各方当事人来讲，通过发挥自身优势，进行合资优势互补，还可以共同分担项目进行中的风险。

五、关键要点

（1）北方国际公司利用先期进入的经验密切联系海外业主，积极成立合资企业，以更加顺利地发展其国际工程承包业务和推进相关设备出口才是解决问题的根本。在案例分析中，这是一个国际市场进入与开发模式的创新探索。

（2）解决问题的必要考虑主要有：

第一，发展中国家工程承包企业在国际市场开发中面临的问题与挑战。作为发展中国家的国际工程承包商，在技术水平上面临发达国家跨国公司的挑战，在国际公开招标中不具有优势；

第二，作为承包商，与业主联手成立合资企业，可以利用本地企业的身份实现市场开发的战略目标；

第三，合资公司模式下，承包商不仅获得项目建设，还可以顺利完成项目下车辆出口的合同，这种盈利模式具有很高的稳定性和收益率。

六、建议课堂计划

本案例可以作为专门的案例讨论课来进行。如下是按照时间进度提供的课堂计划建议，仅供参考。

整个案例课的课堂时间控制在 80～90 分钟。

课前计划：提出本案例的启发思考题，请学员在课前完成阅读，并初步思考。

课中计划：简要的课堂前言，明确主题，提出北方国际公司的海外市场
模式 问题。（2～5分钟）

分组讨论，请小组针对事件的发展脉络及合资企业模式进行
讨论。（30分钟）

小组发言。（每组8分钟，控制在40分钟）

引导全班进一步讨论，并进行归纳总结。（15～20分钟）

课后计划：请学员分组就有关问题的讨论进行分析和总结，写出书面
报告。

<<< 栏目5 项目管理与技术创新

合力金桥的项目管理之道[①]

摘要："工欲善其事，必先利其器"。在竞争激烈、讲求效率的环境里，项目管理愈发凸显其重要性和实用性，成为企业成败的关键影响因素之一。本案例描述了北京合力金桥软件技术有限责任公司自创立以来项目管理理念和方法的发展，同时以"奥鹏呼叫中心系统"为背景，详细介绍该公司在系统开发过程中项目管理理念和方法的具体运用。旨在为《项目管理》课程的学习提供一个翔实的样本素材，同时也为 IT 企业提升其项目管理能力提供借鉴。

关键词：IT 企业；项目管理；项目管理成熟度

【案例正文】

0 引言

北京合力金桥软件技术有限责任公司（以下简称合力金桥）成立的时间并不长，该公司以技术服务为主要业务领域，其客户广泛分布在电子商务、生产制造、教育、金融、政府公共事业、通信、广电及软件等多个行业。据公司客户数据库资料显示，每天约有 2000 万人通过合力金桥提供的技术来获得所需资讯和服务。

"艰难困苦，玉汝于成"。北京合力金桥软件公司十年磨一剑，最终换来累累硕果。目前公司已取得了中国电信行业 CRM（客户关系管理）市场占有率第一、中国联通行业呼叫中心市场占有率第二、中国 CRM 软件市场份额第三的可喜业绩。

人们不禁会问：在竞争如此激烈的软件行业里，合力金桥究竟是凭借什么迅速成长为国内呼叫中心（call center）和客户关系管理（CRM）软件开发服务

---

① 本案例由北京理工大学管理与经济学院的骆珣教授及其硕士研究生钟兴、刘坤撰写，著作权归北京理工大学管理与经济学院所有。未经允许，本案例的所有部分都不能以任何方式与手段擅自复制或传播。调研过程中，得到了企业的大力支持，在此一并致谢！当然，文责自负。

领域里的佼佼者，独领风骚？本文试图走入北京合力金桥软件公司，分析合力金桥的制胜武器——"HIM 实施方法论"，从项目管理的视角，提供解答。

1　走进合力金桥

1996 年 12 月合力金桥系统集成公司组建了 CTI（计算机电信集成）专业部，即现在合力金桥软件公司的前身。2002 年北京合力金桥软件技术有限责任公司正式成立，现有员工 200 余人。

作为一家典型的以项目为主导的公司，合力金桥致力于提供专业化的应用软件和服务，度身为客户提供完善的信息化解决方案。公司主要专注于呼叫中心和 CRM 业务，可以说是兼具软件行业和系统集成行业的双重特点。截至 2009 年 9 月已出色完成电子商务、生产制造、教育金融、政府公共事业、通信、广电、软件等行业的呼叫中心系统和客户关系管理软件 300 余项。公司在业内获得的荣誉如下：

——德勤亚太地区高科技高成长 500 强；

——荣获 2003 年度中国软件市场十大最具成长性软件企业；

——荣获国家科技部"技术创新基金"无偿支持；

——荣获信息产业部"电子信息产业发展基金"资助；

——荣获 2003 年度、2004 年度优秀管理软件百强称号；

——HollyC6 呼叫中心解决方案荣获"中国信息产业 2005 年度优秀解决方案"；

——2006 年度荣获大学生最满意诚信招聘雇主 100 强；

——荣膺"AVAYA 高级认证合作伙伴"；

——荣获"2007 年度中国最佳呼叫中心技术供应商"；

——荣获"2007 年度信用良好企业"；

——荣获 2006 年度"中国 CRM 软件商 TOP10"、"中国管理软件供应商 TOP100"；

——荣获"2007 年度最佳技术支持呼叫中心"；

——荣获"2007～2008 年度中国呼叫中心解决方案市场成功企业"；

——2008 年荣获"中国管理企业百强厂商"、"中国 CRM 领域管理软件优秀解决方案"、"中国 CRM（客户关系管理）领域十强软件商"；

——荣获 2009 年度"中国最佳人力资源典范企业"。

在呼叫中心领域，合力金桥掌握拥有自主知识产权的、完整的呼叫中心解决方案，并能提供从咨询、设计到软件开发及维护全方位的 360°服务；在 CRM 领域，合力金桥公司的解决方案覆盖运营型、协作型、分析型以及 CRM 全系列。

2 揭秘项目管理之道——HIM 实施方法论

自合力金桥创立伊始，公司高层管理者就着手对全体员工灌输项目管理理念和知识体系，基于项目进行管理，项目管理理念已深入员工的内心，项目管理工具和方法的运用贯穿于项目开发全过程。到目前为止，合力金桥已拥有一整套完善项目管理架构。

合力金桥在 2003 年依据美国项目管理协会（PMI）提出的项目管理知识体系（PMBOK），结合企业自身大量成功案例的经验，制定了严格的项目管理制度，并创建了"HIM 实施方法论"。

HIM 实施方法论（Holly CRM Implementer Methodology）是该公司在项目管理实施上的创新之举，融入了他们多年在研发和项目实施中积累的经验，采用先进的项目管理理念，并严格导入质量保证体系（QAS），最大限度地提高了项目实施的效率与成功率，使得公司的项目管理有了可以参考的标杆，也使得公司项目管理的水平有了较大幅度的提高。

"HIM 实施方法论"提供了很好的项目管理指南，具体内容包括"四大实施策略、五个生命期阶段、六个管理专题"。其中，四大实施策略包括：整体规划、分步实施；共同参与、知识转移；细分阶段、质量控制；对照运行、平滑过渡。五个生命期阶段包括：项目策划，需求分析，系统实现，联调测试以及上线验收。六个管理专题包括：团队管理，沟通管理，质量管理，变更管理，风险管理及文档管理。

公司高层管理者认为，项目管理首先要赢在起点。他们在项目正式启动前就会预演整个项目流程，制定相应的绩效标准及偏差预警系统，这可谓事前控制环节。其次，公司将项目按生命期细分为"五个阶段"，详细规定了每个阶段的工作任务、责任人或部门、可交付成果和检验标准，在此期间，质量保障部将对研发过程进行跟踪，严格按照国际化认证的标准来保证项目实施质量（ISO9001）和软件研发的质量（CMM）。项目实施部门还规定了"六个专题"进行控制管理，可见公司在项目运行中实施了严格的事中控制环节。最后，当项目结项后，还必须召开项目结项总结会，认真总结项目的经验教训，完善知识库，作为项目的事后控制环节。

为了提高资源的利用效率，在公司层面，设置了项目管理办公室（PMO）对所有运行的项目进行统一的资源协调和项目监控；在项目层面，采用了矩阵式项目管理组织形式，依据项目的具体情况组建各自的项目团队，从而使得公司的资源利用更加高效。

3　合力金桥项目管理的运用——奥鹏呼叫中心系统

3.1　项目背景

北京奥鹏远程教育中心有限公司（以下简称奥鹏中心）是首个获得教育部批准的国家级远程教育公共服务体系。作为中国最大的网络教育超市，奥鹏中心已经与北京大学、中国人民大学、浙江大学等国内 31 所著名高校开展远程学历教育合作，为在读学员的远程学习提供统一化、标准化、专业化学习支持服务。已有 20 余万名学员通过奥鹏中心报读高校远程学历教育，实现了自己的大学梦想。

在"奥鹏呼叫中心系统"构建前，奥鹏中心每天需要处理的信息非常庞大，并且信息还不便于存储和查询，以致无法实时反馈客户的咨询和投诉。同时，人工传递工单的方式也导致信息流转周期过长、人员成本过高。

启用了合力金桥构建的"奥鹏呼叫中心系统"后，用户只要拨打奥鹏全国统一客服号码 800－810－6736，即可享受便捷的服务。"奥鹏呼叫中心系统"除了提供多媒体接入渠道，还与企业内部管理软件进行了完美融合，支持全天 24 小时的自动语音和人工服务，并提供外拨功能。"奥鹏呼叫中心系统"不仅提升了公司的品牌形象，还显著提高了客户的满意度与品牌忠诚度。

3.2　项目中标

2007 年 6 月初，合力金桥获悉北京奥鹏远程教育中心有限责任公司正在策划筹建"奥鹏呼叫中心系统"。如果能顺利拿下这个项目，就预示着合力金桥软件公司即将在远程教育业呼叫中心开辟出一片崭新的天地。

公司立即成立了由高层管理人员和高级 IT 技术人才组成的项目组，他们积极进行筹备，仔细研究了奥鹏中心的项目招标书，认真分析识别项目需求，拟为客户构建一个集业务咨询、业务受理、会员资料管理、工单闭环（工单受理—工单处理—工单回访）、售后工作回访、录音质检、作息状态监控等功能于一体的呼叫系统平台。该平台可完美实现工单流转、回访、专项回访、服务满意度调查，并将全程的服务纪录予以保留。同时，项目组成员对工单系统、知识库管理提出了详尽的建议。经过一系列充分的调研分析，项目组起草了一份漂亮的技术投标说明书。凭借着此份投标说明书，合力金桥于 2007 年 7 月 13 日成功中标，争取到"奥鹏呼叫中心"项目并与奥鹏中心正式签订了合同。

3.3　项目启动

项目中标后，依照惯例该项目进入到正式启动阶段。公司派专人对该项目进行编号、并在项目经理小组中选调经验较为丰富的于智诚（化名）为项目经理，全权负责项目组一切事项。明确了由项目经理助理李昕（化名）负责项目目标以及有关干系人和客户要求等相关文件的起草。紧接着合力金桥组织召开了针对"奥鹏呼叫中心"的项目启动工作会，项目启动工作会还特别邀请奥鹏公司相关负责人共同探讨项目事项。

7月15日上午，温暖的阳光洒满大地，启动工作会在一片和谐的氛围中召开，并由项目经理于智诚担任主持。双方公司代表相互介绍、寒暄片刻便引入正题，提出了本次项目启动会的12项议程：议程一：项目概述；议程二：系统软、硬件环境；议程三：项目组结构；议程四：项目目标；议程五：项目范围；议程六：项目阶段说明与工作量估计；议程七：项目里程碑设定；议程八：项目沟通管理；议程九：项目风险管理；议程十：项目变更管理；议程十一：项目内部信息；议程十二：项目财务规定。双方针对这12项议程进行了深入讨论，重点对目标、里程碑点、变更管理详细地交换了意见，并由专门的会议记录人员整理出《工作说明书》。

会后于经理委派助理李昕与奥鹏中心相关负责人就项目目标等事项进行更加细致的交流，并借此机会深入进行项目调研，撰写项目范围说明书。李昕进行了一系列翔实的需求调研，并将调研报告交由公司需求评审小组进行审核，形成《需求规格说明书》和《需求评审报告》。

3.4 项目设计

一拿到需求调研报告和需求评审报告，软件经理张毅（化名）立即组织人员进行 WBS 系统的构建。第二层次 WBS 包含渠道接入、呼叫处理、业务应用、业务功能四大模块，然后再根据每个模块进一步细分。接着软件团队以 WBS 为基础编制进度计划：包括活动定义，活动持续时间估计，活动排序，得出网络计划图。然后按照 WBS 编制责任矩阵，明确项目团队的每个人所承担的责任。

根据 WBS 组织架构，软件经理带领一个有 4～5 名高级技术人员组成的设计团队进行呼叫中心系统设计，并形成设计文档，交由部门技术总监、高级技术人员组成的评审小组进行审核并出具评审报告，及时进行信息反馈，如需更改，设计组将重新设计，直至评审通过。

大家在项目初始打好了第一仗，紧跟进度，没有半点延迟。设计经过小范围的改动后顺利地通过评审。

3.5 项目开发

软件经理张毅带领其团队依据项目设计文档和设计评审报告，进入呼叫中心开发阶段。首先张毅将人员组织起来开了一个小型的"开发研讨会"，主要针对各模块接口处理、设计的正确性、具体程序的编写方案、程序功能的正确性与可运行性进行深入探讨，并对设计的准确性进行初步测试，结果显示"可运行"，大家对这个结果均表现出极大的热情。

项目进入编码阶段，程序员双手有节奏地敲击着键盘，时间一分一秒地过去，编码也渐渐有了雏形。紧张与激动笼罩着软件小组全体成员，此时大家满心感激项目经理预留出 3 天的风险应对时间，开发环节是一场灵感与精力的完美结合，缺乏任何一项，项目都无法顺利进展下去。

明月悄无声息地悬挂在了树梢，柔和的月光爬进了小窗，照在程序员的脸上。年轻的脸上虽有些许倦意，可抑制不住的喜悦向队友传递着一个信息：基础数据准备初步完成。

团队成员克难攻坚，不断努力，虽然比计划进度稍微慢了一些，可因项目经理事先考虑到了开发过程的困难，预留了风险应对时间，开发阶段在最后关头交上了满意的成绩单。

顺利通过试运行阶段，软件系统成功实现了：

（1）数据接入方面：多种接入渠道完美整合，真正实现了电话、传真、电邮、短信等网络多媒体的接入方式，从而有效拓宽了与客户的沟通渠道。

（2）呼叫处理方面：平台实现高度集成，可快速实施灵活配置，功能丰富，并提供自动语音交互服务、人工电话服务、录音质检。

（3）数据处理方面：利用完善的统计报表进行数据分析，实现服务请求接收、受理，工单流转、回访，专项回访，服务满意度调查，将全程的服务痕迹予以保留。

（4）业务功能方面：全面实现业务咨询、业务受理、会员资料管理、工单闭环（工单受理—工单处理—工单回访）、售后作业回访、录音质检、座席状态监控等多种功能。

3.6　平台实施

当软件开发成功之后，项目的重心移至硬件配置，即平台实施过程。平台工程师向项目经理提交平台实施方案，交由评审小组审核，审核通过即开始平台实施工作。该过程主要包含 7 个步骤：设备到货、安装与签收；基础数据准备培训；基础数据准备；数据转换与接口准备；基础数据汇总整理；软件集成；系统准备检查。

在专门定制的设备到货之后，项目小组委派平台工程师进行安装，调试成功后签收设备。接下来，项目经理会组织平台实施人员参加一个基础数据准备的培训，会后大家各自将自己负责的部分数据进行准备整理，平台工程师将基础数据进行转换，接口模拟，并将基础数据进行汇总整理，进行软件集成处理。这些工作完成之后，系统进入准备测试阶段。

3.7 联调测试

测试过程同样开始于测试方案的设计，负责测试的经理将设计文档交评审小组进行审核，审核通过即进行呼叫中心系统测试。测试主要致力于 Bug 的修复过程，当 Bug 的修复率达到 85％以上（公司软件放行标准）时，测试工作结束。这一阶段同样主要包含 7 个过程：联机测试准备、基础数据导入、系统确认测试、系统测试评估与改良、编写最终用户使用手册、最终用户培训、模拟上线。

"奥鹏呼叫中心"在进度要求内顺利通过了联机测试。这让项目组全体成员长长地舒了一口气。

3.8 项目收尾

在确认"奥鹏呼叫中心系统"测试合格后，项目经理及时联系客户，将该系统交付奥鹏中心验收。2008 年 4 月 23 日对于于智诚的项目团队而言是一个非常开心的日子。奥鹏呼叫中心成功进行了上线。该系统提供了电话、传真、Email 等多种沟通方式，实现了多元化的服务。于经理与奥鹏公司相关负责人顺利交接，并将设计文档、开发文档、维护说明、使用手册一并交给奥鹏中心。至此，项目交接顺利完成。与此同时，项目团队也进入项目结项阶段，李昕将相关资料汇总、整理后归入公司知识库。

在项目总结会上，于经理对项目团队成员的全力配合给予了极高评价并表示衷心感谢，同时也总结了项目研发中的经验与不足。奥鹏公司代表也来参会，并向合力金桥致谢，他表示："合力金桥软件提供的呼叫中心系统，充分整合了现有资源、实现了自动化管理监督，对提高服务质量和工作效率，起到了非常积极的作用；同时，该系统消除了笔纸记录电话内容不利于信息存储和查询的问题，现在由合力金桥软件承建的呼叫中心系统能够及时反映客户咨询、投诉，使统计分析工作变得灵活、简单。"会议在欢笑声中圆满结束。

4 尾声

随着合力金桥项目管理的不断完善，其项目管理成熟度水平也将不断提高。更高级别的项目管理能力，不仅能够使项目更为有效地规避风险，提高项目的成功率，而且能够促进公司的不断发展。我们衷心祝愿合力金桥公司在今后的发展中谱写新的辉煌。

案例使用说明

一、教学目的与用途

1. 本案例主要适用于工商管理专业硕士研究生、MBA 和工程硕士的《项目管理》课程教学，也适用于其他管理类别的课程教学和管理培训。

2. 本案例的教学目的在于通过对合力金桥项目管理实践的分析，理解项目管理的基本理念、方法及工具，理解项目管理组织类型的特点，掌握项目管理成熟度模型的运用。

二、启发思考题

1. 何谓项目管理组织类型？不同项目管理组织类型的特点是什么？何为矩阵式项目管理类型？合力金桥公司采用矩阵式项目管理类型的理由是什么？

2. 合力金桥如何划分项目生命期阶段？合力金桥研发项目生命期阶段的划分对你有哪些启示？

3. 项目管理工作过程与项目生命期阶段划分的区别是什么？合力金桥公司 HIM 实施方法论和项目管理工作过程划分之间有何联系？

4. 从 PMBOK 的九大知识领域出发，试评价合力金桥项目管理成熟度的级别，并指出合力金桥在项目管理方面突出的成绩、存在的问题及改进建议。

5. 如何理解"项目管理为我们提供了一个更有效解决问题的结构化过程"？并讨论对于一个处于发展中的公司，PMO 如何能够更好地发挥其作用？

三、分析思路

教师可以根据自己的教学目标来灵活使用本案例。这里提出的本案例的分析思路，仅供参考。

思路一：从合力金桥公司项目开发的生命期阶段入手，使得学生全面理解项目生命期阶段划分的重要性，理解项目管理工作过程与项目生命期阶段的差异。

思路二：从合力金桥公司采用的项目组织结构入手，使得学生理解和掌握项目组织结构的类型及特点，并由此拓展思考如何选择项目组织结构。

思路三：从 PMBOK 的九大知识领域和项目管理成熟度的涵义出发，让学生分小组梳理合力金桥在项目管理方面取得的成绩、存在的问题及改进建

议，由此延伸至项目管理成熟度模型的应用，并从项目管理成熟度的角度思考公司今后提升项目管理能力的途径。

四、理论依据及分析

1. 项目管理知识体系内涵
2. PMI 最新发布的项目管理成熟度标准 OPM3
3. 项目组织结构类型

五、关键要点

项目管理是一个管理学分支的学科，旨在项目活动中运用专门的知识、技能、工具和方法，使项目能够在有限资源条件下，实现项目的目标。

项目管理的常见组织类型主要有三种：职能式、项目式、矩阵式。

职能式组织是一个标准的金字塔结构，高层管理者位于金字塔的顶部，中层和低层管理则沿着塔顶向下分布。这一组织结构通常被划分为不同的职能单元，如工程、研究、财务和行政等，因而这种组织结构又常被称为"职能式组织结构"。

项目式组织是一个单目标的垂直组织方式。在项目式组织结构中，为达到某一特定目标需要的所有资源按确定的功能结构进行划分，并建立以项目经理为首的自控制单元。项目经理在项目实施方面被赋予相当大的权力，并且可以调动整个组织内部或外部的资源。项目的所有参加人员在项目实施过程当中都归属于项目经理直接领导。

矩阵式组织是职能式组织与项目式组织的混合体，它力求最大限度地发挥项目式和职能式结构的优势并尽量避免其弱点。依据项目经理和职能经理权限的大小，矩阵式组织结构又分为强矩阵式组织、平衡矩阵式组织和弱矩阵式组织三种。

项目管理成熟度表达的是一个组织（通常是一个企业）具有的按照预定目标和条件成功地、可靠地实施项目的能力。严格来说，项目管理成熟度应该指的是项目管理过程的成熟度。

美国项目管理学会对 OPM3（Organizational Project Management Maturity Model）的定义是：评估组织通过管理单个项目和项目组合来实施自己战略目标的能力的方法，还是帮助组织提高市场竞争力的方法。OPM3 模型的要素包括：最佳实践、能力、成果、关键性能指标（KPI）。

PMI 的 OPM3 模型是一个三维的模型，第一维是成熟度的四个梯级，第二维是项目管理的九个领域和五个基本过程，第三维是组织项目管理的三个版图层次。

成熟度的四个梯级：

- 标准化的（standardizing）
- 可测量的（measuring）
- 可控制的（controlling）
- 持续改进的（continuously improving）

项目管理的九大知识领域指项目整体管理、项目范围管理、项目时间管理、项目费用管理、项目质量管理、项目人力资源管理、项目沟通管理、项目风险管理和项目采购管理。

项目管理的五个基本过程是指启动过程（initiating processes）、计划编制过程（planning processes）、执行过程（executing processes）、控制过程（controlling processes）和收尾过程（closing processes）。

六、建议课堂计划

本案例可以作为专门的案例讨论课来进行。如下是按照时间进度提供的课堂计划建议，仅供参考。

整个案例课的课堂时间控制在80～90分钟。

课前计划：提出启发思考题，请学员在课前完成阅读和初步思考

课中计划：简要的课堂前言，明确主题（2～5分钟）

分组讨论（30分钟），告知发言要求

小组发言（每组5分钟，控制在30分钟）

引导全班进一步讨论，并进行归纳总结（15～20分钟）

课后计划：如有必要，请学员采用报告形式给出更加具体的解决方案，包括具体的职责分工，为后续章节内容做好铺垫。

海信集团技术创新管理①②

摘要：海信集团是我国特大型电子信息产业集团公司。40 年来，海信坚持"技术立企、稳健经营"的发展战略，形成了涵盖多媒体、家电、通信、智能信息系统和现代地产与服务产业格局，拥有海信、科龙、容声三个中国驰名商标和海信电器、海信科龙电器两家在沪、深、港三地的上市公司，产品远销 130 多个国家和地区。2009 年面对金融危机、产业压力，公司依然取得了不菲的业绩。海信的成功，技术创新功不可没。案例分析了海信选择技术创新的缘由、技术创新管理的经验；描述了中国首款具有自主知识产权的数字电视处理芯片——"信芯"。在"信芯"诞生的细节，展现了海信的技术创新管理、技术孵化产业发展模式的具体过程。海信技术创新的案例对其他企业具有一定的启示。

关键词：海信；技术创新；创新管理；信芯

【案例正文】

---

0 引言

2010 年 5 月 11 日，经过一夜小雨的洗礼，入夏的青岛依旧凉风习习，湿润的海风轻拂在远道而来的几位北京客人的脸上，十分的惬意。位于青岛江西路 11 号院内 3 号楼的一个会议室里，那个当年领导海信"信芯"诞生的"带头大哥"，如今已是海信研发中心副主任的战嘉瑾百忙之中正热情地接待前来造访的北京理工大学教师及研究生课题组。谈及技术创新的话题，战总

① 本案例由北京理工大学管理与经济学院副教授曾春媛、刘金泉等撰写，著作权归北京理工大学管理与经济学院所有。未经允许，本案例的所有部分都不能以任何方式与手段擅自复制或传播。由于企业保密的要求，在本案例中对有关名称、数据等做了必要的掩饰性处理。本案例只供课堂讨论之用，并无意暗示或说明某种管理行为是否有效。调研过程中，得到了企业的大力支持，在此一并致谢！当然，文责自负。

② 本案例介绍的海信技术创新管理，是基于海信作为一个典型的国有企业、当前的发展规模和现状来讲的，仅供其他企业参考，供学生研究和启迪思维。

便情不自禁地打开了话匣子，如数家珍地娓娓道来……难以掩饰的几许自豪洋溢在脸上，亲切而又自然。顺着战总那纷飞的思绪，我们跨越时间的过往，一起至深地感受这位海信的风云人物执掌这座海信赖以立企的后院——一个占地 63 亩、建筑面积 6 万多平方米，汇聚了 2000 多名专职技术开发人员，被国家五部委联合认定的国家级企业技术中心、国家 863 产业化基地、国家火炬计划软件产业基地——海信研究发展中心（Hisense R&D Center）背后的故事……

1 背景介绍

1.1 公司介绍

青岛，得天独厚的山、海、城，孕育了海信、海尔、青啤、澳柯玛、双星粲然开放的"五朵金花"，被誉为中国最大的家电制造基地。

海信集团（Hisense）是我国特大型电子信息产业集团公司，其前身是成立于 1969 年的"青岛无线电二厂"，1979 年发展成为青岛电视机总厂。

2009 年 10 月，奋进的海信迎来了自己 40 岁的生日，全国性 40 周年庆促销、全球客户大会、40 周年庆典晚会等一系列庆祝活动全面展开……

40 年来，海信坚持"技术立企、稳健经营"的发展战略，以优化产业结构为基础、技术创新为动力、资本运营为杠杆，持续健康发展，现已形成了以数字多媒体技术、现代通信技术和智能信息系统技术为支撑，涵盖多媒体、家电、通信、智能信息系统和现代地产与服务的产业格局。40 年里，海信从白手起家到拥有三个中国驰名商标——海信、科龙、容声；从年销售额十几万元人民币到 80 亿美金；从依靠引进国外技术到自主研发不断推出有较强市场竞争力的产品；从只能做"家门口"的市场到产品远销世界各地；从单纯的 OEM 贴牌到海外自主品牌占比超过 30%；中国彩电领域的第一款数字音视频处理芯片——信芯，中国第一台变频空调，国产第一条液晶模组生产线，全球第三大智能交通体系，全球领先的光收发一体模块……四十年的不懈追求，使海信成为中国国有企业改革发展的排头兵。

目前，海信集团拥有海信电器（600060）和海信科龙电器（000921）两家在沪、深、港三地的上市公司，同时成为国内唯一一家持有海信（Hisense）、科龙（Kelon）和容声（Ronshen）三个中国驰名商标的企业集团。海信电视、海信空调、海信冰箱、海信手机、科龙空调、容声冰箱全部当选中国名牌。海信电视、海信空调、海信冰箱全部被评为国家免检产品，海信电视首批获得国家出口免检资格。截至 2010 年上半年，海信在南非、阿尔及利亚、埃及等地拥有 4 个生产基地，在美国和欧洲建立了 3 个研发中心，在美国、欧洲、澳洲、非洲和亚洲地区设立了 10 个海外分公司和 7 个办事处，产品远销 130 多个国家和地区。

2009 年，百年不遇的经济危机席卷全球，海信集团基于对国际国内严峻经济形势的深入分析和判断，及时调整产业结构，通过提高研发水平、加强质量管理、严控经营风险等一系列举措，实现了持续健康的发展：2009 年海信集团整体超额完成了年度经营计划，各项经济指标同比均有较好增长，实现销售收入 560 亿元，同比增长 14.5％；利润同比增长 96％，均远远好于行业水平。特别是自主品牌建设和品牌国际化方面取得新进展，2009 在中国出口同比下降 16％的大环境下，海信逆势而上，出口增长 17％；国内市场，海信电视高速增长，连续 7 个年头在中外品牌中保持市场占有率第一的位置。旗下海信电器、海信科龙两个上市公司均呈现出逆势劲增的良好态势。

目前，在中国大企业集团竞争力 500 强排名中，海信已经连续两年排名第一。国际著名咨询机构波士顿咨询公司两度把海信列为"最有可能成为全球顶级企业"的大型集团之一。2008 年，海信被中宣部、国务院国资委推举为全国十大国企典型。在 2010 年第 24 届中国电子信息百强企业中，海信集团以 560 亿元的年销售收入位列百强第五。

海信辉煌成就的背后，是什么支撑了海信的稳健、快速发展？海信人把这主要归结于自 1992 年来始终坚持"技术立企"的发展战略，得益于对技术的不懈追求和持续的自主创新。

1.2 技术创新发展情况介绍

凭借对行业发展机遇的准确洞察和自身实力的不断积累，海信走过了"对外引进技术"、"立足自主创新"和"技术突破"三大阶段[①]。

1969～1991 年：引进、消化、吸收

这一阶段，是在计划经济体制模式下发展的时期，是靠技术引进、消化、吸收的原始积累阶段。

40 年前，1969 年 12 月，海信前身"青岛无线电二厂"成立，职工 10 余人，生产半导体收音机。1970 年 8 月，通过学习研制出了山东省第一台电子管式 14 英寸黑白电视机，填补了山东省的空白。1976 年文化大革命结束，青岛无线电二厂再次开始了积极的技术开发，9 月研制成功 9 英寸全塑机壳晶体管黑白电视机，填补了国内空白。1977 年，建立产品老化实验室，确保产品质量。1979 年 2 月，青岛电视机总厂正式成立，并被国家确定为电视机定

---

① 源自：www. hisense. com

点生产厂，同年，组建青岛电视机厂（海信前身）研究室，从事黑白电视机线路设计、工艺流程、描图制表以及技术基础档案管理等多项工作。1982年，研究室更名为设计科，进行彩电设计、彩电国产化、工艺改进等技术工作，1989年开始以自主设计为主。1984年6月11日，青岛电视机厂引进了当时国外最先进的彩电生产线，同年12月26日，第一台14英寸彩电走下生产线，吸收国外先进技术的同时，积极开展国产化工作，当年彩电生产的国产化水平即达到75％以上。

在计划经济的体制下，从无线电二厂发展成为以电视为主导产品的电视企业，完成了以引进、消化、吸收为主的技术积累过程。在1985年4月，依靠先进技术的引进、消化和吸收，企业实现了第一次腾飞，主要技术经济指标列全省电子业、全国电视业第一名。

在这一阶段，"技术为先"的理念正如一粒种子深深地植入海信这片土壤，它正在积蓄着强大的力量，吮吸营养，破土而发长出的就是"技术导向型"发展战略这株茁壮的幼苗。

1992～2000年：变革、自主、创新

这一阶段，是在市场经济体制下快速成长的时期，是技术变革、立足自主研发的技术创新阶段。海信彻底摆脱计划经济的束缚，开始了在市场机制下的技术创新之路。正式确立了"技术立企"的发展理念，构建起了一套比较完善的技术创新体系。

1996年开始研制，1997年批量生产，海信成为国内最早的变频家用空调生产厂商。

1998年，海信研制出国内第一台纯平彩电，HK588系列POS机是海信自主创新、独立开发的第一个具有自主知识产权的收款机项目，国内首家推出自主研发的采用数字处理技术的胶片系列彩电，占据了市场主流地位。

1992年，设计科更名为研究所，并在研究所内部实行"特区"机制，充分调动了研发人员的积极性，研发水平不断提高。1993年，引进日本东芝新的产品及生产技术，成为当年国内少数几个能生产大屏幕彩电的企业之一。1995年，研究所升级为技术研究中心，并成为国家级技术研究中心。同年，海信大屏幕彩电TC2929DSP被国务院经济研究中心评为"中华之最"，海信成为"中国最先进大屏幕彩电生产企业"基地。也是在这一年，海信做出了前瞻性的战略决策：选择世界空调行业最先进的变频技术。1997年，海信首家推出了中国的变频空调，填补了中国空调的技术与产品空白，成为国内最早的变频家用空调生产厂商。1998年，海信攻克纯平电视的关键技术，研制出国内第一台纯平彩电，并实现了批量生产。1999年，在引进消化吸收先进技术的基础上，自主创新，独立开发完成的第一个具有自主知识产权的收款

机项目，该研发成果获得 2001 年度"国家重点新产品"证书。2000 年，海信在国内首家推出自主研发的采用数字处理技术的胶片系列彩电，同时增加互动功能，实现了数字化、网络化的全面升级，占据了市场主流地位。

这是一段充满激情和梦想的时代，是海信彻底摆脱计划经济体制，开始了在市场机制下的技术创新之路。

2001～2009 年：融入、超越、突破

这一阶段，是海信在经济形势全球化的背景下发展壮大的阶段，是一段融入全球、不断超越和突破的历程。在"技术孵化产业、原创确保优势、科技服务人性"的科技宗旨下，一直研究并形成了自己完善的技术创新体系，保证了技术开发选题来自全球市场和技术发展前沿，使海信集团的技术研发水平始终处于国内同行业前列，在一些核心领域的关键技术上始终保持着国际领先水平。

2002 年，整合集团的研发资源，成立海信集团研究发展中心，发布"海信研发工作纲要"，集团新的技术创新体系开始运行，首届海信科技创新奖隆重推出五项获奖成果。2007 年 3 月，海信成立欧洲研发中心，作为国内彩电企业在欧洲设立的首个独立研发中心，对海信国际化和技术立企战略的延伸具有重大意义。2007 年 7 月，国内第一家也是唯一一家在数字多媒体领域设立的国家级重点实验室落户海信。2008 年 12 月，由海信作为秘书处承担单位的全国家用自动控制器标准化技术委员会变频控制器分技术委员会在青岛成立。

2005 年 6 月，中国第一块拥有自主知识产权并实现产业化的数字视频处理芯片——"信芯"在海信诞生，结束了中国年产 7000 万台彩电无"中国芯"的历史，彻底打破了国外垄断。

历经 3 年半艰苦卓绝的自主研发，2005 年正式推出了中国的矢量变频控制技术，一举打破日本企业对中国长达 8 年的高端技术封锁，在空调及冰箱的核心技术上取得了标志性的重大突破。

2005 年，海信只用不到五年的时间便走过了国外企业二十多年的历程，不仅攻克了智能交通系统的核心技术，更是创造了世界上智能交通第三大系统——HiCon，彻底打破了国外技术垄断，实现了国家倡导的民族企业有选择地在关键点上超越国外先进公司的目标。

2005 年，海信成功推出了全球第一款可商用化的光纤到户局端模块以来，并已主持和参与了多项光通信国际标准的制定，国内同类市场占有率也超过了 50%。彻底打破了中国的通信器材供应商所需的高端模块全部依赖进口的局面。

2007 年 9 月，首批"中国制造"的液晶模组在海信下线，标志着中国电

视液晶模组完全依赖进口的状况被打破。2008年，海信推出了中国首款也是当时全球最薄的 LED 背光源液晶电视，这不仅是中国彩电业与国际先进水平保持同步的一款产品，而且在薄度上领先于国外竞争对手。

一次次的超越，一次次的突破，一次次的领先，得益于自 1992 年以来始终坚持"技术立企"的战略方针，得益于对技术的不懈追求和持续的自主创新。在技术创新的机制和文化引领下，一个全球化的海信正在扬帆远航，以"面向世界融入全球，追求国际领先技术，打造全球有竞争性产品"为目标，向构建具有全球竞争力的研发旅程迈进。

日本家电企业曾有人说过："中国的企业就像是一帮水果贩子，市场上需要什么水果，他们就去包装贩卖什么水果。但他们不是种水果的，更种不来优质水果，而只是水果贩子。"这句话曾深深刺痛了海信集团董事长周厚健。

"海信的实践证明，凡是充足的有准备的技术，产业化成本都很低，这就是技术的价值。"多年来，海信一直孜孜不倦地追求着技术上的创新，提升企业自主创新的能力。

2　海信选择技术创新管理的缘由

作为海信的掌门人，周厚健的脑子里，始终思考的有两个问题——"海信要去向哪里？如何去？"尼采说，性格即命运。企业家的性格决定企业的命运，"天行健，厚德载物"，周厚健之于海信正如他的名字一样，其管理风格也无形中成为了海信的风格——稳健发展。但实际上，海信一直以自己的方式积蓄着力量，她选择了创新科技，这已成为海信基业常青的基石。

2.1　技术创新引领海信直面市场竞争①

计划经济的年代，逐步摆脱了贫困的中国百姓，对电视机的需求只能通过紧张的供应票来实现，然而面对强烈的市场需求，往往是一票难求。

海信身处家电行业。家电业是中国市场经济的活化石，曾率先摆脱了计划经济，开始"不找市长找市场"的艰难旅程。在计划经济的体制下，海信从无线电二厂发展成为以电视为主导产品的电视企业，完成了以引进、消化、吸收为主的技术积累过程。在 1985 年 4 月，依靠先进技术的引进、消化和吸收，企业实现了第一次腾飞，主要技术经济指标列全省电子业、全国电视业第一名。

1996 年，国内电视业由于各地盲目投资建设造成供大于求，长虹开始了

---

① 参考《创新是企业的生命力——海信集团自主创新报告》

大规模的价格战，几乎所有企业都在拼命降价，很多大家所熟悉的电视机品牌如金星、牡丹、黄河、泰山、双喜等从此一蹶不振。长虹由此曾一度在彩电市场称王多年，但如今也是问题缠身，到液晶时代已是风采不再。海信却选择了技术之路。时年7月，海信老总周厚健在北京人民大会堂高调宣布：海信不参与价格竞争，以"高科技、高质量、高水平服务，创国际名牌"的发展战略来应对市场竞争。海信清醒地看到，价格战的背后是产品的同质化。如果产品上没有差异，就只有在价格上去寻找差异。走技术路线使海信侥幸躲过了这场浩劫。

1999年，纯平彩电在国内尚属奢侈品，以国外品牌为主，并且动辄六七千甚至上万元。海信率先提出"在技术上进一步，在价格上让一步，4998元海信纯平彩电搬回家"的口号，掀起一股纯平彩电风暴，纯平彩电当年在国内迅速得以普及。平时以老大自居的长虹、康佳等竞争对手们被打了个措手不及，在被切断后路的尴尬中开始反击，但为时已晚，当年海信占据了近半壁江山。

其后，中国彩电业又出现了很多次价格战，每次几乎都发生在产品与技术更新换代的关键时期，而每次都导致彩电企业的竞争格局因其技术实力发生变化。也正是由于海信坚持了"技术立企"，才能从国内市场的第五名，借助每一次的技术与产品升级，逐步上升为国内市场的第一名。

市场竞争的残酷性让海信认识到，面对激烈的市场竞争，如果企业没有自己的知识产权，就会处处被动、受制于人。如果不能通过自主创新掌握相对领先的技术，将不可避免地陷入技术同质化的泥潭，企业的元气将随着价格的无限下滑而丧失殆尽。因此，技术创新是企业应对市场，摆脱产品同质化，走上良性发展的最佳途径。

2.2　技术创新伴随海信走向全球化

中国企业和国外企业在全球市场上同台竞争，技术成为中国企业跨出国门的巨大障碍。在进军国际市场的艰难路途中，海信的产品经历了从低端到高端，从发展中国家进入发达国家的过程。而这个过程的跨越是以技术水平的提升为条件的。海信认为，只有依靠自己的高技术、推出自己的高端产品，才能树立起自己的品牌，摆脱国际市场价格战的泥潭，否则，就只能做销量的奴隶，做亏损的冤大头。

海信集团从1985年开展对外贸易业务。2003年整合了所有海外市场和业务，正式开始了国际化征程。

2006年海信集团确立海外"自主品牌"战略，开始了以"自主创新"为后盾在海外全面发展海信品牌业务的道路。

目前，海信在南非、阿尔及利亚、埃及等地拥有 4 个生产基地，在美国和欧洲建立了 3 个研发中心，在美国、欧洲、澳洲、非洲和亚洲地区设立了 10 个海外分公司和 7 个办事处，产品远销 130 多个国家和地区。

海信品牌国际化战略也已取得了令人瞩目的成果。如今，在澳洲、非洲、欧洲、中东、北美等全世界 82 个国家和地区都可以买到"海信"品牌的产品。在澳洲，海信从名不见经传一跃成为当地知名品牌，也是澳洲本土最知名的中国品牌，海信的产品已经全面进入澳洲三大主流连锁卖场，遍布澳洲的 HarvyNorman 的 170 多家店、Goodguy80 多家店、JBHi－Fi 的 80 多家店都在大力推荐海信产品；在以色列等新兴市场，得益于高端品牌战略的推行，海信在进入当地市场短短两年便成功上升为当地一线品牌；在北美、东欧、非洲等地区，海信品牌在当地的市场占有率也得到快速增长，深受消费者欢迎；在加拿大，海信成功进入当地最大家电连锁 CTC 的近 500 家门店；在美国，海信品牌已进入西尔斯（Sears）等主流全国性大型连锁卖场；在非洲，海信与合作伙伴一起设立工厂，本土化经营，成为当地著名家电品牌，海信产品和品牌更是受到坦桑尼亚、埃及等国家领导人的高度关注和赞誉，埃及总统穆巴拉克在参观考察海信位于十月六日省的埃及工厂时发表演讲，高度赞扬海信是一家致力于创新、稳健发展的公司⋯⋯

2009 年海信在北美的销量/销售收入同比增长超过 90%，在澳洲、北非分别实现了 70% 和 63% 的大幅度同比增长；尤其是自主品牌产品在海外多个市场取得了强劲增长和突破，在澳洲，海信"品牌"销售收入同比实现了 156% 的跨越式增长，其中电视进入行业前 5 强；在北非海信"品牌"销售收入同比增长 66%。2009 年全年，在海外品牌销售收入同比增长 45% 的强大拉动下，海信集团海外销售整体实现了 17% 的逆势增长，尤其是电视产品，实现同比增长 38%。

2010 年一季度海信集团整体出口销售收入同比增长高达 113.33%，其中，北美市场增长 238.63%，亚洲和欧洲市场增幅均实现翻番增长，并且在上述区域为代表的多个海信品牌战略市场均出现了销售收入增幅远高于销量增幅的现象，以高端技术为支撑的高端产品对收入和利润的贡献进一步提升。其中 LED 电视产品表现尤为突出，从电视产品海外销售结构上看，LED 产品虽然从销量上仅占海信电视销量的 11.47%，但其销售收入却占到了 26.06%。

当中国计划由一个"制造大国"向"制造强国"转变，当中国原有的资源、劳动力价格优势不再，当面对企业全球化、国际竞争时，走自主创新的技术之路，已是海信的不二选择。

2.3 技术创新驱动海信可持续发展

经过多年的发展，海信的年销售额从十几万元人民币增长到八十几亿美元，每年都保持着较高的发展速度。其中在发展过程的几个重要阶段，技术创新起到了关键的作用。

在多媒体领域，海信从 20 世纪 90 年代后期开始研发积累的平板电视、数字电视、视频处理技术等，使海信电视占有率从 2003 年中国市场的第五位跃升到 2004 年的第一位，并保持至今。2005 年 6 月，海信成功研发出我国第一块拥有自主知识产权并产业化的数字视频处理芯片——信芯，从而结束了我国年产 7000 万台彩电而无"中国芯"的历史，获得了国家及社会各界的广泛赞誉，温家宝总理更为此题词肯定并鼓励海信。2008 年，海信以自主研发的 LED 技术，赶在奥运会前夕全球第三家向市场批量推出了大尺寸 LED 背光液晶电视产品，从而真正实现了从"跟跑"到"领跑"的跨越。这一技术的"跨越"给海信带来了超强的市场表现。随着 LED 液晶电视市场行情的爆发，随着海信不断推出全系列的 LED 新产品，从 2009 年 11 月份以来，海信 LED 液晶电视市场占有率已经连续多个月超过了 30%，高居中国 LED 液晶电视市场第一位。在国际市场，得益于 LED 电视的海外热销，今年 1～4 月，海信集团电视产品的出口收入同比增速达到销量增速的 3 倍以上。"领跑"的技术同样赢得了国际同行的重视。2009 年 12 月，在日本举行的国际电工委员会 IEC/TC110（平板显示技术委员会）年会上，来自中国、日本、韩国、美国、荷兰等国的平板显示技术专家齐聚一堂，会议决议由海信刘卫东博士牵头起草 LED 液晶背光分规范国际标准，并与韩国专家共同牵头起草背光显示总规范标准，背光总规范和 LED 背光分规范在背光组件系列标准中能起到提纲挈领的作用，对 LED 背光系列标准的制定以及技术、产品的发展起关键作用。该系列国际标准由中国企业代表牵头制定，在平板显示领域尚属首次。也标志着中国彩电企业在发展方式上，真正迈入了靠自主技术参与市场竞争的道路。"海信电视的 LED 背光技术已走在了最前沿，中国彩电业在这一轮竞争中，对新技术的反应甚至超过了某些外资品牌，中国 LED 液晶电视已在本土市场获得领先优势"。谈及海信的超越，"最直接的原因是 40 多年来海信所坚持的以'技术为核心'的企业基因，为我们今天的'领跑'打下了非常好的基础。"海信电器总经理刘洪新如此诠释。

凭借多年来在平板领域的技术积累优势，海信不仅率先完成了平板产业的转型，也成为推动中国彩电业从普通液晶电视向 LED 电视升级的主导力量。也正因始终追求技术的领先，海信电器的经营规模数年来持续快速增长，并且其利润也一直保持行业领先。

在家电领域，依靠自主创新，海信不断开发推出多项创新技术成果填补国内外空白，先后在驱动设计技术、制冷系统设计、电磁兼容设计等核心技术上取得了一系列突破，创造了变频空调多项技术里程碑，迄今共推出了六代变频空调升级换代产品。自 1997 年首家推出了中国的变频空调，海信长期保有国内变频空调的半壁江山。目前，海信在变频技术领域与国际领先水平保持同步，海信的矢量变频控制技术已广泛应用于其冰箱及空调产品上。

在战略性新兴产业储备上，海信坚持"技术孵化产业"模式先后成功进入智能交通和光通信领域，目前这两个产业已成为各自领域的领跑者。

经过四年多的研发积累，海信智能交通不仅突破了核心技术，打破国外垄断，在 2005 年 12 月，海信以性能测试第一名的成绩打败全球最强的竞争对手，中标 2008 年奥运北京市智能化交通管理投资建设项目，实现了民族企业有选择地在关键点上超越国外先进公司的目标，而且创建了全球第三大智能交通标准体系——HiCon，成就了海信"智能交通领域第一民族品牌"的市场地位。截至 2010 年，海信的智能交通系统已经在全国近 40 个大中型城市得到应用。在北京，海信智能交通信号系统已在 1400 多个重要交通路口使用，其中包括"鸟巢"周边的 200 多个交通路口。海信的智能公交产品也成功应用于北京、广州、上海、济南等十几个城市的快速公交和轻轨电车建设工程。经过五年的市场打拼，海信智能交通的核心产品——高端城市智能交通管理系统已从此前全部由国外企业垄断，到 2010 年海信已超过 20％的占有份额；快速公交智能调度系统更是达到 70％的占有率。2010 年 4 月份，"海信常州快速公交 1 号线"工程荣获了我国土木工程界工程技术领域的最高荣誉——"詹天佑奖"。

2001 年海信开始涉入光通信领域。如今，海信研发出的应用于光纤到户的光收发装置领先全球，已成为北美、中国光模块主流供应商。产品销往世界各地，客户包括 ALU、中兴、华为、Motoroal 等，国内同类市场占有率也超过了 50％。2008 年海信自主研发出了用于 FTTH 网络的 10GPON 光收发模块，将比特率提高了 4～10 倍，网速提升至铜网最高传输速度的 100 倍，成为全球最早能批量供应该产品的企业。三年来，在北美光纤到户市场中持续占据同类产品 70％以上份额。

2.4　自主创新助中国家电行业升级

中国家电业经过 20 多年的发展，依靠巨大、迅速增长的市场空间、广阔的发展潜力和低廉的劳动力成本，中国迅速崛起为家电大国，从一个基础薄弱、年产值只有 8.6 亿元的产业，发展到今天已成为仅次于美国和日本、年产值将近 5000 亿元、位居世界第三的家电生产大国。但是，中国要实现家电强国，技术创新是唯一的出路。

在中国家电业历练"中国制造"的过程当中，国外著名家电企业在中国掘到了丰富的金矿，即使在中国家电业已成大气候之下依然以高端化策略、先进技术保持了丰厚利润。2004 年 11 月 25 日的《日经新闻》有一篇文章说："从 20 世纪 90 年代中期开始，中国厂家逐渐从日本厂家手中夺回了庞大的市场份额，中国消费者纷纷把手伸向了低价的中国制造的普及品。但是随着普及期的结束以及购买替换阶段的开始，中国消费者纷纷把目光投向了价格虽高但质量好、功能好的日本产品，中国厂家拿手的应付性附加功能、大幅度降价、附加赠送等优势，已经蒙蔽不了中国消费者，中国厂家对此理解迟钝。还有一个重要的原因，那就是中国厂家激烈的价格竞争，导致了其无法向开发及研究调转资金，消费者开始摒弃质量不高的中国品牌，把目光转向了价格虽高但质量好的日本品牌。"这就是日本媒体对未来中国家电业的看法，也是很多日本企业的看法。韩国管理学会的会长朴成辅也曾说过："我访问了 40 多家跨国公司人员，50％以上都认为，中国的优势在未来必然会消失。"

随着"中国制造"在世界大放异彩，中国企业开始进行新一轮的产业升级，逐渐向"中国创造"转变。加之经济全球一体化的日渐深化，世界的整个产业结构正在调整变化，家电业首当其冲。中国家电行业必须要坚定不移地走自主创新之路，别无捷径。而中国家电行业，企业、品牌起起伏伏，依靠"技术立企"战略的海信，肩负行业发展的重任，对技术创新的重视更是到了无以复加的地步。

管理学上有个著名的"木桶理论"，周厚健对它作了新的诠释：技术是桶底，其他进步因素是桶帮，没有桶底，桶帮再高也难起作用。

"技术是根，人才是本，创新是魂"，这是海信的真实写照和生存之本。

3 海信技术创新管理的内容

3.1 "技术立企"定为发展战略

对技术的重视得益于海信集团董事长周厚健的领导，这位技术出身的企业负责人时时刻刻都在把自己的技术观灌输给企业的管理层。"核心技术可以追，但步骤无法省略。面对短期利益和长期利益的矛盾、面对重市场还是重技术的选择，海信势必为这无法省略的步骤付出忍耐寂寞的代价，将'技术立企'变成基本法，永不动摇。"

周厚健在很久以前，就认识到"资本对品牌、项目的投入和运作，永远跳不出边际效益递减的规律，钱会越来越难赚；但惟有技术创新为一个企业带来的边际效益，可以不断增加，比如众所周知的索尼、三星即是如此。因为技术进步是层层递进的、无边际的，事实上人类文明就是靠技术进步来推动的，而不是钱"，"未来家电行业竞争的不是价格、渠道，而是核心技术"。

早在 20 世纪 90 年代初，海信就提出并确立了"高科技、高品质、高水平服务"的"三高"基本战略。这一基本战略方针的确立，形成了海信企业经营和管理的"技术立企"特色。

接下来十年如一日，海信在彩电、空调、冰箱、电脑、手机等领域进行了最新技术的引进、消化，最后逐一实现了自主创新与大规模产销；同时他们全力以赴地跟踪全球科技进步的新动向。现今海信已在中国、欧洲、美国等地设立了 7 大技术研发中心，其中，占地近 7 万平方米的海信青岛研发中心，拥有逾 2000 名专业技术研究人员。这个研发中心，是国家创新体系试点企业研发中心（全国仅两家）、国家级企业技术中心、国家 863 产业化基地和国家级生产力示范促进中心，最终支撑海信形成了家电、通信、信息为主导的 3C 融合的产业结构。

周厚健曾经说："如果你没有一步一个台阶向上走的话，当全球技术上升到一定的难度，你会连决策的条件都没有，因为你对技术一窍不通。"所以技术积累，不仅仅是技术本身的积累，也不仅仅是技术人才的积累，更重要的是一种以技术为本的文化的积累，这是一种思想，一种崇尚技术的文化精神。

现在海信已把十几年来"技术立企"的实践经验形成公司上下的共识：第一，企业要长期发展下去就必须依靠技术；第二，技术的发展是一个循序渐进的过程；第三，市场上最重要的是产品的技术含量和质量。由于这种共识统一了大家的思想，使海信"技术立企"的战略在工作中得到准确的贯彻执行。

3.2　创新文化推动技术创新

海信从来就不是一个奇迹。它面对现实，内敛而有深度，优雅而有风度，就如同绅士一样。它喜欢通过思考来解决问题，喜欢通过变革来提升竞争力，更喜欢通过竞争获得成功。

董事长周厚健先生总是说："我们要做百年海信。"可是，做百年海信靠什么？靠创新；创新靠什么？靠技术。"技术立企"是海信的方针，没有华丽的标签，没有空洞的口号，但却务实而深刻。在我国家电行业总体上处于低水平的艰难成长期时，企业家们都知道"技术创新"是唯一出路，然而"技术创新"又是一般人最不愿意做的事。在技术创新的过程中，催生了海信的创新文化，而创新文化又不断促进技术创新，两者相辅相成，良性互动着。

"小企业靠人，中企业靠制度，大企业靠文化"。文化本是高于战略的一个层面，同时又是企业行为逐步积累的结果。创新文化，也是海信坚持技术立企

战略和推进创新体系建设的重要条件。海信创新文化与企业的初衷是紧密联系在一起的。海信注重在实践中提高全体员工对技术开发重要性的认识，同时告诫员工必须牢固树立三个观念：一是企业必须依靠技术；二是技术开发必须有一个成长过程，绝非一蹴而就之事；三是客户最重视的是产品的技术和质量。在这个统一认识的基础上，才会有所成就、有效果。长期坚持而形成的认识的一致性，自然催生了"海信文化"，这种文化锻造的过程，也是海信技术与人才的成长积累过程，自然也就形成了浓厚的海信技术创新的氛围。

提及海信的创新文化不得不提及海信企业文化。海信的企业文化是什么？——创造完美，服务社会。归根结底，"创造完美"的精神，是一家企业追求卓越的精神，"服务社会"的理念，则是海信所必须承担的社会责任。作为一家传统的国有企业，海信能够健康、持续、稳定发展的奥秘在哪里呢？海信集团的一位高层说："在于海信优秀的企业文化。企业文化是企业增长力的源泉，是企业取得成功的土壤。只有把文化融入企业，塑造企业形象，光大企业精神，才有辉煌的未来。"《青岛日报》曾经报道了海信企业文化的"四大特色"——"敬人为先，创新是魂，质量是根，情感管理"。事实上，这四大特色的归纳并不十分全面、准确，它只着眼于海信发展的某个特定时期，而忽略了海信作为一家优秀的企业有自己一以贯之的企业文化、创新文化。其所忽略的是海信"追求卓越"的精神，这是海信发展过程中的真正文化，是海信经常挂在嘴边的"创造完美，服务社会"，也就是管理大师彼得·德鲁克所看重的"创新精神"。

"创新就是生活"，"创新科技，立信百年"，"人才是本，技术是根，文化是魂。"这些海信的口号正是海信文化简约而深邃的内涵，它朴实得就像海信的产品。对于痴迷、深爱制造的周厚健先生来说，技术创新与文化就像红花需要绿叶来衬一样，那样和谐而相得益彰。

3.3　创新体系保障立企战略

眼光敏锐，争做先知以捕捉新信息；视角独特，力为先觉以激发灵感。海信就独具慧眼，争做了先知先觉，捕捉到了信息。

1997 年，国家开始研究技术创新体系。海信敏锐发现，这是国家战略层面的行动，也是事关企业发展的大事，东风正朝着海信吹过来。他们认识到，如果没有一个完善的体系来保障，"技术立企"的战略将是一句空话。伴随着国家创新体系建设的实施，同年夏，海信也开始研究创建适用于自身的技术创新体系框架，确立了"技术孵化产业，创新铸就名牌"的宏图大略。2000年，海信首次总结修订创新体系。2002 年，进行了第二次修订，并出台了被称为海信创新"基本法"的《海信研发纲要》。

《纲要》提出了"创新科技，立信百年"的发展理念，明确规定"海信各个层级的主要负责人，同时也是研发工作的主要负责人"。《纲要》强调各部门各单位之间的协同与配合，确定了三个层次研发机构的管理模式，规定各产品公司必须根据经集团公司审定的发展目标和发展规划制定相应的研发计划，同时报集团公司备案，并确保研发工作有效进行；各产品公司依据集团公司审定的指标确保研发经费的投入，并提取一定比例的研发经费作为集团公司的研发基金；各产品公司年度研发经费投入情况列入考核范围。《纲要》还明确了职能管理，定义各种研发计划，明确研发计划项目的立项、评价与考核、科技档案与成果管理、研发工作的知识产权管理等工作的基本原则和流程等。

海信的技术创新体系由三级技术开发体系组成：一是集团公司直属的研发中心，主要从事战略性预研课题的研究，也是海信技术孵化新产业的孵化器，以及技术创新人才的基地。二是各子公司的各类产品技术研究所，主要从事应市新产品的开发，是海信技术创新的主体和主战场。三是各生产车间的技术工艺组，主要从事工艺技术研究、技术实现保障等工作。由于体系上的保证，使海信在应市产品和超前技术的研发上，既各司其职，互不冲突（不会为眼前的应市产品而冲击较前沿技术的研究，也不会使应市产品离市场需求差距较大），又相互合作，相得益彰（应市产品研发成为前沿技术研发的"试验场地"，且能及时地使用上较先进的技术）。

海信形成了一个全球研发体系、18 大海内外生产基地和管理总部组成的大工业格局。其中全球研发体系是"技术立企"的战略核心，目前，海信已在青岛、深圳、顺德、美国、比利时等地建有研发中心，初步确立全球研发体系，是国家首批创新型企业，国家创新体系企业研发中心试点单位，中宣部、国务院国资委推举的全国十大国企典型，拥有国家级企业技术中心、国家级博士后科研工作站、国家 863 成果产业化基地、国家火炬计划软件产业基地、数字多媒体技术国家重点实验室。科学高效的技术创新体系，使海信的技术创新工作始终走在国内同行的前列。

位于青岛的海信研发中心总部现已建成国内较为完善的研发平台体系。包括应用基础研究中心（数字多媒体技术国家重点实验室）、产品开发中心、公共研发支持平台（检测中心、中试中心、数据信息中心、技术培训与学术交流中心）、博士后科研工作站等。海信研发中心设有数字显示技术、智能多媒体技术、数字电视技术、光学投影技术、智能家电技术、移动通信技术、智能交通技术、网络安全技术、计算机技术、光电子通讯技术等研究机构。研发中心是海信 3C 产业技术研究与发展中心，担当着海信核心技术与前端技术的研发、新产品的开发与产业升级、产品结构调整的重任；汇聚了专职技

术开发人员 2000 多人，其中一半以上人员拥有高级中级职称，高级专家和博士近 50 多人，硕士 300 多人，90％以上的科研开发人员为 40 岁以下的青年人。

为了强化对技术创新的管理，还建立了由集团一位副总裁领导的技术研究开发管理中心，负责技术研发长远规划和年度计划的制定、全集团技术创新工作的组织协调、课题立项、成果鉴定和国家项目申报、园区研发环境建设及研发共享资源平台建设与管理等工作。

伴随着技术创新组织机构和硬件设施的不断完善，海信对技术创新制度体系建设给予了高度的关注，通过不断补充和完善相关流程、标准、政策、办法等管理制度，已经形成了一整套系统化的制度体系文件，在七个方面形成了有效的技术创新机制，即技术创新的科学决策与过程管理机制、有效的激励与约束机制、技术创新的目标拉动机制、技术创新资源共享与明确权利义务的内部市场机制、有利于人才成长与价值实现的人才流动机制、产品设计质量的保障机制和技术孵化产业的技术产业化转化机制。

海信利用这套体系和制度使每个人知道应该做什么、怎样去做，确保对员工的激励与约束，确保研发项目来自市场和技术发展前沿，确保海信不断产生新的技术和产品，确保产品质量和投入的研发资金获得更大的经济效益。

3.4 技术管理确保研发规范

技术积累是有规律的，对一个企业或一个研究机构来说，不仅要有一套完善的技术创新体系，而且要有一个相对应的技术管理体系，使研究开发步入规范的框架中，才能保障循序渐进。

海信比较早地意识到这一点。海信的技术管理体系从 1997 年就开始创设，当年提出第一个版本的《海信技术创新体系》，由十几套系统的文件构成，全方位界定了海信技术创新与研发工作，成为技术管理的纲领性文件。

在此基础上，2002 年海信又对其做了一次修改和调整，并增加了《海信研究开发工作纲要》，要求管理层必须清楚海信"技术立企"的战略、研究开发工作的定位、技术创新体系框架以及研究开发工作的战略分布，从管理标准上对海信研发工作进行了规范和指导。

2002 年底，海信成立了 26 个标准化课题组，专门进行通用化、标准化研究。2003 年全面启动的《海信集团主导产品设计的标准化研究》，包括零部件标准化以及工艺、模具、电路设计的标准化两方面内容。它标志了海信集团技术管理体系建设走向成熟。

"标准化的初衷之一，也是要把家电产品的零部件数量降下来，这会给统一采购带来便利，当然也有利于研发和产业化。"海信集团技术管理中心负责人如是说。基于这种思路，海信的标准化分两个阶段展开，第一阶段是统一部品规格、降低部品数量，这方面成果明显：2003 年当年，海信的部品数量就降低了一半以上，此外还产生了大量的标准化手册和通用模板，这实际上就是企业工业经验的固化和积累。

2004 年，海信的标准化工作进入第二阶段，重点转向建立模块、通用机芯和标准手册。当年海信总计形成 600 余种设计模板，建立了 100 多项标准文件及对应的通用手册和数据库。特别是在电路设计方面，海信建立了电路标准库，研发人员的工作方式由此发生了巨大变化。推行标准化之前，开发一款 21 寸彩电，都是几个人组成小组从基础工作做起，开发完成后，再开发另一款，又是几个人组成小组从头开始画电路图。实现标准化后，就可以直接从电脑中调用已有的标准电路，在其基础上进行设计与修改，进度和成熟度都要快得多。

"以前开发出一款成熟的电视机需要一年时间，现在几个月就可以。"实现标准化设计后，刘勇说，"不仅减少了重复劳动，创新的起点也提高了。"

这方面，海信最成功的案例是 1080P 彩电的推出。在标准机芯平台的基础上，海信 2003 年迅速解决了电视信号、视频信号、计算机信号、高清信号的有机融合问题，2004 年便在国内首家将 1080P 格式高清电视推向市场并获得成功。

设计标准化只是专业技术管理的一部分。作为设计标准化的延伸，海信正广泛参与各种技术标准的制定，技术标准体系已经渐渐成为海信整个标准化工作的核心。"十一五"期间，海信共列入国家级科技项目 60 多项，其中863 重大计划项目 4 项，科技支撑计划项目 3 项；主持和参与了 206 项国际、国家和行业标准的制修订工作，其中国际标准 9 项，国家标准 96 项，行业标准 58 项，运营商规范 43 项。这些都为海信在 3C 产品方面的技术积累奠定了基础。

技术管理体系的重要成果之一，是海信形成了完整的知识产权体系。如"信芯"获得了 30 多项专利，其中发明专利 9 项，这些成果和知识产权都纳入了海信的知识产权库，今后设计过程中就可以直接从库里调出来使用。

西安交通大学科技政策研究所张胜博士指出，中国研发的落后不是技术本身的落后，最根本的是技术管理水平的落后。"技术管理水平决定着技术积累的速度"，他说："海信在这方面所做的实践以及形成的积累模式对其他企业有很强的借鉴作用。"

3.5　"人才为本"支撑持续创新

周厚健坚信，一流的人才是建设一流企业的基础。在海信，有着这样的共识:"一个成功的企业首先生产的应该是人,其次才是产品","融智胜于融资"。

为了确保"人才战略"的实施,海信集团将"人才工程"建设列为企业的第一工程,每年投资人力资源的开发费用都超过千万元人民币。坚持"技术是根、创新是魂、人才是本"的经营理念,始终把人才作为企业发展的创业之本、竞争之本、发展之本。形成了敬人敬业、公平竞争、尊重知识和人才的良好企业风气。

周厚健深知技术创新的基础是人才以及对人才的激励机制。他认为,有才能的人不爱企业,是因为企业领导的工作没到位,培训没到位,机制没到位,造成他们的价值发挥不出来。只有使企业和员工个人双方的价值都实现最大化,企业才能建立和保持一支忠诚的员工队伍,造就一大批技术创新人才。

2000年,周厚健亲自主持建成了包括15个要素、32个管理标准的海信人力资源管理体系,将人力资源开发与管理定位在"求人、用人、育人、晋人、留人"五个方面。

3.5.1 一是"求人"

人才从来都是海信最为看重的构建企业核心竞争力的关键要素之一。海信通过各种渠道获取优秀的研发人员。海信集团每年都要举行多次规模庞大的招聘会,有面向各大高校应届毕业生的,也有面向社会的。海信还与高校合作,大量接收实习生,不少人最后都变成了海信的员工。此外,海信还设立各种奖励鼓励员工推荐人才。

对人才的重视使得海信在人才引进及使用、人才结构改善及优化上始终坚持开放的国际化视野,有效促进了企业的自主创新进程。海信全球的7大技术研发中心,通过多种形式实现了众多国际一流技术人才的加盟,共同进行行业高端技术的开发。一大批优秀人才增强了海信的核心竞争力,如多媒体产业板块近年从日、韩等国家引进了多位专家,加速了平板电视产业和技术的升级换代,使得海信电视市场占有率稳居国内第一。

同时,为尽快缩小与国外技术的差距,提升经营管理的国际化水准,海信集团自2003年加大了对国际化人才的引进和储备力度,先后引进了包括集团副总裁王志浩博士、林澜博士和周小天博士,海信宽带多媒体公司董事长黄卫平博士和技术骨干李大伟博士,海信电器股份公司研发高级顾问冈本贞二博士等在内的诸多外籍高管和专家。他们的加盟给海信带来了国际化的新视野,直接推动了海信自主品牌国际化战略的实施,从而有效提升了海信的国际化运作水平。

目前,海信集团班子成员中共有5名来自大学,3名为外籍。3名外籍高管均是在多家世界级企业有多年管理经验的高级管理人才，他们的加入为海信的国际化和前瞻性奠定了人力基础。目前，海信已建立起一支由 30 余名博士、1000 余名硕士领衔的近 5000 人组成的研发工程技术人才队伍。

3.5.2　二是"用人"

海信选人不拘一格，最看重的是个人价值观与海信文化的一致性，即首先要认同海信的企业文化。胜任本职工作就是人才，创新开拓就是优秀人才。海信用人有两个重点，一是把没利用好的设法利用好，二是让已利用好的保持状态。

为了使人力资源得到有效的配置，海信在人力资源管理上引入了内部市场机制、竞争机制，制定了所有干部竞争上岗管理办法，员工内部招聘、流动管理办法等，通过正常、合理的人才内部流动，让合适的人流动到合适的位置，激励与促进员工的发展，实现公司人力资源的最大增值。

海信建立了员工任职资格评价体系"3P1M"，也就是为职位、个人能力、业绩和市场价值付薪的激励模式，在职位评估基础上，建立了员工任职资格评价体系，从任职基本要求、能力素质、绩效结果等 3 个方面，对各职位序列员工进行综合评价，各种评价结果都记入个人信息档案，以此作为选人用人的依据。同时，建立了"能者上、庸者下"的管理岗位竞争机制，对后备人才进行选拔培养。从 1998 年开始，海信每两年开展一次后备人才的选拔活动，对所选拔的后备人才实行"一帮一"导师制、岗位轮换等措施进行重点培养，并建立了后备人才库，通过后备人才的定期评价对人才库实施动态管理。

为保证员工在企业中能够找到自己合适的岗位，发挥最大的作用，海信建立了"内部人才市场"机制，同时通过该机制的建立，从侧面提高公司各级管理者的人力资源管理意识，提升整体管理水平，营造"以人为本"的企业文化氛围，保留优秀员工。

3.5.3　三是"育人"

技术和知识是不断发展更新的，海信要做好技术创新，必须要跟上技术的发展，要保证研发人员的知识和技术不断更新。

海信一直十分注重研发人才的培养，建立了全方位、多层次的培训开发体系。海信设置了集团、子公司、部门三级培训管理体系；利用企业拥有的国家级企业技术中心、博士后科研工作站，每年承担十多项的国家级项目，锻炼培养研发人员；企业技术中心每年参加国内外培训、交流数百人次，技术中心的每一位员工平均每年都有 2～3 次的学习机会；海信还利用与高校和科研院所、跨国公司的项目合作，培养技术研发人才；1998 年更是专门成立了海信学院，用于对海信员工的培训，学院从文化、财务、战略到特定技术工种，编写形成了自己的培训教材体系，并通过选拔培养形成了自己的培训教师队伍，制定了培训教育的系列管理流程、标准规范，使海信的培训教育具备了比较高的硬件和软件支撑平台。近几年，海信学院每年用于教育培训的经费达 1000 万元以上，每年培训的都在 5000 人次以上，对人才队伍的质量提高起到了极大的促进作用。

海信对干部员工的培训教育不仅强度大，而且方式灵活多样。自 1993 年起与山东大学合作，分 9 批把所有中层干部送往山东大学全脱产进行为期半年的管理培训；与北大、北航合作开办硕士班；每年选派员工到中国对外经济贸易大学专门进修对外贸易；与跨国公司技术合作，每年选派 100 名左右人员到日立、三星等公司接受技术和管理培训；大量邀请国内外知名专家学者为企业骨干举办讲座等等。

此外，海信还将"技术立企"、"开拓创新"的企业文化渗透进每个研发人员的头脑中，用文化告诉研发人员，搞科研要稳重，要耐得住寂寞，要承受得住压力，要有信心，要有接受失败的勇气。

3.5.4　四是"晋人"

发展人、成就人是海信人力资源工作的重要目标之一，而对人才特质和价值的认知与评价则是"晋人"的关键环节，也是合理使用的必要依据。海信从入门评估、绩效评估、晋升调岗评估和培训评估四个方面，分层级和类别制定了相应的员工评估管理制度，各种评估结果信息都记入个人信息档案，并进入人力资源评估信息系统，以此作为选拔、使用和晋升的依据。海信的职位说明书体系文件，对各个职位的任职条件做出了明确的规定；绩效考评管理办法、干部任免使用管理办法等体系文件，也为员工指明了努力的方向。

海信还根据员工个人的发展意向与潜能，结合企业的需求对骨干员工进行"职业生涯设计"，为他们确立发展目标、制定培养计划，使员工个人发展与企业发展目标相一致。

此外，海信在各职位序列逐步建立和完善了"以专业晋升通道为主、管理晋升通道为辅"的双通道职业发展机制，在每条通道上均设置有系列的阶梯，从而为每一个希望通过自己的努力而谋求发展的员工，提供了明确而又深远的空间。其核心是在待遇和地位上让有突出业绩的研发人员、工艺质量人员、业务管理人员和销售人员与他们的上级齐平，甚至更高。这样就使他们能安心现有的工作，更加专注个人业务技能的提升，而不是煞费苦心往管理岗位上发展。职位不再是一种象征和特权，而只是员工做事的一种标志，因此员工的晋升通道也自然打开，发展的空间也更为广阔。

3.5.5　五是"留人"

海信奉行"氛围留人、事业留人、待遇留人"的方针，将良好氛围放在首要位置，规定干部必须关心员工并为其创造良好的工作条件，强调要从各方面帮助员工解决困难，即使是帮其解决工作之外的困难也是领导份内的工作，使海信形成了浓厚的"亲情式"管理特色。海信人力资源体系科学、公正的"用人"和"晋人"制度、机制设计，使优秀人才的最大诉求——实现个人价值最大化——得到了很好的满足。公司"内部人才市场"机制的建立，从侧面提高了公司各级管理者的人力资源管理意识，提升了整体管理水平，营造出"以人为本"的企业文化氛围，留住了优秀员工。

在待遇方面，海信采取了与市场接轨且定位在高于同行业平均水平的员工薪酬标准，人力资源管理体系中的薪酬制度和政策，严格地遵循并很好地体现了按贡献大小决定收入高低的原则，同时科学的分层、分类、量化的绩效考评程序、标准等制度体系，使得干部和员工对企业的贡献大小、工作态度优劣等，得到了比较客观、公正的回报。如1992年海信率先在技术中心设立"人才特区"，优秀研发人员的薪酬水平可以达到普通员工的10倍以上。目前即便从整体来看，研发人员平均收入仍然可以达到整个集团平均收入的3倍以上，优秀研发人员的薪酬水平，甚至最高可以达到集团副总裁的收入。

同时，海信重视对人才的长效激励。企业支付给人才的收入，严重偏离了人才价值的市场价格，这也是很多国企留不住精英人才的主要原因。近几年来，海信结合企业的产权改制，对集团内各公司的核心层、中间层和骨干层人才进行期权、期股的长效激励。通过这种激励模式，将人才的愿望与企业的命运紧密地捆绑在一起。研发人员摒弃"不求无功，但求无过"的心态，大胆、自愿地追求技术创新，尽量采用、研发新技术，提高产品的技术含量和市场竞争能力，增加高风险高收益项目的投资，努力实现公司利润的最大化。

海信有一套完整的机制保证项目开发人员的激励与约束。主要做法是：确定方案时明确课题的难度系数，从而确定报酬的基数，再用项目进度确定报酬的系数。这种办法的有效性表现在：不仅确定了效率，而且体现了公平，能够有效激励一个团体共同向上。海信还对研发人员重奖轻罚。从2002年11月开始海信设立科技创新奖，特等奖奖励金额为50万元，最低奖励4万元。对研发管理中涉及的处罚力度往往很小，且只对极少数不称职的人进行淘汰。但对技术人员，海信向来允许"失败"。"在海信，你今年有20个项目，你有10个失败，费用照样给拨，允许失败才使员工敢于去做"，但"这个失败的比例也在变化，2000年以后我们允许失败50%，往后的设计会越来越难，可能失败的比率还会改。"周厚健坦言。

"技术立企，一百年不动摇"是海信躬身践行的战略方针。中国首款具有自主知识产权的数字电视处理芯片——"信芯"在海信诞生，这无疑是一次核心技术突围的辉煌演绎。

4 海信"信芯"的诞生之路①

2005 年 6 月 26 日，一声惊醒中国电视制造业的春雷炸响在北京的上空，海信集团在北京发布了"Hiview 信芯"，一款由海信历时 4 年自主研发、达到同类芯片国际领先水平的一款数字视频处理芯片，稍早前已成功实现批量装机。这一被称为民族彩电第一芯的成果，被高调出席的信息产业部副部长娄勤俭给予充分肯定：这是中国音视频领域第一款可以正式产业化的芯片。电子行业资深专家安永成介绍说：该芯片的诞生与应用，将彻底打破自中国生产彩电以来核心技术一直被国外垄断的历史，中国年产近 7500 万台彩电自此有了中国"芯"②。

一位名叫战嘉瑾的年轻人作为"带头大哥"，带领着 11 个人用了 4 年时间实现了这个芯片梦。而使战嘉瑾一战成名的，是那个叫周厚健的海信掌门人。4 年来，他一直站在战嘉瑾的背后，默默支撑着他们去实现这一共同的梦想。对战嘉瑾来说，这是他生命中的一次豪赌；对于周厚健来说，则是一次在战略上的孤注一掷。

1998 年，正当中国彩电业同行忙于"价格战"的时候，技术出身的周厚健敏锐地觉察到，中国的彩电业要想掌握自己的命运做大做强，必须要有自己的核心技术——芯片。芯片技术是整机的技术水平标志，不掌握芯片技术，整机产业实际上变成了加工业或组装业，在市场竞争中是不可能掌握主动权的。产品的同质化使中国企业在国内外市场中日益陷入困境。国内市场价格战战乱频仍，掌握核心技术的跨国公司却坐享其成，通过限制来攫取高额的专利费。内忧外患、内外交困，皆因"无芯"所致。

"但当时的实际情况是，别说海信，甚至整个中国彩电业在芯片设计方面都毫无积累，更谈不上成熟的设计理念，只能白手起家。"海信集团副总裁郭庆存如是说。

---

① 根据调研和海信资料整理。

② 据统计，截至 2004 年底，我国境内有彩电生产企业 68 家，年产能为 8660 万台，实际年产量 7328.8 万台，实际销量占全球销量的 55%，已成为全球彩电生产及销售的第一大国，但每年 7000 多万台的彩电却没用一颗"中国芯"，全部依赖进口，仅 2004 年上半年，我国用于芯片进口的外汇就达到 262 亿美元。

1999 年，时任海信集团副总裁和技术中心主任的夏晓东派战嘉瑾与其他研发人员一起来到美国一家芯片设计公司，协助做一些芯片验证板及调试方面的工作。该公司对代码、设计流程等知识产权保护得如"铁桶"一般。尽管如此，在美国工作的那半年让战嘉瑾开始对芯片设计有了感性认识。

"一个项目七八个人做，而且全部是来自中国内地、台湾和香港的华人，成绩曾经做到液晶显示芯片的全球第三。既然如此，芯片设计显然没有想像的那样难！"战嘉瑾很是感慨，他发现芯片开发流程是最重要的。

还是 1999 年，周厚健和夏晓东把一批做电视电路开发的人召集到一起开了一次研讨会，讨论的话题只有一个："我们现在涉足芯片可能性怎么样？"反对声远远大于赞成的声音，战嘉瑾的回答却是"可以做到！"

同样是 1999 年，9 月 21 日台湾地区发生 7.6 级大地震，也引发了芯片产业的一场地震——停电让芯片生产停顿下来。国内芯片下游的内存等价格直线上扬，彩电制造商们也出现了"芯片荒"。中国企业不掌握芯片技术、受制于人的情况可见一斑。

2000 年这次会议后，海信终于成立了集成电路项目筹备组。2000 年，"专用集成电路设计所"成为海信集团技术中心众多研究所中的一个新成员。

2000 年 7 月 14 日，世界上最大的电脑显卡公司之一，也是全球最大图形显示用集成电路供应商之一的泰鼎公司正式向全球推出了一款视频芯片，这种芯片可用于中国现有显像管，让过剩的显像管生产线有了生路。一个月后，彩电业沉湎于价格战，进入胶着状态时，海信率先打破格局，将新产品"胶片彩电"推上市场，这是一种数字化程度很高的科技产品。这一举措，让海信在当年的市场竞争中抢得了先机，随后，其他厂商也尾随而至。周厚健很得意，却不兴奋。一个小小的芯片便使中国彩电业乱成一锅粥，芯片的控制力太强大了！由此，做芯片的决心终于决定了下来。

2001 年，国家出台了鼓励软件开发和集成电路设计的"18 号文件"，上海抢先一步成立了国家集成电路产业化基地。看中了上海良好的芯片开发环境和资源，几次谈判后，海信集团领导层要求战嘉瑾 4 人在梅雨季节开赴上海。等到年底，新加坡国立大学毕业的何云鹏加盟，加上战嘉瑾、丁勇、刘志恒、陈永强，在草创之初，被称作"五虎上将"，他们的平均年龄只有 28.6 岁，最后团队陆续增加到了 11 人。

在上海，他们一切从头开始。作为项目的负责人，战嘉瑾一边带领大家汲取相关知识，一边进行集成电路设计的探索工作——包括数字图像处理算法的设计、集成电路设计的研究以及建立海信自身的芯片设计流程。这些年轻人团结一致，众志成城，形成了良好的研发氛围和开发环境。

正式开发芯片之前，青岛安排他们承接了一个叫做液晶显示器电路的FPGA实验项目。这是集团对他们能力的考验。

数字图像的缩放抖动完成了；边缘检验和增强完成了；电路设计、仿真、验证等工作一步步地向前推进⋯⋯

2002年11月，他们完成了包括从算法到电路的全部液晶显示器电路的FPGA① 实验项目。成果说明一切，集团对他们的能力不再怀疑了，更多的调研报告、更多的芯片设计论证等也源源不断地送到周厚健等领导的案头⋯⋯

2003年1月的海信年度经济工作会议上，"数字视频处理器"被确定为企业当年的十大重点科研项目之一，"信芯"项目正式立项。

有了前面的准备，项目初期推进的速度异乎寻常的快。2003年最初的两个月，研发小组完成了数字视频处理芯片的调研、论证和系统的定义；接下来的六个月，他们就完成了项目所需全部算法的研究和设计工作。

然而2003年8月至9月间，当他们把经过软件仿真后的设计代码进行实际的电路验证时，却发现理论上设计好的东西放到验证板上，出来后就全都乱了。反复修改多次都无济于事。设计人员加班加点，苦苦寻找问题原因，甚至将全部设计工作都查了个遍，也没有发现理论和设计上的错误。

整整两个月的时间，问题始终解决不了，团队沮丧，情绪非常失落，有人开始动摇，甚至担心是不是要散伙了。紧要时刻，作为领队，战嘉瑾让助手何云鹏成立一个攻关小组，"想尽一切办法解决问题"。他们设计了两套解决方案：一套是对原有模块进行修改，一套是做一个新的、优化后的模块。经过三个星期的攻关，两套方案都成功了。系统终于可以按照设计意图正常运转起来，清晰稳定的图像处理效果在三个月后终于再次出现了。事后大家发现问题是一个很小的疏忽造成的——一个元器件型号搞错了。

回顾4年来艰辛和寂寞的开发之路，战嘉瑾说："最难的事情是在整个过程中自信心的坚持。4年的投入，无论是对海信还是对我个人都是一个很大的赌注。"但是，"当时有个念头让我们很激动：如果一旦成功，我们将是中国第一批为彩电制造心脏的人，在最艰难的时候，这个想法一直鼓舞着我们。"

2004年，研发小组决定采用新方案。"信芯"的开发回到了正途，重新开始快速推进。2004年5月，电路的设计验证工作完成。接下来的两个月，他们完成了信芯IP整合；又是两个月，他们完成了芯片的后端设计工作。

2004年9月28日，他们完成了"数字视频处理芯片VPE1X"的全部设

---

① FPGA (field—programmable gate array)，即现场可编程门阵列，它是作为专用集成电路（ASIC）领域中的一种半定制电路而出现的，FPGA芯片是小批量系统提高系统集成度、可靠性的最佳选择之一。

计工作，芯片设计交付加工厂进行加工。整个 9 月份，他们反复进行系统仿真验证，因为核心芯片流片费用巨大，每失败一次，上百万元就打了水漂。

为了鼓励技术创新，海信宽容失败。在"信芯"正式流片的前一天晚上，周厚健给负责研究开发的副总裁打电话，告诉他："即使流片失败，我们也认了。这次失败了，我们可以再来一次。"

2004 年 11 月 27 日，海信芯片顺利完成了 MPW（即设计—交付—生产）流片，专业测试通过验证。这款芯片可以实现不同信号间的格式转换以及画质提升处理，广泛应用于各类平板电视（LCD、PDP 等）、CRT 电视以及各类背投电视上。

各种测试后，该芯片成功应用在支持 1080P 高清显示格式的电视机上。在 2004 年 12 月 16 日的青岛，战嘉瑾看到眼前的电视机终于亮了，他有些颤抖地掏出手机，尽量用平稳的声音向上海报喜："我这边亮了！"那头，所有人一下子从椅子上跳起来："成功了，我们做成了！"

四年三千万的投入。"信芯"成功了！海信成功了！

接下来就是把芯片应用于整机生产。海信集团技术中心数字电视研究所负责人孙士华从 2004 年 10 月就开始负责整机与芯片的对接。12 月 16 日，应用了"信芯"的样机被放在了海信 35 周年大庆的展台上。2005 年 2 月 12 日，整机完成可靠性加速试验。3 月 1 日，完成工程样片生产。3 月 7 日，完成工程批样片整机应用验证。4 月 23 日，山东省科技厅对"信芯"完成了鉴定。

2005 年 6 月 26 日，海信在北京正式发布了"Hiview 信芯"。周厚健阐述了"信芯"的含义——它既代表了海信之芯，也代表了中国彩电人的信心。那一天它刚刚通过了信息产业部组织的鉴定。娄勤俭副部长出席了发布会，并且宣布"信芯"是中国视频领域第一款可以正式产业化的芯片。

2005 年 7 月 1 日，温家宝总理做出了如下批示："祝贺海信集团数字视频芯片研制成功并批量上市。立足自主研发和技术创新，企业才有生命力；拥有自主知识产权和核心技术，企业才有竞争力。希望海信集团再接再厉，不断为我国电子信息产业做出新贡献。"

与此同时，孙士华他们对"信芯"进行了整机试产监测。他们花了四个月时间，先从 20 台开始试产；20 台没问题了，试产 200 台；200 台没问题了，试产 2000 台。2005 年 5 月 25 日，正是第 2000 台试产机下线的日子。7 月初，使用海信自己芯片的彩电在海信五个生产基地全面投产。中国彩电开始跳动起"中国心"……

按照一般的研发程序，整机试验成功并投产使用，研发就算完成，但在海信，研发还有最后一步——市场检验。只有市场认可你的产品、选择你的产品，研发才算成功。

"信芯"的成功，彻底打破了国外芯片的垄断地位，直接导致了同类进口芯片价格大幅度下降，从 13 美金降到了 7.5 美金。"信芯"的战略意义不仅在于中国彩电业的研发和产业化推进开始进入集成电路领域，提升了自己的竞争与发展能力，更重要的是它给中国彩电业和中国消费者带来了真正的实惠。

2005 年 8 月 24 日，青岛海信信芯科技有限公司成立，注册资本 2000 万元，主营业务是数字视频处理芯片及其系统解决方案的开发和应用。其中研发骨干人员持有 20％的股权。自此，"信芯"开始走上了产业化的道路。巨额的销售收入和成本节约也推动了"信芯"的后续研发。2006 底，"信芯"研发团队又开发出了第二代芯片，技术更加先进、功能更加丰富，整体更具领先优势……

海信特色的技术创新体系，保障了海信持续创新的实现，一批又一批的新成果、新产品的问世，使得海信始终处于技术的潮头，实现了市场的突破和持续发展，从一个年销售额十几万元人民币的作坊成长为年销售额八十亿美金的国际企业，其技术创新管理机制对其他企业有着很好的借鉴意义。

5 海信技术创新管理的启示

5.1 高技术带来高收益，投入是保障

海信较早就认识到，技术研发有风险，但它遵循稀缺性规律，却不遵循边际效率递减规律。也就是说只要方向正确，高技术就能获得高价位，且越高的投入则有越高的收益，而最可怕的是不肯在核心技术上投入。

海信集团把保证研发投入写进企业制度里，通过制度来保证研发投入。在海信 2002 年颁布实施的《海信研发工作纲要》中对 R&D 投入占销售收入的比重做了具体的规定，并确定了投入增长要高于公司业务规模增长速度的方针。此外，为了有效落实所确定的投入规模，集团在对子公司经营者的考核指标中，设置了对投入的考核指标并规定了相应的处罚办法。海信集团历来重视研发投入，研发经费占产品销售收入的 4％～5％左右。近年来在研发上的投入更是逐年增长。2006 年，海信研发支出 14.3 亿元，占销售收入的 4.3％，同比上年增长 15.5％。据透露，海信集团到 2010 年研发投入将要占到或超过全集团销售收入的 5％。

海信对认为有价值的技术投入，绝不吝惜支持。海信集团在国内率先建立了第一家基于企业内部网的无纸化开发系统，拥有联网微机 2000 多台，CAD 工作站 50 多台。先后组建了家电综合实验室、空调综合实验室、通讯技术实验室、数字显示技术实验室、计算机实验室、网络技术实验室、智能

研究实验室、工艺设计实验室、工业设计实验室、性能评测室及电路 CAD 机房等，全部达到国家、国际先进标准要求的试验环境要求。实验室内配备各种先进仪器仪表几百余台套，许多仪器仪表居于国际领先水平，满足了电视、空调、计算机、通信、冰箱、网络等各种产品的开发、实验、检测需求。

研发中心通过信息共享和资源综合利用，为研发人员提供了一个具有国际先进水平的开发实验环境，为海信的技术创新打下了坚实的物质基础，使海信集团的技术水平始终处于国内同行业的前列，每年承担数十项国家级项目。截至 2009 年 7 月，海信集团累计申请 5179 项专利，其中已有 4009 项专利获得授权。2008 年，海信集团共申请专利总量 834 件、发明专利 219 件、实用新型专利 405 件，多数达到国际领先水平或国际先进水平。

5.2 突破核心技术，引领产业发展

多年来海信一直坚持技术创新必须以自主创新为立足点的发展思路，并且在这个发展思路中，强调追求研发深度，力争在核心技术上有所突破，从而突破封锁，打破垄断。

海信人"三驾马车"齐头并进：一是向产业技术前沿进军，提高原始创新能力，培育自主的知识产权，形成整个行业的竞争力；二是向系统性产品提供解决方案，从单一产品的创新向系统集成创新跨越；三是向更有价值的产业技术环节进军，打破产业瓶颈，促进产业的健康发展。海信集团副总裁郭庆存说，这三个延伸体现了海信原始创新、集成创新以及引进技术再创新的战略。

当海信的矢量变频控制技术研发成功后，为了验证此项技术的价值，海信曾试着到日本某大公司谈技术合作。起初日方满口允诺海信可以引进任何技术，但一提到矢量变频控制技术，日方态度坚决："除了矢量变频，什么都可以谈。"国外企业对技术的垄断由此可见一斑。

彩电的核心显示芯片一直是由国外芯片厂商控制。2005 年海信"信芯"的研发成功打破了国外垄断，在半年时间里直接导致同类进口芯片价格大幅度下降。其中，高端芯片从 15 美元降到 8 美元，中低端芯片从近 13 美元降到 6.5 美元，平均降幅在 40％以上。"信芯"的开发成功给整个中国制造业带来了更大的生存空间，给消费者带来了真正的实惠。

核心技术决定着电视机的价格，一个液晶电视，80％的成本是由液晶显示模组构成的。但先进的 LED 液晶显示技术同样一直掌握在发达国家少数企业手中。海信深深地感到，要想不受制于人，产业必须向上游延伸。2004 年海信启动了液晶模组的筹备工作，2007 年 9 月中国彩电第一条液晶模组生产线建成投产，而且产品优良率达到了 99％的世界领先水平。奥运会前，我国第一台具有自主知识产权的 LED 液晶电视在海信下线。

技术研发本身不是目的，只有把技术转化为产品优势，进而体现为经济效益，企业才能生存和发展。海信从最初的小作坊，发展成为具有 3C 产业架构的跨国电子信息产业集团，是海信以技术创新为基础不断进行产业延伸和拓展的结果。

随着信芯的突破及持续研发、液晶模组的自主设计与生产线建设、LED 背光显示技术、网络多媒体技术以及 3D 立体显示技术等，海信实现了由电视整机开发到核心芯片自主研发及产业化的拓展、从平板电视组装到模组设计与制造等产业链上游的有效延伸。"2009 年年底，国际电工委员会确定了由海信刘卫东博士牵头起草 LED 液晶背光分规范国际标准，同时，刘卫东博士还将与韩国专家一起共同牵头起草背光显示总规范标准。该系列国际标准由中国企业负责制定，在全球平板显示领域是第一次。至此，海信作为 LED 技术的专家地位完全确立起来。"2010 年 3 月 31 日，海信电器总经理刘洪新在海信春季平板新品发布会上说。至此，海信已经连续 7 年高居中国平板市场第一的位置，海信 LED 液晶电视以 30％的市场份额领先于竞争品牌，确立了在高端平板电视领域的领航者地位。

随着数字家庭系统、DNet－home 标准及新一代互动传媒系统的推出，海信开启了从单一终端产品制造向系统产品及整体解决方案延伸的产业发展历程。

随着海信光电器件等产品的突破及市场化，海信实施了从数字多媒体终端产品向高速宽带接入与传输技术的突破。

正是这些持续不断的产业延伸和拓展有效保证了海信的稳健持续发展。海信遵循技术点的突破、产业线的延伸的技术路径，使技术不断积累和升级，确保了持续的竞争力，壮大了海信的技术实力，铸就了核心竞争力。

5.3 完善创新体系，保持核心竞争力

多年的企业发展实践证明，技术创新已成为海信的核心竞争力，而核心竞争力的保持和强化离不开技术创新体系的建设和完善。

海信认识到，如果没有一个体系来保障海信的研发工作，技术立企的战略将很难不走样地坚持下来，导致企业的研发工作难以有效积累。一个企业是一个百年老店，并不是仅仅讲它的存在时间长，而是这个企业中经验性的东西一定要有积累和沉淀。1997 年，在国家层面开始研究技术创新体系伊始，海信就开始研究创建自己的技术创新体系，并在之后进行了几次修订，使之成为海信技术立企、获得自主知识产权的里程碑文件。

海信技术立企战略的有效实施是由技术创新体系来保证的。其中主要保证三点，首先这个体系必须保证技术开发选题来自市场和技术发展前沿，以

此来保证不仅能把钱换成技术，更能把技术换成钱。其次，体系必须保证开发产品的质量。市场竞争质量是根本，而设计质量是产品质量的第一要素，所谓体系保证质量就是在设计方案时就明确了产品质量指标，并在此后的每个设计阶段都必须保证质量指标的实现，这样就保证了产品先天的优质。再次，海信用体系保证开发人员的激励与约束机制。从确定方案时就确定了课题的难度系数，从而确定了报酬的基数，再用进度确定报酬的系数，此办法的有效性表现在它不仅促进了效率，而且体现了公平、公平与效率一旦良好地平衡，就会激励一个集体、一个团队共同向上。

技术创新体系保证了海信技术创新能持续进行，并源源不断地产生成果。

正是在完善的技术创新体系的有力保证下，海信当时平均年龄仅有 24 岁的十多个年轻人历经了 1600 个日日夜夜，从无数个走不通的"不可能"中一步步走向了最终的成功。

5.4　克服技术风险，形成技术孵化产业发展模式

海信在 20 世纪 90 年代中期确立了产业的相关多元化发展战略和产品的差异化市场竞争策略。海信认为，产业拓展和技术的产业化、商业化是一个高风险的过程，有市场风险、资金风险、人员及管理组织风险等，而最大的风险是技术风险，中国的不少企业"成也技术，败也技术"。周厚健吸取了其他企业成果与失败的经验教训，立足于海信强大的技术开发能力优势，构造了适合海信基因的低风险、低成本的新产业孵化拓展模式。

当集团拟进入一个新的产业领域时，首先确定研发带头人和核心技术骨干，这些在特定技术领域具有较高认知能力及较强管理能力的核心人才肩负着新技术导入与新组织构建的重任。然后以这些核心人才为主组建技术研究所，开始搭建新涉足产业的人才梯队和技术平台，对新产业进行市场研究与监控，获取最新的市场动态。接着在研究国际、国内对拟进入新产业的市场情况与技术、人才情况的基础上，看准时机组建公司，"快、准、狠"地扎进新产业领域。至此，研究所也就裂变成新的公司占领市场。

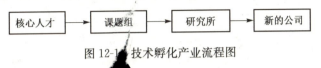

图 12-1　技术孵化产业流程图

与此相对应，这些企业的（管）理多数都是做技术出身。"海信从骨子里就重视技术，这是基因的问题……是海信作为一个技术型企业的核心所在。"郭庆存如是说。

这种技术孵化产业模式的突出特点是新的公司诞生并快速确立技术竞争优势。

由技术孵化产业的发展过程可以看到在孵化前期主要依靠的是集团的技术中心，而进入孵化后期，开始"全民总动员"，集团公司和各子公司相关机构将对新组建的公司提供包括人员、市场推广等专业策划、组织结构和激励机制设计、新公司注册等全方位的支持，使新公司迅速提升核心竞争力，快速在市场上成长起来。自 1993 年以来，海信所涉入的家用空调、商用空调、计算机、软件、移动通信、光通信等新产业公司无不采用这一模式。短短几年间，空调研究所、计算机研究所、软件研究所、通信研究所等纷纷"破壳"而出，成为海信进军这些产业领域的"排头兵"。技术中心孵化新产业的模式具有进入新产业投入少、风险小的优势，将人才梯队建设和新产品开发同步进行，既为海信进入这些产业抢占了市场先机，也促进了海信产业的升级和结构优化。

5.5 进行技术创新，市场导向是根本

技术创新的实现主要有两种途径：一是技术本身研究的发展、应用，开发出新产品来引领市场；二是直接源自市场的空缺或需求。科技创新必须以市场需求为导向，要"创造市场，引导市场"。

海信为技术创新设立了市场拉动与目标拉动机制。这一机制是将技术创新定位集团的事业发展与市场拓展，使每一个技术创新项目都有一个明确的市场目标定位，以目标拉动发展高新技术产业，而且带动产业结构的调整和升级。

为强化技术创新市场效益标准，缩短与市场的距离，海信还在技术中心内部设立了市场部。市场部的人员由两部分构成，一部分是资深的技术人员，还有一部分是技术经济、市场营销、市场分析、投资规划等方面的专业人员。与各子公司市场部主要职责是面向消费者、市场营销不同，技术中心的市场部是面向技术的，资料来源于各子公司的市场信息。两者的指向也不一样，一个指向市场前方，一个指向市场后方。研发出来的样品要不断接受市场的检验，倾听来自一线销售人员和试用客户的反应。

2007 年以来，海信研发中心专门组建了家电下乡产品研发团队，以农村消费者实际需求指导技术研发工作，针对农村特定的消费环境专门设计和强化了防雷、防潮、超宽电源、超强接收、适应高强度运输、待机功耗小以及说明书简易化等适应性功能。如此贴近市场做出来的产品让海信在历年的"家电下乡"招标中大获成功。

2002 年底，海信依靠其多年积淀下来的技术底蕴，制定了市场营销的"高端战略"。周厚健认为："只有依靠高端，才会提升品牌，走低端品牌是做不起来的。纵观世界上保持长久生命力的企业如索尼等，没有一个不是因为

有着发展高端产品的正确战略,同时又有迅速而坚定的执行结果。所以突出高端产品是企业发展的需要;另一方面,20%多的高端产品大约贡献了公司80%的利润,正好印证了'二八法则'。因为低端产品的毛利额几乎接近它所付出的费用,它对企业利润的贡献是极为有限的,而企业的生存是靠利润来维持的,所以做高端产品又是企业生存的需要。"可见,高端战略也恰恰是海信追求技术进步所遵循的市场逻辑。

基于对海信高端战略的认识,2004年,分管海信彩电销售的海信营销公司副总经理刘洪新,开始把市场的指挥棒更多地指向了高端。"不论从终端展示、培训、广告宣传、激励机制等,海信都把精力、资源全部放在了高端上。实际上,彩电的真正高端产品就是平板产品,比如等离子、液晶等,毫无疑问平板电视一定会替代传统彩电。"

于是,指令一个一个下达,渠道和终端也在一点一点地转弯……然而,终端并没有收到切实效果。刘洪新断然采取了措施,"2004年第四季度,我们强行要求分公司指定专门商场,把传统彩电产品撤柜,摆放平板产品。"断然措施产生了良好的效果。比如北京大中马甸商场,当普通彩电全部被换成平板电视后,海信彩电在这个商场的销售额不降反升,提升幅度很大,促销员的收入也在提高。

效果说明一切。"我们完全可以靠平板吃饭!"成为越来越多的人的共识。

在采取措施增加平板电视销售量的同时,海信彩电的展台、展示场地的选择以及激励机制的设置,都做了大幅度的调整。比如,高端产品的促销费用远远高于普通产品;而促销人员的提成、分公司总经理、总监、办事处人员的奖励方面,也有70%以上的考核针对高端产品……

这是海信对市场的判断,更是海信基于技术积累的认知和准备。这是一个重大的、艰难的转变,最终获得了良好的回报。到2005年"十一"黄金周时,骄人市场数据终于让周厚健紧绷的神经放松了下来——到9月底,海信电视销量增长21%,收入增长30%,而整个海信集团的利润则同比增长了65%,可以说高端战略让海信在2005年取得了规模和效益的双丰收。

如果说2005年海信"信芯"的研发成功让海信的高端战略有了全"芯"的保障,那么其后的液晶模组、LED背光技术等更是给海信的高端战略带来了持续的竞争力。

2007年9月19日,海信依靠自己的力量建成了我国彩电行业第一条液晶模组生产线,打破了中国液晶模组几乎全部依赖外企的局面,并引发中国彩电企业纷纷投资兴建液晶模组生产线,对提升民族产业整体的话语权,起到了重要作用。对海信而言,液晶模组生产线的建成、投产,不仅在产业链上的技术、成本方面掌握了较大的自主权,为进一步拓展市场创造了条件,而

且实现了模组、整机一体化设计，使产品的设计和整体制造优势得以充分体现，创造了产品的差异化和市场优势，使海信的平板电视自 2004 年起在中外品牌中保持着中国市场份额第一的位置。

就在进行液晶模组的自主研发中，海信发现了传统的 CCFL 背光源必将被新光源所替代，并经充分研究，海信确定 LED 背光源是替代 CCFL 背光源的最佳选择，且 LED 背光技术是革命性的技术，是下一代液晶技术的核心。相关技术和专利的分析和检索印证了海信的判断。

正是这一敏锐的发现和正确的判断，海信把握住了机遇，在世界彩电新一轮的产业升级中实现了从"跟跑"到"领跑"的漂亮跨越：

2006 年，在国家 863 项目答辩会上，海信以第一名通过答辩。

2008 年，海信以自主研发的 LED 技术，赶在奥运会前夕成为全球第三家向市场批量推出大尺寸 LED 背光液晶电视产品的企业，从而真正实现了从"跟跑"到"领跑"的跨越。

2009 年 9 月，海信在行业内率先推出 19～55 寸全系列超薄 LED 液晶电视产品。

2009 年 12 月，在日本举行的国际电工委员会 IEC/TC110（平板显示技术委员会）年会上，来自中国、日本、韩国、美国、荷兰等国的平板显示技术专家齐聚一堂，会议决议由海信刘卫东博士牵头起草 LED 液晶背光分规范国际标准，并与韩国专家共同牵头起草背光显示总规范标准。背光总规范和 LED 背光分规范在背光组件系列标准中能起到提纲挈领的作用，对 LED 背光系列标准的制定以及技术、产品的发展起关键作用。该系列国际标准由中国企业代表牵头制定，这在平板显示领域尚属首次。

2010 年 3 月，海信又推出了蓝擎 T29 系列 19～55 寸共 13 款 LED 背光源液晶电视，该系列产品融合了互联网、3D 显示、LED 背光源等多项技术，并带有 Widget 多任务操作、视频聊天等强大功能。不仅可以实现电视节目和网络内容叠加观看，而且可以实现电视与电视、电视与通信设备、电视与电脑多个网络间的畅游聊天，成为国内第一款实现电视、电脑、手机"三屏合一"的产品。

在 LED 背光源技术方面，海信申请了百余项国内外重要专利，其中大部分为发明专利，部分关键技术还申请了欧洲和美国专利。在芯片方面，海信共获得发明专利 9 项，另有 10 项发明专利正在申请过程中。此外，海信还掌握了显示模组的行列驱动、时序控制电路等关键技术，并拥有多项专利。

这一技术的"跨越"给海信带来了超强的市场表现。随着 LED 液晶电视市场行情的爆发，随着海信不断推出全系列的 LED 新产品，2010 年以来，海信在 LED 液晶电视市场上的累计市场份额超过 30%，高居中国 LED 液晶电视市场第一位。在国际市场，LED 电视产品表现同样突出，从电视产品海外销售结构上看，LED 产品虽然从销量上仅占海信电视销量的 12.98%，但其销售收入却占到了 26.51%；受益于 LED 电视的海外热销，2010 年上半年，海信集团电视产品的出口收入同比增速达到销量增速的 3 倍以上。

在 2009 年海信 40 周年全球客户大会上，海信集团董事长周厚健向来自全球的海信客户描绘了海信蓝图，"未来 15～20 年是海信后来居上、大胆赶超的关键战略机遇期，要实现从引领'中国制造'到'中国创造'的跨越，成为世界一流的跨国公司"。历经 40 年创新发展的积淀，海信已形成了"技术、质量、诚信、责任"的理念，它是海信长期秉承并确保"基业永续"的"八字真经"，也必将引领海信在技术创新的道路上坚定地走下去，收获一个又一个辉煌的四十年。

案例使用说明

一、教学目的与用途

本案例适用于《技术经济学》课程中有关技术创新和创新管理等内容的教学。本案例可整体使用，让学生了解一个企业技术创新及技术创新管理的各方面，在今后的工作中也可予以借鉴。也可摘取其中一部分使用，如"海信技术创新的发展历程"部分，基本上可以作为中国企业技术创新发展之路的代表和缩影；"海信的技术创新管理"的"确保技术创新的人力资源体系"可以用于人力资源管理课程。

二、启发思考题

（1）企业技术创新的基础是什么？

（2）中国企业技术创新的发展路径有哪些？

（3）企业的研发投入占企业的销售收入的比例多少为宜？

（4）技术创新的动力有哪几种？试以海信"信芯"分析。

（5）海信技术孵化产业的发展模式的好处有哪些？试以海信"信芯"描述这个过程。

（6）谈谈你对海信针对技术人员构建的人力资源体系的感想？

（7）你认为技术创新给企业带来了什么？

（8）你认为关键技术的突破有哪些途径？

（9）以海信"信芯"为例谈谈技术创新的要素以及技术创新的链式过程。

（10）试谈海信技术创新的模式有哪几种？

三、关键要点

1. 企业的技术创新是与其企业的性质、发展的规模、环境相关联的。海信的技术创新经历了三个不同的阶段，在公司不同的环境、市场和规模状况下是不同的，但企业领导重视，形成了重视技术创新的氛围。进而发展成为海信文化的一部分。企业技术创新如上升到战略层次则更佳。

2. 海信的技术创新经历的三个不同的阶段，正体现了中国企业技术创新的典型过程：引进、消化、吸收，自主创新，超越突破。

3. 企业的研发投入占企业的销售收入的比例多少应视企业的实际情况而定。技术先导型企业、高科技企业研发投入比通常比较高。

2009 年第 23 届中国电子信息百强企业研发经费超过 400 亿元，占营业收入的比例达到 3.5%，高于全行业平均水平 1 个百分点。其中 23 家企业研发投入比例超过 5%，9 家企业研发投入超过 10 亿元，研发投入最高的华为达到 100 亿元，占其营业收入的比例超过 8%，海信近几年的研发投入比近 5%。

据 Silicon Alley Insider 统计，微软 2009 年的研发费用为 86 亿美元，在当年总收入中占比达到 14.6%，IBM 2009 年的研发费用为 58 亿美元，在收入中占比为 6.1%；思科研发费用为 50 亿美元，在收入中占比为 14%；谷歌研发费用为 28 亿美元，在收入中占比为 12%；惠普研发费用为 27.7 亿美元，在收入中占比为 2.4%；戴尔研发费用为 6.2 亿美元，在收入中占比为 1.2%。苹果的 2009 年的研发费用为 11 亿美元，在收入中占比为 2.3%。

4. 技术创新的动力有技术推动、市场需求拉引和综合作用。海信信芯可以说是属于市场需求拉引，从海信的角度讲也可以说是综合作用的结果。

5. 海信技术孵化产业的发展模式的好处是技术储备、人员储备、适时出击、迅速跟上市场的"稳、准、狠"。它有效避免了盲目扩张，保证了海信旗下衍生出的企业都有较强的技术基础以及较充分的准备。通过这种模式产生的公司，可以做到产品和人才同步培养，使企业走向市场后能很快进入角色，少交"学费"，更重要的是可以减少投资失误，降低了进入新产业的风险。

7. 技术创新给企业带来新产品、市场、突破垄断，建立竞争优势，甚至是垄断。

8. 关键技术的突破，从海信经验来讲，主要有引进消化吸收、自主创新、引进行业带头人几种途径。

9. 一般认为技术创新的四要素是：机会、环境、支持系统和创新者。技术创新的链式过程是：新思想→研究→开发→中试→批量生产→市场营销→扩散。

10. 技术创新的主题模式可大致分为内部型、合作型和合同型。海信的技术创新三种都有。

四、建议课堂计划

本案例可以作为专门的案例讨论课来进行。如下是按照时间进度提供的课堂计划建议，仅供参考。

整个案例课的课堂时间控制在 80～90 分钟。

课前计划：提出启发思考题，请学员在课前完成阅读和初步思考。

课中计划：简要的课堂前言，明确主题　　（2～5 分钟）

分组讨论　（30 分钟），告知发言要求

小组发言 （每组5分钟，控制在30分钟）

引导全班进一步讨论，并进行归纳总结（15～20分钟）

课后计划：如有必要，请学员采用报告形式给出更加具体的解决方案，包括具体的职责分工，为后续章节内容做好铺垫。

五、深入阅读

迟宇宙.2006. 海信突围. 北京：北京大学出版社

赵刚，孙健.2008. 自主创新：海信之本. 北京：知识产权出版社

<<< **栏目6 公共管理**

内蒙古兴安义务教育中的政府管理问题[①]

摘要： 本案例选取了一个新成立的行政区——兴安盟，在中央政府简政放权、义务教育经费投入主体重心下移、以及市场化管理体制变革的政策环境下，所产生的以"财政下乡"、经费投入被克扣被拖欠、政府职能错位等问题，描述了政府公共组织管理中存在的缺陷与不足。作为一个典型样本，案例刻画了经济欠发达、市场化变革、政府管理转型情况下，义务教育公共管理活动的约束条件和可能的路径。

关键词： 义务教育；财政下乡；管理转型

【案例正文】

0 引言

有学者研究称，在所选择的 111 个国家的宪法或宪法性文件中，99 个包含有关教育的约定或规范[②]。1966 年世界人权公约，就把初等教育归属为义务性质（compulsory），并一律免费[③]。我国宪法第 46 条规定："公民有受教育的权利和义务"，第 19 条规定："国家举办各种学校，普及初等义务教育"[④]。

而党中央和中央政府早在 1993 年《中国教育改革和发展纲要》中，就提出 2000 年前实现财政性教育经费占国民生产总值 4% 的目标（首次），其后又

---

① 本案例由北京理工大学管理与经济学院温新民撰写而成，仅供课堂讨论和理论学习之用，所使用的一些判断、评述，仅着意于理论学习和演练、是在较单一逻辑语境下所作的推演，并无意轻视政府实际管理行为的选择难度，因而也就不保证判断和结论的绝对性和普适性。未经作者同意，本案例不能以任何方式与手段擅自复制或传播。

② 姜士林. 1997. 世界宪法全书. 青岛：青岛出版社

③ 联合国经济、社会、文化权利国际公约（1966）；温辉. 2008. 教育的宪法学解读. 国家检察官学院学报，（4）

④ 中华人民共和国宪法（2004）第 46 条、第 19 条

分别在 1995 年、1998 年、1999 年、2001 年、2006 年、2008 年、2010 年等一系列相关文件中强调了这个目标[1]，限定了该目标要在 2012 年实现。

作为一项指标，教育经费投入既反映了政府教育管理情况：人员动用多少、组织和活动的规模大小、质量高低和对效果的规范、导引等，又表明教育在怎样的平台上展示其社会作用、发挥其公共效应。

比如教育投入多、经费足、行业吸引力大、人员干劲大[2]，则义务教育就能够较好地发挥出其独有作用：使受教育者的智慧与能力得以更好生成和提高，品德得以更好养成，情趣、爱好得以更好发展，精神生活得以更好丰富[3]，以及作为一种社会日常程序和制度而对知识和文化进行选择、传承、保护、推广和发现，促进一种共同的价值观念、道德准则和社会制度的形成，发现知识和规律，促进科技进步[4]等等。显然，这种教育的独有作用、教育的公共效应，影响到了个人、社会、地区和国家发展的多个层面，呈现出组织协调方面的复杂性。

其实，经费指标也可表征政府管理多方面的内容和性质：投入多，受重视、助推和托举力量多，管理能够专业化和质量高等等，反之则政府管理本身会产生许多问题。而经费投入又受多种因素的影响：经济社会发展阶段和水平、财政状况、管理规范和法治情况、历史文化传统和习惯、政府与市场的格局、政府与社会（事业单位）的关系、国家和地区发展战略等等。

1 背景信息

中国政府管理转型的几个关节点或事实：①改革开放后，原有的计划管理体制发生了转变：在放权主旋律下管理方式、管理环境逐渐发生了实质性的变化，官员管理自主性和自由度总体上在增大。②以经济建设为核心，在一定时期发展成为单一的、甚至有绝对化倾向的做法，造成了唯 GDP 是从的政绩型官员行为模式。

---

[1] 1993 年《中国教育改革和发展纲要》、1995 年《中华人民共和国教育法》、1998 年《面向 21 世纪教育振兴行动计划》、1999 年《中共中央、国务院关于深化教育改革，全面推进素质教育的决定》、2001 年《全国教育事业第十个五年计划》、2006 年《中共中央关于构建社会主义和谐社会若干重大问题的决定》、2008 年《全国教育事业"九五"计划和 2010 年发展规划》、2010 年《国家中长期教育改革和发展规划纲要（2010～2020 年）》。

[2] 效率工资理论——高工资则企业的经营会更具效率、更有竞争力：高工资可使员工饮食、休闲和娱乐活动更有质量，身心会更健康、生产率会更高；高工资能吸引更高素质的员工；高工资使员工更珍惜工作、更努力和尽心负责；高工资有利于降低员工流失率、提高企业能力。——柳守平. 2008. 图解经济学. 海口：海南出版公司

[3] 蒲蕊. 2007. 公共利益：公共教育体制改革的基本价值取向. 教育研究与实验.（1）

[4] 文东茅. 2004. 论民办教育公益性与可营利性的非矛盾性. 北京大学教育评论.（1）

教育管理转型的几个关键点或事实：①教育管理官员的政绩，是政府官员政绩的一部分。②改革开放和市场化下，教育收费、集资摊派，及其所造成的对教育管理公共性的实质性侵蚀。③科教兴国战略、创新国家建设战略的提出，经济发展阶段的急速变化、世界知识经济的总趋势，以及现阶段我国粗放式增长模式急需转变为内涵式、依靠科技和技术创新驱动型增长模式，等等这些所形成的教育管理压力。④现阶段，中国经济经过近年来的飙升后、中国温饱问题大体解决后，整个社会对高质量教育的巨型新需求，对教育管理产生强大的压力。

2　兴安盟概况

兴安盟位于内蒙古自治区的东北部，地处大兴安岭中段，属中低山丘陵区。山地面积约占全盟总面积的 90%；平原为嫩江西岸平原，约占总面积的10%[①]。毗邻黑龙江省、吉林省及区内呼伦贝尔市、通辽市、锡林郭勒盟，西北部与蒙古国接壤，边境线长 126 公里。其南北长 380 公里，东西宽 320 公里，总面积近 6 万平方公里[②]。全盟总人口约 165 万（2004 年），其中农村牧区人口 113 万（68.48%），以蒙古族为主体（占 41%）、汉族占多数，由蒙、汉、朝鲜、回等 22 个民族组成。全盟现辖三旗一县二市，即：科右前旗、扎赉特旗、科右中旗、突泉县、乌兰浩特市、阿尔山市。

1952 年，内蒙古成立东部区行政公署，驻乌兰浩特市，兴安盟的建制随之撤销。原兴安盟与呼纳盟合并，改称呼伦贝尔盟。1969 年随着内蒙古自治区行政区划的变更，原兴安盟的扎赉特旗随呼伦贝尔盟划归黑龙江省，科尔沁右翼前旗、突泉县划归吉林省白城地区，科尔沁右翼中旗随通辽划归吉林省。1979 年，内蒙古自治区恢复原建制，扎赉特旗、科尔沁右翼前旗、突泉县划回呼伦贝尔盟，科尔沁右翼中旗仍属通辽。1980 年，经国务院批准，恢复兴安盟建制，直到现在[③]。

兴安盟在内蒙古区内属于经济较落后的地区，这可以由人均纯收入和产业结构来加以说明。改革开放前的 1978 年，兴安盟与内蒙古、全国城乡人均纯收入比较接近、差距不大，但经过改革开放 30 年的建设（2007 年数据），兴安盟的差距较为明显：人均纯收入城镇差距约 30%、农村差距约 40%，见表 13-1；从三次产业结构来看差距更大：1978 年兴安盟是农业主导地区、工

---

① 民政部行政区划网．兴安盟概况 http：//www.xzqh.org/quhua/15nmg/22xingan.htm

② 内蒙古兴安盟．兴安盟自然地理 http：//xam.nmgnews.com.cn/article/20040909/22579_1.html

③ 内蒙古兴安盟．兴安盟历史沿革．http：//xam.nmgnews.com.cn/article/20040909/22580_1.html

业贫弱，改革开放 30 年建设，虽然成绩斐然但工业依然贫弱、差距扩大，见表 13-2。可以说改革开放后，整个盟区经济社会大发展、整个盟区的差距及其张力，是兴安盟变化以及产生这些政府义务教育管理问题的直接原因之一。

表 13-1　兴安盟城乡人均可支配收入与自治区、全国的比较

	1978 年		2007 年	
	城镇居民	农牧民	城镇居民	农牧民
兴安盟①	311	110	8386	2534
内蒙古自治区②	301	131	12378	3953
全国③	343.4	133.6	13786	3886

表 13-2　兴安盟三次产业结构与自治区、全国的比较

	1978 年	2007 年
兴安盟④	58.6∶24.8∶16.6	37.4∶25.5∶37.1
内蒙古自治区⑤	32.7∶45.4∶21.9	13∶51.2∶35.8
全国⑥	27.94∶47.88∶24.19	10.97∶50.27∶38.76

① 兴安盟统计局．数字见证兴安改革开放 30 年．http：//ztpd. nmgnews. com. cn/system/2008/12/17/010157342. shtml

② 内蒙古区统计局．新中国成立 60 年内蒙古经济社会发展系列报道之十一．http://www. nmg. xinhuanet. com/xwzx/jxlibrary/2009-09/24/content _ 17792634. htm；内蒙古区政府．2008 年区政府工作报告．http：//www. nmg. gov. cn/nmdt/ArticleContent. aspx?id＝25790&ClassId＝184&ChannelId＝150

③ 国家统计局．新中国 60 年．http：//www. gov. cn/gzdt/2009－09/10/content _ 1413985. htm；国家统计局．中国 2007 年城镇居民人均收入．http：//www. forex. com. cn/html/2008-01/821314. htm

④ 兴安盟统计局．数字见证兴安改革开放 30 年．http：//ztpd. nmgnews. com. cn/system/2008/12/17/010157342. shtml

⑤ 内蒙古区统计局．内蒙古：改革开放结硕果 经济腾飞铸辉煌（一）．http：//ztpd. nmgnews. com. cn/system/2008/12/16/010156614. shtml；内蒙古区政府．2007 年区国民经济与社会发展统计公报 http：//www. sei. gov. cn/ShowArticle. asp?ArticleID＝142728&ArticlePage＝1

⑥ 邹东涛．2008．中国经济发展和体制改革报告 中国改革开放 30 年（1978-2008）．北京：社会科学文献出版社

3　兴安盟义务教育政府管理的问题[①]

内蒙古自治区共有 8 个盟市地级政府，其中兴安盟是最小的一个，在教育方面一直处在全区落后地位，近几年来形势稍有好转，其中标志性指标小学升初中比率 1999 年全盟平均为 88.17%，乌兰浩特市为 96.1%，基本达到全区平均水平。

从 1994 年起，兴安盟在教育管理方面实施了一系列实质性的改革，改变了过去由政府一手包办的格局。1994 年以前，兴安盟的教育事业是由国家包办，所有经费都来自财政拨款，从自治区拨到盟，再由盟里分配到旗县，最后由旗县教育局发放给所属各乡镇苏木的中小学校。旗县政府为管理教育的最低一级行政单位，通过旗县教育局直接对各个学校进行行政管理。1994 年教育改革，将管理教育权力下放给乡一级人民政府，乡政府变为管理教育的最低行政单位，旗县政府通过管理乡政府来间接管理教育，不再直接面对学校。改革后最明显的变化是各学校的教育经费不再由旗县教育局直接拨给，而是由乡政府发放，教育界简称为"财政下乡"。财政下乡后教育经费的来源主要有两种形式：一种是教育经费由乡财政全部包办；另一种是由财政拨款一部分，乡里自筹一部分，其中后一种形式居多。

财政下乡带来了一个严重后果是教育经费没有保证。兴安盟是一个以农牧业经济为主的地区，乡镇财政收入绝大部分来源于农业税，财政收入有明显的季节性，要在秋收后才能获得全年财政收入。由乡里筹措教育经费后，教育随之具有了季节性，学校要等财政收上钱后才能获得所需经费，乡村教师像农民一样，要在秋后才能一次性拿到全年绝大部分工资。农业年景好坏直接影响教育经费能否足额发放。同时挤占挪用教育经费的现象屡见不鲜，因为乡镇政府领导意见可以决定乡里财政资金的使用方向，在没有行政约束条件下，乡镇领导往往更倾向于把资金投向能产生立竿见影经济效益或政治效益的部门，如：乡镇企业、农田水利项目、村镇基本设施建设等，或者当领导重视的项目经费出现不足时，往往用教育经费做替补，现实中突出表现为教师的工资不能及时足额发放。

教育经费的使用主要分成两部分：一部分是人员支出，主要用于教职工的工资发放；另一部分是用于保证教学过程顺利进行的基本物质条件，如修建校舍、购买粉笔教具、应付学校日常支出的费用，称为发展经费。兴安盟教育发展经费一直短缺，很多乡镇教师上课一直是一天只发一根粉笔，但在 1993 年财政改革以前人员支出能够予以保证，没出现过拖欠教师工资现象。

---

① 本部分引用：李晓惠.2001.政府该管些什么.见：徐雪梅.公共管理案例.北京：商业出版社

从 1994 年开始，拖欠工资的现象初见端倪，进入 2000 年以来，拖欠现象变得十分普遍，仅科右前旗的 23 个乡镇苏木中，一半以上不同程度地拖欠教师工资，其中有的地区拖欠时间很长，比如斯力很乡，到 2000 年 6 月为止已拖欠教师工资 25 个月、巴达仁贵乡拖欠 24 个月、额尔格图苏木 20 个月、察尔森镇 14 个月……，这给当地的学校教学和教师生活都造成了很大困难。以乌兰毛都苏木为例，其拖欠教师工资长达 22 个月，扣除 1999 年末以大米和猪肉实物形式代发 5 个月工资后，还拖欠 17 个月，具体数据如下：

表 13-3　乌兰毛都苏木教员工资发放情况　　　（单位：人、元）

	中　学				中 心 小 学			
	教职工总人数	退休长休人数	每月工资总额	欠发工资总额	教职工总人数	退休长休人数	每月工资总额	欠发工资总额
1996 年	47	5	20602	53000	121	22	61716	95000
1997 年	47	5	24459	114000	121	22	66614	128000
1998 年	39	9	29920	55000	124	28	76667	287000
1999 年	45	9	29397	107000	134	30	83423	374525
2000 年 1~7 月份	45	8	33771	161397	124	20	99519	593113
总计				490397				1477133

表 13-4　乌兰毛都苏木教师工资拖欠月数　　　单位：月

	中学	中心小学
1996 年	2.6	1.5
1997 年	4.7	1.9
1998 年	1.8	3.7
1999 年	3.6	4.5
2000 年 1~7 月份	4.8	6.0
总　计	17.5	17.6

从表 13-4 数据可看出欠发工资的形势越来越严重，拖欠数量和时间呈现逐年递增的趋势，尤其是进入 2000 年的 7 个月中，中学欠发近 5 个月，中心小学欠发 6 个月。这样的数字就意味着教师在这辛苦工作的半年中，只能靠 1 个月或 2 个月的工资维持生计。乌兰毛都苏木欠发工资形式是每年欠发一定月份，教师尚能艰难度日，而在斯力很乡自 1999 年以来教师工资分文未发，许多夫妻双方均是教师的家庭生活陷入困境。在农村，农民秋收前购买米面和生活日杂用品时一般没有现金，有向商店赊账的习惯，秋收后一次偿清。

在拖欠工资严重的乡镇，教师往往被视为无偿还能力，无法赊到所需用品。值得一提的是，国家为提高教师地位，曾几度提高教师工资，而在兴安盟的旗县中，迄今为止教师工资全部执行 1993 年标准原地未动。

面对严重的拖欠工资现象，政府一直没有给予足够关注，致使拖欠问题越来越严重，但乡政府却不时利用管理学校的权力，直接给学校下达各种任务，无端干扰正常的学校教学计划和任务。比如 1999 年 8 月，自治区那达慕大会（一种蒙古族特有的体育盛会）在兴安盟的公主岭牧场举行，各级政府便命自己所管辖的小学和中学在大会上进行舞蹈和仪仗队表演，于是从"五一"节过后，许多学校就把排练舞蹈和仪仗队作为全年的工作重点，起早贪黑训练近三个月，甚至占用正常的上课时间。由于政府在搞此项活动时，没给学校增拨足够的经费，学校在演出服装等方面的支出均让学生自己负担，令学生和家长叫苦不迭。

政府管理教育的方法之一就是进行一些检查评比活动，组织这些活动的愿望是良好的，但实施效果经常是不尽如人意，让人不得不怀疑这种管理方法的实用性。比如在 1998 年，政府为了提高乡村学校的教学条件，开展了一次校舍达标评比工作，在前面曾经提过的科右前旗额尔格图为了在上级政府面前表现非同凡响，走在其他乡镇苏木的前面，就拆了使用状况良好的旧砖瓦结构平房教室，盖起一座面积 1800 平方米的二层教学楼。然而在校舍改造过程中忽略了取暖问题，额尔格图苏木在地理上处于北纬 45°以北，冬季寒冷，取暖期按规定要从每年 10 月 15 日至次年的 4 月 15 日，时间长达半年。以前在砖瓦的平房中，各班教室都有明火炉子，每到冬天老师带领学生去山上砍一些木材，收集一些干草秸秆和干牛粪，学校再发给少量的煤，取暖问题比较容易解决。盖成新楼以后，取暖变成了燃煤锅炉，只能购买煤炭。兴安盟地区不产煤炭，所使煤炭均为外购，价格相对较高，劣质煤炭约 200～300 元/吨，若比较耐燃的大同煤则要 500 元/吨，粗略估算，要将锅炉维持在不冻坏的最低限度，用于买煤的费用至少在 3 万元左右，这在发工资都有困难的额尔格图苏木无疑又是一个难以承受的负担。于是到了冬天，在明亮的教学楼里上课的老师和孩子们，都冻得伸不直手脚，还不如以前在平房的境遇好，当地群众戏称为"光屁股打领带"。

乌兰浩特市则是另外一种情形。乌兰浩特市作为城市，工业和商业相对发达，财政收入的经济来源更广泛，教育经费基本能够予以保证，教师工资欠发现象很少出现。但这里的教师也不可能拿到全额工资，原因是政府经常以各种名义扣发一部分教师工资。以乌兰浩特市实验小学一名普通的女教师为例，该教师教小学四年级数学，1992 年中等师范专科学校毕业，现职称为小学一级教师。从 1999 年 6 月至 2000 年 6 月，该教师 1999 年 6 月份档案工资为 571.5 元，1999 年 7 月由国家教委拨款教师普遍上调工资，按级别该教师应每月增长 120 元工资，但由于地方行政部门在填报人数时出现失误少报，导致增资拨款不足，于是不论级别如何，每个教师实发 70 元，这样这名教师每月要少领 50 元。国家规定调资时间为 1999 年 10 月份，但乌兰浩特地区是从 2000 年 6 月开始执行。仅此一项，财政一年就少发给该教师 8 个月（1999 年 10 月～2000 年 5 月）的增加工资，按每月 120 元算，加上 2000 年 6 月份 50 元，总计 1010 元。在 2000 年年初，乌兰浩特市政府根据某会议的精神出台了一个文件，由于财政紧张，从 2000 年 1 月份起，所有事业单位职工（注意不包括行政单位）每月扣发工资 5%。按这个文件，这名教师 1～5 月份每月要扣 $571.5 \times 5\% = 28.58$ 元，6 月份起档案工资变为 691.5 元（工资报表中不反映少长 50 元工资的情况，所以该教师档案工资变为 $571.5 + 120 = 691.5$ 元），这样扣款数就变为 $691.5 \times 5\% = 34.58$ 元，至此 1～6 月份财政扣掉该教师工资总数为 $28.58 \times 5 + 34.58 = 177.48$ 元。不仅如此，政府还通过教育局开会形式，扣发一系列费用，详情如下：

1999 年 6 月份，城市修路，扣城市建设费 200 元（按职称，职称高者多）；

1999 年 8 月份，拥军费 80 元；

1999 年 9 月份，扣扶贫款 80 元；

1999 年 10 月份，扣植树费 80 元（8 元/树坑，每人 10 坑）；

1999 年 11 月份，救济下岗职工款 50 元；

1999 年 12 月份，救济下岗职工款 50 元；

2000 年 4 月份，扶贫款 50 元；

2000 年 6 月份，植树费 120 元（12 元/树坑，每人 10 坑）、献血补助费 50 元。

总计：760 元。

从以上数据可看出，国家这一年要发给这名教师的工资是 $571.5 \times 4 + 691.5 \times 8 = 7818$ 元；乌兰浩特市财务报表上显示该教师的工资是 $571.5 \times 11 + 691.5 = 6978$ 元，而这名教师实际得到的工资是：$7818 - 1010 - 177.48 - 760 = 5870.52$，每月平均数为 489.21 元，若再减去每月所扣保险及公积金 68.04 元，这名教师实际到手的现金仅为 421.17 元，与国家所规定发给的 583.46 元（已扣除保险及公积金 $651.5 - 68.04 = 583.46$ 元）相差很远。

另一个值得关注的就是在乌兰浩特市区小学和初中义务教育中出现了苦乐不均的现象。在重点中学和小学中，学生人满为患，不仅教育经费不成问题，而且成为政府的盈利部门，其他学校则面临生源与经费都不足的问题。政府面对这种自然畸形发展的态势，不仅不加以干预，而且有推波助澜的嫌疑，尤其是新上任主管教育的副市长正试着进行让教育自己养活自己的生存试验。

乌兰浩特市地区共有小学 67 所，其中城市教育部门办 17 所（另外 50 所为郊区政府所办）；普通中学 17 所，包括初中 9 所，高中 8 所，其中教育部门主办 11 所。在市区的 17 所小学中，以其中 5 所为例，对比在校生数及每名教师负担学生数和每班平均人数，即班额，就能反映这种不均衡状况：

表 13-5　城市教育部门办小学自然情况

	班级数	在校生数（人）	专任教师（人）	普通教室面积（平方米）	每名教师负担学生人数	每名学生占用教室面积	平均班额（人）
实验小学	30	2278	96	4833	24	2.1	76
实验二小	24	1934	98	3464	20	1.8	81
兴安二小	26	1764	91	3444	19	2.0	69
五一小学	12	474	49	995	10	2.1	40
铁西二小	12	633	40	2734	16	4.3	53

从表 13-5 可看出前三所小学在绝对规模和学生的密集程度上都比后两所小学大。按国家规定每班人数不应超过 45 人，前三所小学的每班人数都超过规定标准近一倍。想象一下，近百名小学生坐在一个教室中上课，维持纪律就是一个大问题。望子成龙的家长则用挤破头的劲头，想方设法要将自己的孩子塞进重点小学。

兴安二小和五一小学相距不足两公里，二者隔着兴安路遥遥相对，实行义务教育之后，按就近入学的原则，兴安路东的孩子入五一小学，路西的入兴安二小，户口是划分学区的主要依据。由于兴安二小学校建校较早，被人们普遍看好，许多学区外的家长就通过种种正当和非正当手段把孩子户口转入兴安二小学区。于是在学区内生源平均人数基本相同的情况下，兴安二小生源剧增，五一小学却生源不足。兴安二小为此也采取了相应对策，入学不仅看户口，而且要看房屋所有权执照，只有户口上学生家长的名字与房屋产权证名字相符才能正式入学。这样产生的问题就是许多与父母同住或单独居住父母房子的学生家长，户口是家长本人名字，而房屋产权证是家长父母的名字，虽然孩子及家长在兴安二小学区内居住，孩子却不能名正言顺地进入兴安二小接受义务教育。要想在兴安二小上学的解决办法是要么变更房屋产权证名称，把父母的房子过户给孩子家长（这涉及房屋所有权的转移，不是轻易就可以做到的）；要么孩子作区外借读生处理，每年向学校交 500 元借读费。如果这个孩子放弃进入兴安二小去别的学校读小学，按户口依然属于区外借读，也要缴纳相应的借读学费。兴安二小在招收新学生时，力求使符合规定的人数减少，留出更多的位置招收借读生，以此增加学校收入。1999 年，兴安二小不仅不用市财政给予财政补助，反而向市里缴纳 300 多万元的收入。政府对于兴安二小及其他学校此类现象一直不予以干涉，经过类似市场经济的竞争后，有的学校人满为患，变成收费为主的贵族学校；有的学校则面临被淘汰出局的危险。这样的竞争对义务教育长期发展是否有利还不得而知。同时，有人反对学校收费的做法，认为这样做违反了义务教育的初衷；也有人愿意交钱将孩子送进一所好学校。

　　房地产开发商则把学校看作一块肥肉，争相在学校周围开发居民住宅，目前乌兰浩特市普通住宅每平方米售价在 500～800 元之间，而在兴安二小和八中之类重点学校学区内建起同样的住宅每平方米售价在 1000～1260 元之间，高出平均价近一倍，而且极为抢手，开发学校周围土地便形成一股不可遏制的热潮。无序开发带来了一系列问题。还以兴安二小为例，在刚实行义务教育划分学区时，兴安二小周围都是一些企业和平房居民，确定可能的生源后，划定学区面积。而最近两年，房地产开发商们围绕着兴安二小校园围墙开发了十几栋六层住宅楼，使兴安二小学区内居民数量骤增，适龄学生数量也随之大量增加，迫使兴安二小不得不采取一些不符合政策的做法来应付这样的变化。而且过多的居民住宅包围学校，不利于学校的教学环境，站在兴安二小操场上，有如身处南方住宅的天井之中，感觉特别压抑，居民家中的各种噪音都可隐隐听到。由于土地规划部门有自己的部门利益，在审批土地的过程中并不考虑教育部门的需求，没有一个协调部门来兼顾双方利益，使得本已拥挤的校园周围，还在见缝插针式地继续大搞住宅工程建设。

4　尾声

　　以经费投入为代表的政府管理问题，在兴安盟还有后续故事：内蒙古审计厅对 2006 年的审计显示，本区义务教育经费滞留、挤占、挪用问题依然突出[1]，截至 2006 年 6 月底，内蒙古尚有 2832.5 万元的资金被滞留（占 11%）[2]，其中就包括兴安盟乌兰浩特市应配套未配套解决教师工资补助资金 76 万元。截止 2008 年 8 月 31 日，全区化解农村牧区义务教育债务 29.4 亿元，占全部债务总额的 75.1%，而兴安盟是唯一一个债务化解进度没有超过 70% 的盟市[3]。

　　其实，针对经费投入问题，1986 年的义务教育法就提出"不得侵占、克扣、挪用"，"拨款增长比例应高于财政经常性收入比例"，以及"尊重教师"、

---

①　李云平. 2007−10−25. 内蒙古农村牧区滞留挤占挪用义务教育保障经费. http：//news. xinhuanet. com/newscenter/2007-10/05/content＿6832236. htm

②　同①

③　内蒙古财政厅. 内蒙古化解农村牧区义务教育债务工作进展顺利. http：//cnnews. nmgnews. com. cn/system/2008/09/26/010116647. shtml

"提高地位"、"改善待遇"的要求①；针对政府经费投入低、不规范等管理问题，2006 年的新义务教育法是这样要求的②：经费投入实行中央和地方政府根据职责共同负担，各地不得侵占、挪用，如有违反则限期改正、或依法给予行政处分；要建立健全经费审计监督和统计公告制度、督导报告公告制度等，以使政府管理规范到位。

5 案例附录

5.1 管理问题的环境和背景

在义务教育政府管理方面，中国与世界存在大致同样的问题：国家垄断③（政府集权）、纳税人和受教育者处于被动接受④和从属地位、受教育者人格尊严和自主意志不能得到完全承认和尊重⑤、自觉主动意识得不到很好激发；学校办学只根据政府计划⑥、而不直接面对受教育者和同行竞争者⑦，学校科层管理制、过多依赖政府⑧、缺乏自主权⑨、快速回应不足⑩、监督不到位、学校教育服务质量与经费没有直接的联系⑪、学校规范不具体，等等。于是，与中国改革开放大体同时，20 世纪 70 年代末 80 年代初以来，美国、英国等西方国家的教育领域引入了市场机制：私营化、教育分权、择校、社区和家长参与、摆脱对国家的过分依赖、教育服务的提供与消费之间建立直接关系⑫等等。

---

① 1986 中华人民共和国义务教育法第十二条、第十四条、第十六条。

② 2006 年新义务教育法第八条、第四十四条、第四十九条、第五十条、第五十一条、第五十四条。

③ 刘孙渊.治理理论视野下的教育公共治理.外国教育研究.2008，6；储华丽.我国公共教育权力的变迁与教育公共性内涵的转变.考试周刊 2007 年第 39 期；余雅风.基于公共性的教育立法价值论.高等教育研究.2004，3

④ 刘孙渊.2008.治理理论视野下的教育公共治理.外国教育研究，(6)

⑤ 余雅风.2004.基于公共性的教育立法价值论.高等教育研究.(3)

⑥ 同④

⑦ 同⑤

⑧ 许杰.2008.提升公共性：高等教育治理的主要价值诉求.江苏高教.(3)；郭凯.2009.论我国义务教育公共性实现的现实机遇与挑战.当代教育科学.(14)

⑨ 郭凯.2009.论我国义务教育公共性实现的现实机遇与挑战.当代教育科学，(14)

⑩ 同⑨

⑪ 同⑨

⑫ 相关管理变革的政策文件有：1983 年美国《国家处在危险中：教育改革势在必行》、1991 年《美国 2000 年教育战略》；1987 年英国《教育改革议案》，1991 英国《公民宪章》、1997 年《工党的教育政策》等。——转引自：郭凯.西方发达国家实现义务教育公共性的政策安排.现代教育管理.2009，11；樊改霞.现代公共教育的制度转型：公共性的失落.教育导刊.2008，4 月号上半月。

对中国来说，计划体制向市场体制的急速转变、工业化和城市化的快步迈进，下放教育管理权、建立适应市场的新管理体制是过去 30 年政府管理的主旋律——从 1985 年《中共中央关于教育体制改革的决定》确立管理改革的方向开始：分级管理、简政放权、扩大办学自主权，经过 1993 年《中国教育改革和发展纲要》、1999 年《中共中央国务院关于深化教育改革全面推进素质教育的决定》、教育部《2003～2007 年教育振兴行动计划》等一系列政策和变革，都在努力做这些事情：管理放权、赋权、扩权，增强公共责任建设、改变政府过多包揽、推动参与和监督、逐步实现教育管理的规范化。

而与此同时，义务教育经费管理则由中央政府主导经历了投资主体重心下移、而后又重心上移的反复和变迁——从 1985 年开始确立义务教育的分级管理原则、下放管理权、投资主体下移，一直到 1992 年制定出教育收费（事业费、杂费、集资摊派）实施细则①，投资主体逐渐下移甚至到了乡镇和村一级，义务教育的公共属性自此开始受到侵蚀，而 1994 年后实施的分税制，使得基层政府（县、乡或镇）财源愈益缩减，义务教育经费投入更加不足，义务教育管理问题愈益严重，并且由于问题和矛盾本身的十多年积累、叠加，使管理问题造成的影响大、矫正成本大，以至于 1999 年开始的调整、纠正，整整花了 10 多年时间、所遗留的问题和矛盾以及产生的深远影响还依然存在：国家审计署对全国 54 个县 2006 年 1 月至 2007 年 6 月农村义务教育经费的审计表明，其中有 29 个县（占 53.72%）未按规定期限分配并拨付中小学校资金 1.1 亿元，占 29 个县同类经费总额的 45.32%；有 8 个县未按规定落实资金 1350 万元（占应承担总额的 71.78%）。而诸如此类的挤占、挪用、不投入，和教育经费投入少、教师工资得不到保证②、学校办公经费为零③，以及管理不到位、不规范等等问题，都使得教育应有的公共效益受到影响、产生一系列显性和隐性的公共利益损失。

---

① 1986 年《中华人民共和国义务教育法》第十二条。

② 教育督导团报告，2006 年近 50% 的农村教师和县镇教师反映没有按时或足额领到津贴补贴，全国普通小学、普通中学（包括初中与高中）教职工年均工资收入为 17729 元和 20979 元，分别比国家机关职工年均工资收入低 5198 元和 1948 元。"教师的平均工资水平应当不低于当地公务员的平均工资水平"的法律规定尚未真正得到落实。参见：《国家教育督导报告 2008（摘要）——关注义务教育教师》，http://www.moe.edu.cn/edoaswebsite18/75/info1229326340188175.htm

③ 国家教育督导团披露，2004 年全国有 113 个县（区）的小学、142 个县（区）的初中生均预算内公用经费为零，其中 85% 以上集中在中、西部地区。有 5 省（区）各有超过 10 个县的中小学生均预算内公用经费为零。即使江苏、山东这样经济比较发达，对教育比较重视的省份，也存在预算内生均公用经费为零的县——《国家教育督导报告 2005——义务教育均衡发展》，http://www.moe.gov.cn/edoas/website18/info18425.htm

借助于收费、市场方法而提高义务教育普及率，这在一定社会发展阶段、一定历史条件下不失为应对中国教育问题的一种有效措施和选择——1985年以前，我国经济发展水平低，人均受教育年限是4.3年①，提高适龄儿童入学率和毕业率、普及义务教育、适应市场化变革，成为当时教育管理的主要问题；而到2001年我国经济总量世界排名第二②（是按购买力平价测算；直到2009年我国经济总量才相当于世界第二日本GDP的96％③、竞争力排世界第29名④、正从要素驱动型转变为效率驱动型发展阶段⑤，人均GDP世界排名一百名以后），人口受教育的平均年限达到了8.1年⑥，于是，在市场化变革中校正和找准教育的公共位置、建设可持续的教育管理公共投入机制、提高义务教育质量和发挥出其应有的公共效益，成为教育管理的主要问题，这样，杜绝教育收费带来的公共效应损害、保证义务教育经费投入，以及义务教育全免费、重新确立和实施尊师重教、教育家管教育等等，成为这一时期教育管理的一种趋势。

其实，制约、影响管理规范与否的实际因素还有：国家大、人口多、贫富差异大，现实经济困难、法治历史短以及制度文化困境等。比如，全国2872个县级单位中，有974个县市人均财力低于基本支出需要（占1/3），其中人均财力低于工资性支出的县291个（占10％），人均财力低于工资性支出和公用经费支出之和的县362个（占12.6％）⑦。

有关经费投入，政府管理需要规范的直接表现就是：中国4％教育投入目标一直没有达到，见表13-6、表13-7。这在国际比较中也属于：管理有问题、不符合一般规范和违反一般规律（就是在低收入国家组，我国教育投入占比也小于同期平均值，这说明了管理不合规范、不符规律）。

表13-6　1994~2007年我国财政性教育费占GDP的比例①（％）

年份	1994	1995	1996	1997	1998	1999	2000	2001	2002	2003	2004	2005	2006	2007
比例	2.44	2.32	2.35	2.36	2.41	2.55	2.58	2.79	2.90	2.84	2.79	2.81	3.01	3.32

---

① 进一步推动义务教育健康发展——《中华人民共和国义务教育法》修订记 . 中国教育报 2006年 6 月 30 日

② 深圳商报 . 2010－02－16. 中国经济总量已经逼近日本

③ 世界经济论坛 . 2008. 全球竞争力报告 2008~2009；世界经济论坛 . 2009. 全球竞争力报告 2009－2010

④ 同③

⑤ 同③

⑥ 同①

⑦ 曾新 . 2009. 农村义务教育非均衡发展状况研究——基于对四川省的实证调查 . 文史哲，(2)

数据来源：教育部、国家统计局历年《中国教育经费统计年鉴》和《全国教育经费执行情况统计公告》——袁连生.2009.我国政府教育经费投入不足的确切原因与对策.北京师范大学学报（社会科学版）

表 13-7　公共教育经费支出占国内生产总值比重的国际比较（%）

	公共教育经费占 GDP 比重				公共教育经费占 GDP 比重		
	1991	2000	2004		1991	2000	2004
世界	4.01	4.04	4.70②	韩国	3.78	3.44	4.62②
高收入国家	5	5.04	5.54②	马来西亚	5.12	6.2	7.97②
中等收入国家	3.91	4.02	4.50②	泰国	3.09	5.41	4.19
低收入国家	2.82	3.09		土耳其	2.37	3.46	3.74②
中国	2.23④	2.08④	2.79	南非	5.92	5.58	5.37
印度	3.65	4.12	3.26②	加拿大	6.49	5.65	5.24③
伊朗	4.08	4.94	4.81	墨西哥	3.85	4.86	5.79②
日本		3.6	3.65②	美国	5.09	5.75①	5.86②
阿根廷	3.28	4.6	3.54②	巴西		4.3	4.15②
法国	5.63	5.75	6.02②	德国		4.53	4.77③
意大利	2.99	4.64	4.87②	荷兰	5.61	4.99①	5.33②
英国	4.79	4.64	5.48②	澳大利亚	4.87	4.8	4.8②

注：①2001 年数据；②2003 年数据；③2002 年数据；④世界银行统计数据。资料来源：世界银行数据库和中国统计年鉴.

5.2　义务教育相关政策文件

5.2.1　政策文件目录

1984 年《国务院关于筹措农村学校办学经费的通知》

1985 年《中共中央关于教育体制改革的决定》

1986 年《国务院关于征收教育费附加的暂行规定》

1986 年《中华人民共和国义务教育法》

1992 年《中华人民共和国义务教育法实施细则》

1993 年《中国教育改革和发展纲要》

1995 年《中华人民共和国教育法》

1996 年《国务院办公厅关于 1996 年在全国开展治理中小学乱收费工作的实施意见》

1997 年《治理中小学乱收费工作的意见》

1997 年《关于规范当前义务教育阶段办学行为的若干原则意见》

1998 年《国务院办公厅关于义务教育阶段办学体制改革试验工作若干意见的通知》

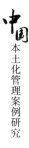
1998 年《关于进一步做好教育科技经费预算安排和确保教师工资按时发放通知的通知》

2001 年《国务院关于基础教育改革与发展的决定 》

2001 年《国务院办公厅关于完善农村义务教育管理体制的通知》

2003 年《国务院关于进一步加强农村教育工作的决定》

2005 年《国务院关于深化农村义务教育经费保障机制改革的通知》

2006 年《中华人民共和国义务教育法（修订）》

2006 年《国务院办公厅关于做好清理化解乡村债务工作的意见》

2007 年《国务院关于开展清理化解农村义务教育"普九"债务试点工作意见的通知》

2007 年　胡锦涛十七大报告

2010 年《国家中长期教育改革和发展规划纲要（2010－2020 年)》

5.2.2　科教兴国战略政策文件

1995 年，《中共中央国务院关于加速科学技术进步的决定》，首次提出科教兴国、教育为本。

1996 年，《中华人民共和国国民经济和社会发展"九五"计划和 2010 年远景目标纲要》，科教兴国战略成为我国的基本国策。

第十个五年（2000－2005）规划纲要。

2006 年《中华人民共和国国民经济和社会发展第十一个五年（2006－2010）规划纲要》、第七篇"实施科教兴国战略和人才强国战略"：第二十七章"加快科学技术创新和跨越"、第二十八章"优先发展教育"、第二十九章"推进人才强国战略"。

5.2.3　人才强国战略政策文件

2001 年《中华人民共和国国民经济和社会发展第十个五年计划纲要》，首次将人才战略确立为国家战略。

2002 年《2002－2005 年全国人才队伍建设规划纲要》，首次提出了人才强国战略。

2003 年《中共中央、国务院关于进一步加强人才工作的决定》，突出强调实施人才强国战略。

2007 年十七大报告中的三大基本战略之一：人才强国战略。

2010 年《国家中长期人才发展规划纲要（2010－2020 年)》。

5.3　义务教育相关政策文件表述

5.3.1　义务教育的公共地位和公共性质

1995 年《中华人民共和国教育法》：教育是社会主义现代化建设的基础，

国家保障教育事业优先发展。全社会应当关心和支持教育事业的发展。全社会应当尊重教师……教育活动必须符合国家和社会公共利益。

1997 年《关于规范当前义务教育阶段办学行为的若干原则意见》：普及义务教育，以政府办学为主，主要依靠公办中小学校。

2001 年《国务院办公厅关于完善农村义务教育管理体制的通知》：各级人民政府要牢固树立实施科教兴国战略必须首先落实到义务教育上来的思想，完善管理体制，保障经费投入。

2001 年《国务院关于基础教育改革与发展的决定》：基础教育优先发展……基础教育在社会主义现代化建设中的战略地位……基础教育是科教兴国的奠基工程，对提高中华民族素质、培养各级各类人才，促进社会主义现代化建设具有全局性、基础性和先导性作用。保持教育适度超前发展，必须把基础教育摆在优先地位并作为基础设施建设和教育事业发展的重点领域，切实予以保障。基础教育尤其是农村义务教育投入和按时足额发放中小学教师工资的保障机制进一步落实，社会力量办学进一步发展和规范……农村义务教育量大面广、基础薄弱、任务重、难度大，是实施义务教育的重点和难点。各级人民政府要牢固树立实施科教兴国战略必须首先落实到义务教育上来的思想。

2003 年《国务院关于进一步加强农村教育工作的决定》：农村教育在全面建设小康社会中具有基础性、先导性、全局性的重要作用。农村教育面广量大，教育水平的高低关系到各级各类人才的培养和整个教育事业的发展，关系到全民族素质的提高。农村学校是遍布乡村的基层公共服务机构。

2006 年《义务教育法》：义务教育是国家统一实施的所有适龄儿童、少年必须接受的教育，是国家必须予以保障的公益性事业……实施义务教育，不收学费、杂费……适龄儿童依法享有平等接受义务教育的权利，并履行接受义务教育的义务……政府及其有关部门应履行职责，保障适龄儿童接受义务教育的权利。

2007 年《胡锦涛十七大报告》：实施科教兴国战略、人才强国战略……优先发展教育，建设人力资源强国。教育是民族振兴的基石，教育公平是社会公平的重要基础……坚持教育公益性质。

2010 年《国家中长期教育改革和发展规划纲要》：义务教育是国家依法统一实施、所有适龄儿童少年必须接受的教育，具有强制性、免费性和普及性，是教育工作的重中之重。注重品行培养，激发学习兴趣，培育健康体魄，养成良好习惯……百年大计，教育为本……教育是民族振兴、社会进步的基石，是提高国民素质、促进人的全面发展的根本途径。强国必先强教。优先发展教育、提高教育现代化水平……中国未来发展、中华民族伟大复兴，关键靠人才，根本在教育……以全日制公办中小学为主。逐步推行小班教学。配齐音乐、体育、美术等薄弱学科教师，开足规定课程……国运兴衰，系于教育；教育振兴，全民有责，须始终坚持把教育摆在优先发展的位置……实施科教兴国战略和人才强国战略，优先发展教育……发展规划优先安排教育发展，财政资金优先保障教育投入，公共资源优先满足教育和人力资源开发需要。充分调动全社会力量关心和支持教育，完善社会力量出资兴办教育的体制和政策，不断提高社会资源对教育的投入……形成惠及全民的公平教育。坚持教育的公益性和普惠性，实现基本公共教育服务均等化，缩小区域差距。努力办好每一所学校，教好每一个学生。

5.3.2 政府管理改革、职能调整和简政放权

1985 年《中共中央关于教育体制改革的决定》：教育事业管理权限的划分上，政府有关部门对学校主要是对高等学校统得过死，使学校缺乏应有的活力；而政府应该加以管理的事情，又没有很好地管起来……在加强宏观管理的同时，坚决实行简政放权，扩大学校的办学自主权……在简政放权的同时，必须加强教育立法工作……建立和健全以教师为主体的教职工代表大会制度。加强民主管理和民主监督。学校中的党组织要从过去那种包揽一切的状态中解脱出来

1993 年《中国教育改革和发展纲要》：改革包得过多、统得过死的体制……改变政府包揽办学的格局，逐步建立以政府办学为主体、社会各界共同办学的体制……政府要转变职能，由对学校的直接行政管理，转变为运用立法、拨款、规划、信息服务、政策指导和必要的行政手段，进行宏观管理。

1997 年《关于规范当前义务教育阶段办学行为的若干原则意见》：我国处于社会主义初级阶段，承担着世界上最大规模的教育任务。这一国情要求改变过去过多由政府包揽的办学体制，逐步建立起以政府办学为主、社会各界共同办学的新体制……以政府办学为主，社会广泛参与的基础教育办学格局。

2010 年《国家中长期教育改革和发展规划纲要》：教育体制机制不活，学校办学活力不足……教育投入不足，教育优先发展的战略地位尚未完全落实……健全统筹有力权责明确的教育管理体制。以简政放权和转变政府职能为重点，深化教育管理体制改革，提高公共教育服务水平。推进中央向地方放权、政府向学校放权，明确各级政府责任，规范学校办学行为，促进管办评分离，形成政事分开、权责明确、统筹协调、规范有序的教育管理体制……转变政府教育管理职能……改变直接管理学校的单一方式，综合应用立法、拨款、规划、信息服务、政策指导和必要的行政措施，减少不必要的行政干预……推进政校分开、管办分离。建设依法办学、自主管理、民主监督、

社会参与的现代学校制度，构建政府、学校、社会之间新型关系。适应国家行政管理体制改革要求，明确政府管理的权限和职责，明确各级各类学校办学的权利和责任，探索建立符合学校特点的管理制度和配套政策，逐步取消实际存在的行政级别和行政化管理模式……落实和扩大学校办学自主权。政府及其部门要树立服务意识，改进管理方式，完善管理制度，减少和规范对学校的行政审批事项，依法保障学校充分行使办学自主权……完善中小学学校管理制度，完善普通中小学和中等职业学校校长负责制。

5.3.3 经费管理重心下移（财政下乡）和上移

1985 年《中共中央关于教育体制改革的决定》：把发展基础教育的责任交给地方，有步骤地实行九年制义务教育……基础教育由地方负责、分级管理的原则……基础教育管理权属于地方。除大政方针和宏观规划由中央决定外，具体政策、制度、计划的制定和实施，以及对学校的领导、管理和检查，责任和权力都交给地方。

1992 年《中华人民共和国义务教育法实施细则》：实施义务教育，城市以市或者市辖区为单位组织进行；农村以县为单位组织进行，并落实到乡（镇）……教育费附加，用于改善中小学办学条件；农村的，由乡级人民政府负责统筹安排，主要用于支付国家补助、集体支付工资的教师的工资，改善办学条件和补充学校公用经费等。

1997 年《关于规范当前义务教育阶段办学行为的若干原则意见》：市场经济体制建立过程中，既不能把义务教育推向市场，也不能把义务教育的责任完全推给社会或乡、村两级。省、地（市）、县政府应依法保障义务教育的投入。

1998 年《国务院办公厅转发财政部关于进一步做好教育科技经费预算安排和确保教师工资按时发放通知的通知》：切实保证公办教师工资足额及时发放……农村实施义务教育各类学校公办教师的工资，一般由县级财政负责支付，经济发达的农村，也可以由乡级财政负责支付。

2001 年《国务院关于基础教育改革与发展的决定》：从 2001 年起，将农村中小学教师工资的管理上收到县，为此，原乡（镇）财政收入中用于农村中小学教职工工资发放的部分要相应划拨上交到县级财政，并按规定设立"工资资金专户"。财政安排的教师工资性支出，由财政部门根据核定的编制和中央统一规定的工资项目及标准，通过银行直接拨入教师在银行开设的个人账户中。……在国务院领导下，由地方政府负责、分级管理、以县为主的体制……县级人民政府对本地农村义务教育负有主要责任，要抓好中小学的规划、布局调整、建设和管理，统一发放教职工工资，负责中小学校长、教师的管理，指导学校教育教学工作。乡（镇）人民政府要承担相应的农村义务教育的办学责任，根据国家规定筹措教育经费，改善办学条件，提高教师待遇。

2001年《国务院办公厅关于完善农村义务教育管理体制的通知》：建立义务教育经费保障机制，保证农村义务教育投入……地方各级人民政府要按照"一要吃饭，二要建设"的原则，调整财政支出结构，确保农村中小学教职工工资按时足额发放。农村中小学教职工工资要上收到县集中管理，按2001年国家统一规定的工资项目和标准将农村中小学教职工工资总额上划到县（实际发放数低于国家标准工资的，按实际发放数上划），并相应调整县、乡财政体制，由县按照国家统一规定的工资项目和标准，统一发放农村中小学教职工工资……将农村中小学教职工工资全额纳入本级财政预算，通过银行按时足额直接拨到在银行开设的教职工个人工资账户中，保证教职工工资按时足额发放……资金，首先要用于保证农村中小学教职工工资……省级人民政府要统筹安排解决财力困难县农村中小学教职工工资的发放问题，并实行省长（主席、市长）负责制。通过调整财政体制和财政支出结构，逐县核实财力并建立确保农村中小学教职工工资发放的运行机制。根据各县财力状况和保障力度，增加工资性转移支付资金。安排使用中央下达的一般性转移支付和工资性转移支付资金，省、地（市）级不留用，全部补助到县……通过上述资金统筹安排，确保国家统一规定的农村中小学教职工工资按时足额发放，不再发生新的拖欠。

2003年《国务院关于进一步加强农村教育工作的决定》：落实农村义务教育"以县为主"管理体制的要求，加大投入，完善经费保障机制。

2006年《义务教育法》：义务教育实行国务院领导，省、自治区、直辖市人民政府统筹规划实施，县级人民政府为主管理的体制。县级以上政府具体负责义务教育实施工作。

5.3.4　经费投入增长规定

1986年《义务教育法》：第十二条国家用于义务教育的财政拨款的增长比例，应当高于财政经常性收入的增长比例，并使按在校学生人数平均的教育费用逐步增长。

1992年《义务教育法实施细则》：用于义务教育的财政拨款的增长比例，应当高于财政经常性收入的增长比例，并使按在校学生人数平均的教育费用逐步增长。

1993年《中国教育改革和发展纲要》：通过立法，保证教育经费的稳定来源和增长……政府必须认真贯彻《中共中央关于教育体制改革的决定》所规定的"中央和地方政府教育拨款的增长要高于财政经常性收入的增长，并使按在校学生人数平均的教育费用逐步增长"的原则，切实保证教师工资和生均公用经费逐年有所增长。要提高各级财政支出中教育经费所占的比例，"八五"期间逐步提高到全国平均不低于百分之十五……提高国家财政性教育经费支出（包括：各级财政对教育的拨款，城乡教育费附加，企业用于举办中小学的经费，校办产业减免税部分）占国民生产总值的比例，21 世纪末达到百分之四，达到发展中国家八十年代的平均水平。

1995 年《教育法》：国家财政性教育经费支出占国民生产总值的比例应当随着国民经济的发展和财政收入的增长逐步提高……全国各级财政支出总额中教育经费所占比例应当随着国民经济的发展逐步提高……各级人民政府教育财政拨款的增长应当高于财政经常性收入的增长，并使按在校学生人数平均的教育费用逐步增长，保证教师工资和学生人均公用经费逐步增长。

2001 年《国务院办公厅关于完善农村义务教育管理体制的通知》：按照《中华人民共和国教师法》的规定，保证教师工资不低于当地国家公务员的平均水平。资金，首先要用于保证农村中小学教职工工资……实行省长（主席、市长）负责制。中央下达的一般性转移支付和工资性转移支付资金，省、地（市）级不留用，全部补助到县……通过上述资金统筹安排，确保国家统一规定的农村中小学教职工工资按时足额发放，不再发生新的拖欠。

2005 年《十一五规划》：加大教育投入：保证财政性教育经费的增长幅度明显高于财政经常性收入的增长幅度，逐步使财政性教育经费占国内生产总值的比例达到 4%……强化政府对义务教育的保障责任，加大中央和省级政府对财政困难县义务教育经费的转移支付力度。促进教育公平，公共教育资源要向农村学生倾斜。

2006 年《义务教育法》：义务教育财政拨款的增长比例应当高于财政经常性收入的增长比例，保证按照在校学生人数平均的义务教育费用逐步增长，保证教职工工资和学生人均公用经费逐步增长……教师的平均工资水平应当不低于当地公务员的平均工资水平。

2010 年《国家中长期教育改革和发展规划纲要》：保证财政教育拨款增长明显高于财政经常性收入增长，并使按在校学生人数平均的教育费用逐步增长，保证教师工资和学生人均公用经费逐步增长。按增值税、营业税、消费税的 3% 足额征收教育费附加，专项用于教育事业。提高国家财政性教育经费支出占国内生产总值比例，2012 年达到 4%。

5.3.5　义务教育经费挪用、挤占等违规的处罚规定

1986 年《义务教育法》：第十六条　任何组织或者个人不得侵占、克扣、挪用义务教育经费，不得扰乱教学秩序……对违反第一款、第二款规定的，根据不同情况，分别给予行政处分，行政处罚；造成损失的，责令赔偿损失；情节严重构成犯罪的，依法追究刑事责任。

1992 年《义务教育法实施细则》：有下列情形的，由政府或者有关部门依照管理权限对有关责任人员给予行政处分；情节严重，构成犯罪的，依法追究刑事责任：侵占、克扣、挪用义务教育款项的。

1995 年《教育法》：违反国家有关规定，不按照预算核拨教育经费的，由同级人民政府限期核拨；情节严重的，对直接负责的主管人员和其他直接责任人员，依法给予行政处分……违反国家财政制度、财务制度，挪用、克扣教育经费的，由上级机关责令限期归还被挪用、克扣的经费，并对直接负责的主管人员和其他直接责任人员，依法给予行政处分；构成犯罪的，依法追究刑事责任……国家财政性教育经费、社会组织和个人对教育的捐赠，必须用于教育，不得挪用、克扣。

1998 年《关于进一步做好教育科技经费预算安排和确保教师工资按时发放通知的通知》：坚决制止挪用、挤占和浪费教育经费。

2001 年《国务院办公厅关于完善农村义务教育管理体制的通知》：按时足额拨付到位，不得挤占、截留、挪用……对挪用农村义务教育经费的问题，要严肃查处……省级人民政府定期向社会公布各县农村中小学教职工工资发放情况。财政部、教育部每年年底向社会公布各省、自治区、直辖市农村中小学教职工工资发放情况。省、地（市）、县级人民政府有关部门要设立并公布举报电话，接受社会各界对拖欠农村中小学教职工工资、农村中小学违规收费等情况的举报，并及时调查处理。各级人民政府教育督导机构要把督导农村义务教育作为工作重点……建立责任追究制度。凡是拖欠农村中小学教职工工资的县，不得用财政性资金上新的建设项目，不准机关盖办公楼、买轿车，不准领导干部出国，违者要追究领导责任。

2006 年《义务教育法》：任何组织和个人不得侵占、挪用义务教育经费……违反本法第六章的规定，未履行对义务教育经费保障职责的，由国务院或者上级地方人民政府责令限期改正；情节严重的，对直接负责的主管人员和其他直接责任人员依法给予行政处分……有下列情形之一的，由上级人民政府责令限期改正；情节严重的，对直接负责的主管人员和其他直接责任人员依法给予行政处分：（四）未依照本法规定均衡安排义务教育经费的……有下列情形之一的，由上级人民政府或者上级人民政府教育行政部门、财政部门、价格行政部门和审计机关根据职责分工责令限期改正；情节严重的，对直接负责的主管人员和其他直接责任人员依法给予处分：（一）侵占、挪用义务教育经费……任何社会组织或者个人有权对违反本法的行为向有关国家机关提出检举或者控告……发生违反本法的重大事件，妨碍义务教育实施，造成重大社会影响的，负有领导责任的人民政府或者人民政府教育行政部门负责人应当引咎辞职。

案例使用说明

一、教学目的与用途

本案例可用于公共管理、公共事业管理的教学中。可用于政府公共事业管理如下理论学习：

1. 公共组织、公共活动、公共效益及其相互之间的关联关系，以及这种关联关系所构成的公共制约和规范；

2. 在公共效益、公共利益规范下的政府与市场关系、政府与社会关系及其建设；

3. 公共效益、公共利益主导下政府教育管理的规范化过程，就是一个在行政、市场、经济、法治和社会等因素介入、博弈和均衡的过程。

（1）理解和运用公共管理的基本概念和基本理论：公共组织（政府和教育机构）、公共资金与设施（教育和政府运行经费）、公共活动（教育和教育管理活动）、公共规范（教育公共效益产生的规范—民众意愿产生的规范—有利于推动社会进步的政策和制度文化环境）、公共利益（社会—国家及众多个人的教育收益和利益）、公共效应的特殊性（大尺度—广域性—影响深远）、公共治理等。

（2）通过展示政府教育管理问题，引发学员一步步探寻问题背后各公共管理要素间的关联关系和逻辑，比如教育公共利益规范下的政府管理、利益相关人参与下的治理、可持续的教育投入机制建设……，进而揭示政府教育管理在（公共）政策、制度、文化环境制约下的形态，以及今后可能的管理模式选择和走向。

二、启发思考题

1. 作为直接受影响者：兴安盟从事义务教育的教师、受教育者（中小学学生，学生家长），政府教育管理问题使得他们的损失有哪些？罗列和揭示其中的公共利益损失？试着辨识其中不属于个人、而是属于地区、社会和国家的公共利益损失有哪些？

2. 政府教育管理、教育投资管理的制约规范因素有哪些？怎样动员和组织这些规范和约束力量，以使政府管理能够取得公共效益最大化的结果？在考虑经济、社会、文化基础和环境后，政府教育管理的理想形态与现实形态应该是怎样的？

3. 义务教育经费投入不足、被挤占和被挪用，这对管理来说，提出了怎样的治理问题？该如何解决？

4. 从不规范的政府管理方式，到实际个人或社会受到损失，再到地区、社会和国家的公共利益损失，其间的传导、关联关系是怎样的？怎样通过一些程序、组织机构、制度的建设，使得公共损失与管理方式调整之间建立起直接的联系？

三、分析思路

1. 确认政府义务教育投入多少与各相关方利益得失、公共利益得失和公共效应之间的关联关系。

2. 结合中国大环境、结合具体的官员管理方式选择小环境，分析和确认兴安盟政府义务教育管理正式和非正式的各种制约因素。

3. 分析和确认公共组织及其公共使命与目标、公共规范与政府管理问题、教育投入公共治理的中国式困境及其演变途径和趋势。

四、理论依据与分析

教育投入不足、经费被克扣被挪用以及管理不规范，将直接影响教育事业的运行和作用发挥。就像温家宝总理 2009 年在北京 35 中的讲话中所说的那样[①]，教育是一个极为特殊的行业：教育管理、教育活动的好坏主要取决于学习者以后表现出的、促进社会进步的知识、能力和作用，是一种需要被教育者参与、和发挥其主动性自觉性的特殊行业，是一种需要管理者、教师、学生合作的事业，为此，教师需要教书育人、需要言传身教、需要尊重关爱学生、需要发现和培养学生兴趣特长以及塑造健康积极的心灵。在这里，没有爱就没有教育，教师需要成为学生健康成长的指导者、引路人，需要成为学生心灵健康成长的最佳范例。于是就要求教师（教育）必须具有爱心、具有大爱、具有高尚的人格，而所有这些则离不开教育的恰当投入、离不开对教师对教育的重视和尊重、离不开政府规范和有效的管理。否则，教育就会被剥离、抽干其丰富鲜活的育人和心灵雕塑功能，只剩下干巴巴的知识灌输功能和冷冰冰的金钱交换关系，引发一系列公共利益损害、和社会运行非

[①] 温家宝. 教育大计 教师为本——温家宝 2009 年 9 月 4 日北京三十五中讲话. 新华网 http：// news. xinhuanet. co m/politics/2009-10/11/content _ 12212108. htm

正常问题①。因此，温家宝总理把教育、教育管理提升到事关国家、民族前途的高度来阐释：一个国家有没有前途，很大程度上取决于这个国家重视不重视教育；一个国家重视不重视教育，首先要看教师的社会地位；要让教师成为全社会最受人尊敬、最值得羡慕的职业。

当然，教育水平不高、教育的功能未被大众所认识和信仰、能够影响和左右经费投入的社会能力低、经费被克扣挪用等不规范管理的可能性大，这之间具有相关性②。

而由于教育的公共性特征：短期内效应不易直接看到、后果不易直接显现，这愈益增加了以经费为代表的管理规范化的难度：管理压力传导的中间间隔大、管理协调中间环节多、管理组织需要专门技术。但由于公共教育所特有的一些重要功能，使得这些管理规范只能强力建设、而不能听之任之。其原因可以从公共教育的特有功能来加以说明：

（1）义务教育决定了社会的安危和进步。对受教育者来说，基础教育是必不可少的'走向生活的通行证'③、是"人之所以成为人的决定性的因素"④，教育能够使家庭或个人的收入增加、生活质量提高，拥有较大的职业机动性及精神生活更加充实⑤等；能够把个体的潜能和多种发展可能性转化为现实状态，把外在的社会的要求、需要转化为内在的知识、能力、品德、习惯，即受教育者的社会化⑥，促使一种新的社会秩序的形成、固化，于是违法案件就会减少、社会生产率会因此而提高、社会运行会更有质量、一种新的社会文明会因此而得以构筑⑦。

（2）在财富、权力等社会资源及家庭背景存在较大差异的情况下，教育能够纠正人们初始状态中资源拥有量的不同，它可避免贫穷世袭，是底层人

---

① 中国还没有一所大学能按培养科学技术发明创造人才的模式去办学、去培养创新人才和大师级人才…一直是这个样子…要知道科学精神最重要的就是创新。——钱学森. 大学要有创新精神. 人民日报 2009－11－05 http：//news. xinhuanet. com/tech/2009-11/05/content＿12388294. htm；陈志武教育论：中国小孩受学校老师等方面的熏陶和压制，个性越强、越有个人主张的小孩，受到的打压和惩罚就越多，到最后，每个中国人都被逼得缺乏个性，变得中庸、顺从，无法担当起国家经济增长模式转型和创新型国家建设的任务。——陈志武：选择文化不能像超市买菜. 2010－03－14. http：//news. sohu. com/20100314/n2708137 52. shtml

② 例如，全国人大常委会委员学历构成从第六到十届：大学以上从 57.89％上升为 80.57％，大专以及大专以下从 42.11％下降为 19.43％（数据来源：朱景文. 2007. 北京：中国法律发展报告. 北京：中国人民大学出版社）；而近年来科教兴国、教育优先发展战略要求则愈益紧迫。

③ UNESCO. 1996. 教育——财富蕴藏其中. 北京：教育科学出版社

④ ［苏］米定斯基. 1950. 世界教育史. 叶文雄译. 上海：生活·读书·新知三联书店

⑤ 黄泽越. 2006. 教育效益略论. 遵义师范学院学报，（2）

⑥ 王乐夫，蒲蕊. 2007. 教育体制改革的公共利益取向. 中山大学学报（社会科学版），6

⑦ 杨国勇，汪雷. 2007. 公共经济学视角下农村义务教政府投入机制研究. 经济社会体制比较，（2）

凭才智向上层流动的重要途径。教育可提高个人综合素质，因教育而取得的开阔视野、知识技能，会增强其参与社会博弈的能力，从而能够获得更多、更平等的机会。教育机会的均等，会激励所有人努力和参与公平竞争，而赋予所有人公平的受教育机会，就是给了所有人以改变生存状态、向上发展的希望，从而会激发其自身的活力，这反过来又有利于社会稳定[1]。

（3）丹尼森和舒尔茨测算出美国 1929～1957 年间国民经济增长份额中约有 33％是由教育形成的人力资本做出的贡献[2]。而 1998 年诺贝尔经济学奖获得者 Amartya. Sen 对比中印，认为两国改革时间接近，但中国在运用市场经济的能力及迈向共享的经济扩张上，却远比印度做得好；导致差距的关键因素之一是改革前教育基础的差异：中国转轨时，已拥有相当多的识字人口以及遍及全国的完善学校；而印度改革时，一半成人是文盲[3]。

理论上看，作为公共组织的政府、其所提供的公共服务和所从事的公共活动，若要达到一种理想状态则需要建设——由于公共品的非竞争、非排他、免费搭车，公共管理是内生性低效率的，也就是说政府提供公共服务时，若缺乏外在程序、机构和机制的条件，但却要实现公共效益最大化，这是困难的，因而围绕着经费投入多元化、市场化的时代变革，则带来了这种外在条件完善之可能。但由于义务教育中国特有的情况和现实，中国特有的经济基础条件、文化历史传统、法治状况、经济社会发展战略等等，使得义务教育政府管理呈现特殊性。

五、关键要点

市场经济、民主法治在中国历史较短的情况下，对义务教育投入和经费保障来说，政府无疑是决定性的因素。虽然作为公共管理者，政府必须遵守公共规范、担当和实现公共使命、谋求公共利益，但现实中影响义务教育投入的决定因素除了上级政府的行政规范以外，某些情况下起主要决定作用的却是一种潜规则——由于上级政府在提拔地方官员时，主要考核经济增速指标，教育支出虽然对社会经济发展有长期的促进作用，但短期内没有显著作用，于是地方官员更倾向于用最大限度的财政资金来发展"经济"[4]，甚至挤占、挪用、拖欠教育经费而去追求"政绩"，地方官员们就会在更多资金用于短期内见效快的经济领域、舍弃教育的过程中，偏离谋求和实现公共利益的规范要求。

---

[1] 黄立华，徐迟.2008.教育的公共产品属性与政府责任.长春大学学报，（4）

[2] 张显吉.2008.教育投资地区差异分析.高教研究与实践，（8）

[3] 笔锋.2005-11-13.中国基础教育之痛.亚洲周刊

[4] 周黎安.2007.中国地方官员的晋升锦标赛模式研究.经济研究，（7）

　　另外，由于包括政府官员在内的社会优势阶层的子女已经享受了优质教育资源，不会承受政府教育投入不足带来的不利后果，以及虽然弱势阶层的子女真正承受了政府教育经费不足的严重后果，但在现行的政府治理结构下，他们的利益诉求难以进入决策程序、和施加有效影响[①]。以上这些因素的叠加作用，也使义务教育、整个教育投入占比数值长期偏低，而且政府教育管理也会出现因投入少、不受重视、助推和托举力量不多和递减、管理不专业化和质量不高等的趋势和问题，政府教育管理因而也就会长时间不规范。

　　以下一些管理环节方面的缺陷，也会使政府义务教育管理出现问题：①教育拨款过程只有少数决策者和直接经办人知道，没有公开、没有成熟规范的公告告示制度，于是投入少、被挤占、被挪用、被克扣，以及管理不规范问题得不到有效监督和遏制[②]，相应的政府与非政府公共管理机制也无法建立和有效发挥作用。②缺少一些必要的、成熟的公共管理制度和规范。比如"利益相关者缺席"[③]：义务教育管理中，服务和管理活动中往往出现行政中心与生产者导向而非消费者中心与客户导向[④]的习惯性做法；再比如缺乏一些表达公共利益诉求的制度化渠道，教育政策的制定对弱势人群的诉求缺乏制度化的"回应性机制"[⑤]。③缺少有效的公共管理机制。比如，公共管理活动体系中，诸如管理或政策问题的界定[⑥]、结果预测与评估、方案论证和改进等环节应该与管理目标、管理规划一同组成完整的管理闭环体系、而不是开环的几个点（甚至是政府自行其事），教育管理和政策活动应该匹配有事先坚实的实证调研、或方案论证与听证[⑦]，应该有相互衔接、关联的程序，有结果和改进提高方面的规范等等。

六、建议课堂计划

　　本案例可作为专门的案例讨论课，在《公共管理》、《公共事业管理》的课程中安排。下面提供建议性的课堂计划：

　　整个案例课的时间控制在 80～90 分钟（2 学时）；

---

①　袁连生.2009.我国政府教育经费投入不足的原因与对策.北京师范大学学报（社会科学版），(2)

②　张丽媛.2006.农村义务教育经费保障机制研究.经济与管理，(5)

③　刘复兴.2008.政府的基本教育责任：供给"公平"的教育政策.北京师范大学学报（社会科学版），(4)

④　同③

⑤　同③

⑥　同③

⑦　同③

课前计划：提出启发思考题，请学员在课前完成阅读和初步思考。

课中计划：简要的课堂前言（2～5分钟）

分组讨论（30分钟），告知发言要求；

小组发言（每组3～7分钟，控制在30分钟）；

引导全班进一步讨论，并归纳总结（15～20分钟）；

课后计划：如有必要，请学员采用报告形式给出更加具体的管理规范化的治理方案，包括具体的实施途径、建设内容，为后续章节内容作好铺垫。